핵심 사회복지정책론

Social Welfare Policy

옥 필 훈

청목출판사

서 문

제4차 산업혁명시대에 있어서 고도의 산업화를 지향함과 동시에 최근까지 인공지능으로 각지에서 사무기능이 변모하고 있음을 실감케 하고 있다. 향후 10년 이후 변하지 않을 직업군으로는 사회복지사를 들 수 있는데, 기계가 인간을 대신할 수 없는 전문분야이어서 그야말로 휴먼서비스인 점은 분명하다. 그럼에도 불구하고 최근 산업화의 동향이 빠르게 변화하고 있어 그 추이를 사회복지분야에 반영하여야 함은 물론이다. 필자는 사회복지정책을 담당하는 교수로서 사회복지사의 전문성에 역점을 두고서 본서를 집필하게 되었다. 빈곤과 불평등의 문제를 해결하는 것은 경제정책만을 가지고는 해결할 수 없고, 사회복지의 가치가 충분히 이에 결부되어야 할 것이다. 경제문제와 복지문제를 함께 고려하면서 국민의 삶의 질을 향상하려고 하는 정책은 환영할 만하다.

본서는 제3부로 나누어 제1부는 사회복지정책의 개념과 이론을 다루고, 주로 사회복지정책의 개념, 사회복지정책발달의 사상과 이론, 사회복지정책의 역사를 다루게 된다. 제2부는 사회복지정책의 분석을 다루고, 주로 사회복지정책의 분석틀, 사회복지정책의 형성 과정, 사회복지정책의 대상, 사회복지정책의 급여, 사회복지정책의 전달체계, 사회복지정책의 재원, 사회복지정책의 성과를 다루게 된다. 제3부는 사회복지정책의 실제를 다루게 되어, 주로 사회보험정책, 공공부조 정책, 사회서비스 정책, 제4차 산업혁명시대의 복지정책을 다루게 된다.

저자는 사회복지를 전공하면서 어떻게 하면 대학에서 사회복지정책을 가르치면서 학생들의 눈높이에 맞추어 쉽고도 그 핵심사항을 효과적으로 전달하는 것에 중점을 두고서 집필하게 되었다. 참고로 각 장별로 CHAT GPT를 통한 요약해설을 달아 두었다. 본서를 통하여 다양한 정책적 접근에 대한 이해를 통하여 실제 사회복지정책이 어떻게 이루어지고 있는지를 알 수 있게 된다면 이 또한 기쁨이 없을 것이다. 사회복지사 1급 국가시험을 겨냥하는 수험생들에게 도움이 되도록 각 항목별로 기출문제를 엄선하였다. 학술적으로 체계와 내용상 미진한 부분에 대하여는 추후 개정할 때 반영하기로 한다. 무엇보다도 학문적인 재능과 아이디어를 공급하여 주시는 하나님께 감사드리옵고, 늦게까지 연구실에서 연구하도록 배려와 사랑을 아끼지 아니하는 가족분들과 본서를 아낌없이 출판하도록 맡아 주신 청목출판사 유성열 사장님과 편집부 직원분들께 감사의 말씀을 전합니다.

2023년 7월

옥필훈 씀

차 례

제2부 사회복지정책 분석

제 1 부

사회복지정책의 개념과 이론

제 1 장　사회복지정책의 개념

제 2 장　사회복지정책발달의 사상과 이론

제 3 장　사회복지정책의 역사

1 chapter

사회복지정책의 개념

사회복지정책은 사회적 취약계층과 어려운 이들의 복지 증진을 목표로 하는 정부 또는 사회 기관의 계획과 방안이다. 이는 경제적, 사회적 어려움을 겪는 개인과 집단을 지원하고 사회적 공평과 안녕을 증진하기 위해 구체적인 제도, 프로그램, 서비스를 구축하고 실행한다. 사회복지정책은 사회적 불평등 해소와 사회통합 촉진에 주요 역할을 수행하며, 국가와 시민의 삶의 질 향상을 지향한다(CHAT GPT).

1. 사회복지정책의 개념과 특징

1) 사회복지정책의 개념

사회복지정책은 '사회복지'와 '정책'의 합성어이다. 사회복지와 정책 모두 하나의 정책으로 정의 내리기 어려운 용어이다. 혹자는 사회복지를 개인 복지의 합으로 보기도 하고 다른 한편으로 개인의 복지와는 차원이 다른 사회적 개념으로 보기도 한다.

사회복지를 개인 복지의 합으로 보는 견해는 공리주의적 견해이다.

벤담은 '복지'를 '효용'과 같은 의미로 생각하였고, 효용은 '행복'을 의미하는 것이라 생각하였다. 효용이 측정 가능한 것이라면, 측정 가능한 개인 복지의 양을 합산하는 것도 가능할 것이며, 사회복지의 총합을 수량화할 수도 있다고 보았다. 벤담에게 사회복지란, '사회적 효용'이란 '최대다수의 최대행복'이라고 보았다(Fitzpatrick, 2013).

웰렌스키와 르보(Wilensky & Lebeaux)는 사회복지를 **잔여적 개념**과 **제도적 개념**으로 구분하여 정의하였다. 잔여적 개념의 사회복지는 시장이나 가족에서 충족되어야 할 개인의 욕구가 충족되지 못하여 국가에서 보충적으로 제공하는 재화와 서비스를 의미한다. 이에 비하여 제도적 개념의 사회복지는 산업화된 현대 사회에서 사회구성원들이 보편적으로 바람직한 생활수준을 누릴 수 있도록 보장하는 사회의 기능을 말하는 것으로 잔여적 개념의 사회복지와는 달리 시장, 가족 등의 사회제도와 대등한 차원에서 기능하는 것으로 이해된다 (Wilensky & Lebeaux, 1965).

〈표 1-1〉 웰렌스키와 르보의 2분 모형

구 분	잔여적 모형	제도적 모형
사회정책의 목표	가족과 시장체제에서 제 기능을 하지 못하는 사람 또는 탈락한 사람들을 일시적, 한정적, 보완적으로 보호하고 지원한다.	사회복지제도는 항시적으로 소득의 재분배기능을 수행하여 전체 국민들이 최적의 삶을 영위하도록 한다.
대상	사회적 취약계층	전체 사회구성원
실천주체	민간의 자발적인 활동을 장려	국가의 보다 많은 역할을 강조
빈곤의 책임	개인의 책임	사회의 책임
복지욕구 충족기제	가족이나 시장 우선	국가의 사회복지제도
이념	선별주의(자산조사 등에 의거)	보편주의

미국의 사회복지의 역사를 고찰하여 보면, 위의 상반된 두 가지 사회복지 관점을 결정하려고 시도해 왔다. 미국사회에서는 사회복지의

개념이 보충적 개념으로부터 제도적 개념으로 발전해 오고 있으며 또 발전해 나갈 것으로 전망하고 있다(Wilensky & Lebeaux, 1965). 한편 길버트와 스페트(Gilbert & Specht)는 웰렌스키와 르보의 사회복지의 제도적 개념을 사회제도와 관련하여 다음과 같이 보충설명하고 있다(Gilbert & Specht, 1986). 사회복지는 전체의 고유한 기능인 상호부조의 기능을 수행하면서 타 사회제도의 기능을 유지하거나 강화시켜 주는 통합적 사회제도로서의 위치도 확보하고 있다(남기민, 2004).

정책은 그 개념을 두 가지 관점으로 이해할 수 있다. 하나는 단순히 특정한 목표를 달성하기 위한 행동지침으로 이해한다. 이는 정부 외에 사기업과 같은 사적 조직에서도 정책이라는 말을 사용할 수 있다. 다른 하나의 개념은 정책의 공공성을 강조하는 것으로 이해할 수 있다. 정부에 의해 이루어지는 국민에 대한 약속이기 때문에 이것은 강제성을 수반한다. 정책이란 명백한 행동과정, 상시적 계획, 계획안, 대안들을 의미한다(Gilbert & Terrell, 1998). 존스(Jones, 1984)는 정책을 조직의 목표를 이루기 위하여 필요한 행동들에 관한 원칙, 지침, 일정한 계획 등이라고 하였다(김태성, 2012에서 재인용). 라스웰(Lasswell, 1951)은 정책을 '문제해결 및 변화유도를 위한 활동'이라고 정의하였고, 이스턴(Easton, 1965)은 정책을 희소한 사회가치의 권위적 배분으로 정의하였다. 드로어(Dror, 1983)는 '정부기관에 의하여 결정된 미래의 행동지침'이라고 하였다. 남기민은 사회복지정책이란 "정부가 사회복지의 목표를 달성하기 위하여 의도적으로 선택한 행동지침"으로 이해한다(남기민, 2004).

이상에서 논의된 사회복지와 정책의 의미를 되새겨 보면 사회복지와 정책의 합성어로서의 사회복지정책의 개념을 정의하면, 사회복지정책이란 '사회구성원 전체의 욕구 충족 또는 바람직한 생활수준을 이루기 위하여 정부를 비롯한 조직의 행동지침, 활동, 원칙'이라고 볼 수 있다.

사회복지정책의 개념은 국가별로도 조금씩 다르다. **독일**은 사회복지정책보다는 **사회정책**이란 용어를 사용한다. 다만 독일에서 정책(politik)이란 용어는 정책(policy)과 정치(politics)의 두 가지 의미를 모두 가지고 있고, 이 두 가지를 구분하지 않고 정책(politik)이라는 개념으로 사용한다. 독일에서 사회정책은 자본주의 시장경제의 발전 과정에서 발생한 폐해에 대응하여 사회현상의 개선을 목적으로 이루어지는 국가의 행위로 인식된다. 바그너(Wagner, 1891)는 사회정책이란 "분배과정의 여러 가지 폐해를 입법 및 행정수단으로 극복하려는 국가정책"이라고 정의하였다. 슈몰러(Schmoller, 1875)는 '사회개량'이라는 용어를 사용하여 사회정책을 표현하였다. 사회개량의 일반적 목표는 사회계급 간 우호적인 관계 회복, 부정의 극복 또는 경감, 분배적 정의이며, 사회개량이란 "중하위 계급의 물질적 향상을 보증하기 위한 사회 입법적 활동"이라고 하였다(박병현, 2021에서 재인용). 일본에서는 전통적으로 사회정책이 노동정책으로, 그리고 사회복지학은 사회복지실천으로 이해되어 분리되어 왔다.

영국에서는 사회복지정책이란 용어보다는 **사회정책**이란 용어를 사용한다. 영국 사회정책학자인 티트머스(Titmuss, 1974)는 사회정책이 '유익한 것을 목적으로 시민의 복지를 마련하는 것', '경제적 목적뿐만 아니라 최저임금이나 최저기준과 같은 비경제적 목적을 포함하는 것', '부자로부터 가난한 자에게로 자원을 시정하거나 사회목적을 추구하기 위해 중앙 및 지방정부가 건강, 교육, 복지 및 사회보장서비스를 개발하거나 관리하는 것이라고 정의하였다. 마샬(Marshall, 1969)은 서비스나 소득을 제공함으로써 시민들의 복지에 직접적인 영향을 미치는 정부 정책이라고 보아 사회보험, 공공부조, 보건서비스, 복지서비스, 주택정책 등을 포함한다고 보았다(박병현, 2021에서 재인용).

미국에서는 사회복지를 **'공공부조'**와 유사한 개념으로 인식하고 그 범위를 협소하게 규정한다. 그런데 사회복지정책 학자들은 사회복지정책에 대해 흔히 쓰이는 사회복지보다는 광범위하게 정의내린다. 돌고프와 펠트스타인(Dolgoff & Feldstein, 2000)은 사회복지정책을 "공공부문뿐만 아니라 민간부문을 포함하지만, 대부분은 정부가 결정한다. 정부는 사회복지 관련자들의 행동을 규제하고, 관료조직과 프로그램을 조직하며, 급여를 배분하고 재정에 필요한 세금을 징수한다"고 했고, 길버트와 스펙트(Gilbert & Specht, 1974)는 서비스나 소득을 제공함으로써 시민의 복지에 직접 영향을 미치는 행동에 관한 정부의 정책이라고 표현하였고, 디니토(DiNitto, 1995)[1]는 국민생활의 질에 영향을 미치는 활동을 정부가 할 것인가 또는 하지 않을 것인가를 선택하는 것이라고 정의하였다(박병현, 2021에서 재인용).

〈표 1-2〉 독일.미국.영국의 사회복지정책 체계

국 가	제 도	하위체계
독 일	사회정책 (social politik)	· 사회보험(국민보험)이 중심 · 공공부조와 사회복지서비스는 부차적
미 국	사회보장 (social security)	· 사회보험 · 공공부조 · 사회복지서비스
영 국	사회서비스 (social service)	· 소득보장(사회보험, 공공부조) · 보건의료(국민보건서비스,NHS) · 주택정책 · 교육정책 · 퍼스널 사회서비스(아동, 노인, 장애인, 여성복지)

다양한 학자들의 사회복지정책 개념에 대한 논의들을 종합해 보면, 사회복지정책이란 '국민(시민)의 삶의 질 향상, 계층간 생활 수준 차이 해소, 사회문제 해결 등을 위해 정부가 다양한 재화와 서비스를 제공, 관리하는 일련의 활동'이라고 볼 수 있다.

1) 디니토(DiNitto)는 미국 사회복지정책의 영역을 소득보장, 영양, 보건, 사회서비스 등 4가지로 구분하고 있다.

〈표 1-3〉 사회복지정책의 어의적 개념과 성격

용 어	어의적 개념	사회복지정책의 성격
복지 (welfare)	좋은 상태	• 사회복지정책의 목적 제시 1) 개인의 욕구 충족과 웰빙 증진 2) 사회문제 관리, 삶의 기회 최대화
사회적 (social)	개인을 넘어서 사회적 관계나 사회성을 지닌	• 집합성 1) 사회적 요구 : 사회적 원인, 공통적 현상, 심각한 결과 2) 사회적 대응 : 국가적 활동 3) 사회적 동기 : 이타주의와 상호적 의무
정책 (policy)	주어진 목적을 향한 행동을 관장하는 원칙	• 변화지향성 행동 지향성, 문제 해결 지향성

2) 사회복지정책의 특징

사회복지정책을 한마디로 정의하기는 어렵다. 사회복지정책의 영역이 워낙 광범위한데다가 국가나 시대에 따라 사회복지정책의 영역이나 내용도 달라지기 때문이다. 그렇다 해도 사회복지정책이 다른 사회정책들과 구분되는 특징이 있는데, 이를 살펴보면 사회복지정책을 이해하는 데에 도움이 될 것이다.

사회복지정책은 무엇보다도 인간의 기본적·사회복지 욕구 충족과 관련이 있다. 기본적·사회적 욕구는 사회에서 살아가면서 인간다운 삶을 유지하기 위해 최소한으로 필요한 욕구이자 사회구조적으로 발생하는 욕구라고 할 수 있다. 그런데 인간의 기본적·사회적 욕구를 충족하는 것과 관련이 있다는 것만으로 사회복지정책을 다른 정책과 구분할 수는 없다. 국방정책이나 치안정책도 인간의 기본적인 욕구인 '안전의 욕구'와 관련이 있지만, 국방정책이나 치안정책을 사회복지정책이라 하기는 어렵다.

이와 관련하여 김태성(2012)은 사회복지정책이 인간의 기본적인 욕구를 '개별적·직접적·비시장적'으로 해결한다는 점에서 다른 정책과 다르다고 표현한다. '개별적으로 해결한다'는 것은 사회복지정책에는 특정한 수급자들이 존재하고, 이 수급자들 사이에도 필요한 재화와 서비스의 양과 질에 차이가 있다는 것이다. 반면에 국방정책이나 환경정책은 특정한 수급자가 없고, 수급자마다 받게 되는 서비스의 양과 질이 다르지 않다(김태성, 2012).

또한 사회복지는 저소득층에게는 소득을 제공하고, 아픈 사람들에게는 의료서비스를 제공하는 등 직접적으로 욕구를 해결한다는 점에서 다른 정책과 다르다(김태성, 2012). 경제정책은 시장에 대한 규제 혹은 규제완화를 통해 경제적 영향을 미치고 이것이 임금이나 일자리에 영향을 미쳐 간접적으로 인간의 욕구 해결에 기여한다고 한다.

자본주의 사회에서 인간의 기본적 욕구를 해결하는 방법은 주로 시장에서 재화와 서비스를 구매하는 것이다. 시장에서 재화와 서비스를 구매할 때에는 재화와 서비스에 대한 대가를 지불하는 쌍방의 이전이 이루어진다. 사회복지정책은 일차적으로 시장 기제에 따른 재화와 서비스의 분배활동이 이루어진 이후에 이차적으로 자원을 재분배하는 활동이다(김태성, 2012). 이차적인 재분배에서는 대가를 지불할 필요가 없거나 실질적인 재화와 서비스 가격보다 낮은 가격으로 자원을 분배하는 일방적 이전이 이루어진다. 이는 비시장적인 욕구 해결 방법인 것이다.

또한 사회복지정책은 정책 형성 또는 집행 과정에서 정책의 대상 또는 클라이언트의 참여를 필요로 하는 정책이다(박병현, 2021). 사회복지정책의 주요한 정책 대상인 일반 시민, 저소득층, 노동자, 지역주민 등이 사회복지정책 결정과정에 참여하여 정책의 내용에 영향을 미칠 수 있고 정책의 평가에도 영향을 미칠 수 있다.

사회복지정책은 내용 포착이 어렵다(박경일, 2021에서 재인용). 사회복지정책에는 투입이나 성과가 계량화되기 어려운 서비스 정책들이 있다. 예를 들면 역량 강화 프로그램, 인지 발달 서비스, 치매 예방 정책, 드림스타트 등은 성과를 수치로 표현하기 어려운 경우가 많다. 최근에는 이러한 정책이나 사업들도 최대한 성과 지표를 계량화하여 관리하고 있으나 본질적으로 계량화나 내용 포착이 어려운 정책들이 많다.

사회복지정책은 이익집단의 힘이 약한 정책이다(박경일, 2021에서 재인용). 다른 정책(예를 들면 국방정책, 의료정책, 경제정책 등)에 비해 사회복지정책 대상들은 사회경제적으로 취약한 집단인 경우가 많아서 이들이 이익집단을 결성하기 어렵고 결성한다 해도 다른 이익집단과 같은 영향력을 발휘하기 어려운 경우가 많다.

마지막으로 사회복지정책의 특징으로는 가치개입적이라는 것을 들 수 있다(박경일, 2021년 재인용). 사회복지정책 역시 다른 정책과 마찬가지로 효율성, 효과성, 합리성을 중심하기는 하지만 다른 정책에 비해서는 상대적으로 가치와 이념의 영향을 많이 받는다고 볼 수 있다. 인간과 사회에 대한 관점에 따라 어떤 정책이 바람직한지에 대한 평가가 달라질 수도 있고 정책의 대상, 방법 등 구체적인 정책 내용이 달라질 수 있다.

2. 사회복지정책의 원리

사회복지정책의 원리는 사회보장의 기능에서 유추해 볼 수 있어 최저생활보장, 소득재분배, 사회통합 등을 들 수 있으나(양정하 외, 2020) 본서에서는 다음과 같이 분류해 볼 수 있다.

1) 사회통합

사회복지정책은 자본주의 경제체제에서 발생이 불가피한 불평등의 문제를 해소함으로써 사회통합 기능을 한다고 볼 수 있다. 사회복지정책의 개입이 없이는 시장을 통한 자원 분배는 계층 간의 격차를 심화시킨다. **'부익부 빈익빈'**현상은 궁극적으로 사회를 분열시키고 갈등을 조장한다. 현대 사회에서는 자본가-노동자 계급 간, 경계적 계층(고소득층, 중산층, 저소득층 등) 간 갈등뿐만 아니라 세대 간, 경제적 계층(고소득층, 중산층, 저소득 등)간 갈등뿐만 아니라 세대 간, 성별, 인종별, 지역별 갈등과 대립도 사회 균열 지점으로 나타난다. 이에 대해 사회복지정책은 공적연금, 의료보험, 실업급여, 노동시장정책, 일가족양립정책, 다문화정책 등을 통해 계층간·집단간 격차를 완화하고 사회통합과 연대감을 증대시키는 기능을 한다. 사회복지정책은 갈등과 대립에 수반되는 사회혼란을 사전에 방지함으로써 사회의 분열을 사전에 예방하는 선제 전략으로 실시된다(김기원, 2003).

2) 소득재분배

소득재분배란 시장에서 일차적으로 분배된 자원의 상태를 다시 분배하여 계층 간, 위험 간 격차를 완화하는 것이다. 자본주의 경제체제에서 분배정책은 일차적으로 '능력의 원칙'을 토대로 하여 사회적 부가가치의 분배가 이루어질 수 있도록 하고 이차적으로 사회적 약자의 보호 차원에서 **'필요의 원칙'**에 입각하여 소득의 재분배가 되도록 실현되어야 한다(이정우, 2017). 특히 사회민주주의적 복지국가에서는 소득재분배가 기본적 관심사이다(Gilbert & Terell, 1998).

사회복지정책 중에서도 공공부조제도는 소득이 적은 사람들에게 재화와 서비스를 재분배함으로써 일차적인 분배 결과의 불평등을 완화시켜 준다. 사회보험제도에서는 우리나라의 국민연금은 소득재분배 기능이 있다. 급여공식에 따라 기여에 완전히 비례적인 급여를 받는 것이 아니라 저소득층은 기여금에 비해 높은 연금 급여를, 고소득층은 기여금에 비해 낮은 연금 급여를 받는다. 소득재분배는 사회복지정책뿐만 아니라 조세정책을 통해서도 이루어진다. 누진세율을 이용하여 소득이 많을수록 더 많은 세금을 납부하고 소득이 적으면 면세 또는 낮은 세율의 세금을 납부하는 것 역시 소득의 재분배효과를 높일 수 있다.

소득재분배는 크게 소득계층 간 재분배인 수직적 재분배, 위험집단과 위험이 없는 집단 간 재분배인 수평적 재분배로 분류된다. 예를 들어 수직적 재분배는 소득이 많은 집단으로부터 소득이 적은 집단에게로 일어나는 재분배이고, 수평적 재분배는 아동이 없는 집단에게서 아동이 있는 집단, 건강한 사람에게서 아픈 사람에게로 자원이 분배되는 형태이다. 노령세대와 근로세대 간 재분배와 같은 세대 간 재분배를 따로 구분하기로 한다.

〈표 1-4〉 소득재분배의 유형

<table>
<tr><th>구분기준</th><th colspan="2">유 형</th><th>내 용</th></tr>
<tr><td rowspan="2">공 · 사 기준</td><td colspan="2">사적 재분배</td><td>민간 부문 안에서 자발적인 동기에 의해 이루어지는 현금의 이전, 가족구성원 간의 소득이전, 친인척이나 친지 간의 소득이전, 각종 민간보험이나 기업복지</td></tr>
<tr><td colspan="2">공적 재분배</td><td>정부의 소득이전이나 메커니즘, 사회보험, 사회복지서비스, 조세</td></tr>
<tr><td rowspan="2">시간 기준</td><td colspan="2">장기적 재분배</td><td>생애에 걸쳐 발생하는 재분배, 적립방식의 연금</td></tr>
<tr><td colspan="2">단기적 재분배</td><td>현재 드러난 사회적 욕구의 충족을 위해 현재의 자원을 사용하여 소득재분배를 기하는 것, 공적 부조</td></tr>
<tr><td rowspan="3">세대 기준</td><td rowspan="2">세대내 재분배</td><td>수직적 재분배</td><td>소득이 높은 계층으로부터 소득이 낮은 계층으로 재분배</td></tr>
<tr><td>수평적 재분배</td><td>동일 소득계층에서 취업자로부터 실업자로, 건강한 자에서 질병자로, 사고를 당하지 않은 사람으로부터 사고를 당한 사람에게로 재분배</td></tr>
<tr><td colspan="2">세대 간 재분배</td><td>청년세대에서 노령세대로의 소득이전(현세대 대 미래세대), 부과방식연금</td></tr>
</table>

출처 : 옥필훈(2020). 『사회복지학개론』. 지식공동체, p. 207.

3) 사회문제 해결

사회문제를 해결하는 것은 어떻게 보면 사회복지정책의 가장 기본적인 기능이다. 산업화가 진행되면서 발생되는 각종 사회문제들(빈곤, 실업, 주택, 가족해체, 비행 등)을 해결하기 위해 국가가 제도적으로 개입하는 것이 사회복지정책의 시작이었다고 할 수 있다. 사회문제란 "개인문제와는 달리 사회구성원들이 바람직하지 않다고 규정하고 사회구성원 모두가 협력해서 해결하려고 노력하는 문제"를 말한다(Blaswick & Morland, 1990 : 김기원, 2003에서 재인용). 사회구성원 모두가 사회문제를 해결하기 위해서는 정부 또는 사회공동체의 체계적 개입이 필요하다.

사회문제는 시대와 지역에 따라 규정되는 문제들이 달라진다. 산업혁명 이후 산업화에 따른 사회문제와 최근 **4차 산업혁명**이라 불리는 산업적 변화와 연관된 사회문제는 그 양상이 다르다. 저출산과 고령화, 불안정 노동의 문제는 비교적 최근의 사회문제라고 볼 수 있고, 1930년대 실업 문제와 2010년 후반의 실업 문제의 구체적 양상 또한 서로 다르다. 어떤 국가에서는 기아, 질병 문제보다 약물중독, 정신건강, 자살 등이 더 심각한 사회문제일 수 있다. 사회복지정책이 사회문제 해결이라는 기능을 제대로 발휘하기 위해서는 사회문제의 원인에 대한 정확한 진단과 그에 따른 적절한 정책 개입이 수반되어야 한다.

4) 경제안정

자본주의 경제는 호황기와 불황기를 반복적으로 경험한다. 호황기에는 생산과 소비가 증가하고, 투자도 증대되며, 고용이 확대되고, 생산성도 증가하여 국민소득이 증가한다. 그러나 일정 수준 이상으로 생산이나 투자가 증가하면 과잉생산으로 재고가 증가하고, 투자가 감소되고, 고용이 위축된다. 이에 따라 실업률도 증가하고 국민소득도 감소하여 소비도 감소하는 악순환이 일어난다.

정부는 호황기에 정부의 지출을 감소시키고 불황기에는 재정 지출을 증가시켜 적극적인 경기부양책을 실시함으로써 경제 안정을 꾀한다. 정부는 사회복지정책을 통해 불경기 때 실업급여나 생계급여 등을 통해 재정 지출을 증가시키고, 사회복지정책 급여를 받은 국민들은 구매력, 즉 유효수요가 증가하여 소비를 증가시킬 수 있다. 소비가 증가하면 그에 따라 생산이 증가하고 투자와 고용이 증가할 수 있다는 것이 사회복지정책의 경제안정 기능이다.

5) 인적자본투자

사회복지정책 급여의 기능 중에 경제안정의 기능이 있는 것과 마찬가지로 경제성장 기능이 있다고 보는 학자들도 있다. 사회복지정책의 경제성장 기능이란, 인적자본 투자를 통한 생산성 증가와 그에 따른 경제성장이다. 학자들에 따라 사회복지정책이 경제성장에 부정적인 영향을 미친다고 보기도 하지만 이는 단기적인 관점이다. 장기적으로 사회복지정책을 통해 인간다운 삶을 보장함으로써 노동력을 유지시키고 지속적으로 경제활동에 참여할 수 있도록 노동력을 재생산하는 기능을 할 수 있다. 교육과 훈련을 통해 인적자본을 향상시키고 생산성을 증대시켜 궁극적으로 경제성장에 기여할 수 있다는 것이다. 인적자본투자 기능을 하는 대표적인 사회복지정책으로는 직업훈련 프로그램, 아동발달 지원 프로그램, 건강 지원 서비스 등이 있다.

3. 사회복지정책의 가치

사회복지정책은 가치중립적이지 않다. 사회복지정책은 특정한 가치를 추구하고, 사회복지정책을 통해 그러한 가치가 실현되는 것을 추구한다. 사회복지정책이 추구하는 가치가 어느 한 가지로 정해진다면 사회복지정책과 관련된 정책결정이나 시행이 그리 어렵지 않을 것이다. 사회복지정책은 다양한 가치를 추구하고 또한 그 가치를 구현해 내야 한다. 여기에서는 사회복지정책에서 추구하는 가치는 무엇이며 사회복지정책의 어떤 측면이 그러한 가치를 구현해 내는지를 설명한다.

1) 자유(freedom)

자유(freedom)는 18세기 이해 현대사회를 움직여 온 사회가치로서 봉건세력에 대항하여 시민계급이 추구하였던 가장 중요한 가치였다. 우리나라 헌법에서도 직업선택의 자유(15조), 양심의 자유(19조), 언론과 출판의 자유(21조), 집회와 결사의 자유(21조), 거주이전의 자유(14조), 언론과 출판의 자유(21조), 사생활과 비밀의 자유(17조), 재산권의 보장(23조) 등을 자유권으로 보장하고 있다. 사회복지정책에서 고려해야 할 중요한 가치 중의 하나가 **자유**(freedom)이다. 자유는 사회복지정책의 확대를 비판하는 사람이 중요하게 생각하는 가치이기도 하면서 사회복지정책의 확대를 지지하는 사람들 또한 사회복지정책을 통해 추구하는 가치라는 점에서 흥미롭다.

사회복지정책의 확대를 비판하는 사람들이 지지하는 자유의 개념은 '개인의 생각 · 행위에 대한 억압이나 통제가 없는 상태'를 의미한다. 벌린(Berlin, 1961)은 이를 소극적 자유라 지칭한다. 자유의 가치를 신봉하는 사람들은 시장에서의 '자유로운 선택'에 의한 자원 배분이 가장 바람직하다고 본다. 이들은 국가가 시장에 개입하여 사람들의 자유로운 선택을 제한하는 것은 비효율적인 자원 배분을 초래한다고 생각한다(김태성, 2012).

현대 복지국가에서 사회보험은 강제적 가입을 기본 요건으로 한다. 소득이 있는 사람들은 세금과 마찬가지로 사회보험료를 납부해야 하는 것이다. 빈곤층의 기본적 생활을 보장하는 공공부조제도 역시 세금을 재원으로 한다. 이때 소극적 자유를 지지하는 사람들은 자신의 재산권을 침해하는 사회보험료, 소득세, 재산세 등을 비판한다.

그러나 사회복지정책을 통해서 자유를 이룰 수 있다고 주장하는 사람도 있다. 이 때 자유의 개념은 위에서 설명한 자유 개념과 다르다. 사회복지정책을 통해 추구하는 자유는 '사람들이 자신이 원하는 것을 적극적으로 할 수 있는 자유'를 의미한다. 자유를 누릴 여건이나 상황이 안되는 상태에서는 소극적 자유가 주어진다 해도 실제로 누릴 수 있는 자유는 크게 줄어든다. 자신이 원하는 것을 할 수 있는 자유(적극적 자유)가 어떻게 보면 소극적 자유의 전제조건이라 할 수 있다. 소극적 자유는 자유의 '기회'의 측면을 강조한다면 적극적 자유는 자유의 '능력' 측면을 강조한다. 벌린(Berlin, 1969)은 이를 적극적 자유라고 하였다(김태성, 2012). 센(sen)도 자유를 개인이 진정한 선택을 할 수 있고 선택에 맞춰 행동할 수 있는 능력으로 보아 적극적 자유의 의미로 정의한다. 자유란 개인이 자신이 중시하는 가치나 목표를 실현하고 성취할 수 있는 능력을 가진 상태를 말한다. 센의 견해에 따르면 국가의 강압이나 간섭뿐만 아니라 빈곤, 경제적 자원 부족, 공공서비스 결여 등의 요소를 제거하는 것이 자유 실현에 필수적이다. 따라서 자유는 '어떤 기능을 할 수 있는 역량의 상태'라는 적극적인 의미를 띠며, 자유 실현을 위해 국민은 국가에 적극적으로 요청할 수 있고, 국가도 적극적인 개입 의무가 있다(구인회 외,

2017에서 재인용).

소극적 자유의 가치를 지지하는 사람들은 사회복지정책의 확대를 위하여 세금을 늘리는 것을 반대하고, 적극적 자유를 지지하는 사람들은 사회복지의 확대를 주장한다. 어떤 자유의 개념이 더 중시되는가는 사회 구성원의 가치관에 따라 달라진다.

사회복지정책의 확대를 지지하는 사람들은 소극적 자유를 침해함으로써 감소하는 효용이 다른 사람들의 적극적 자유를 신장시킴으로써 증가하는 효용보다 작다고 주장한다. 이것은 사람들이 자유를 누릴 때 발생하는 한계효용은 자유가 커질수록 줄어든다는 논리(한계효용체감의 법칙)에 근거하고 있다. 가난한 사람들을 위하여 사회복지정책을 확대하고자 부자들에게 세금을 부과할 때 부자들의 소극적 자유가 침해되어 효용이 감소한다. 그러나 부자들은 일반적으로 많은 양의 자유를 향유할 수 있기 때문에 이러한 효용의 감소는 크지 않다고 보는 것이다. 반면에 사회복지정책으로 급여나 서비스를 받는 가난한 사람들의 적극적 자유가 커짐으로써 나타나는 효용의 증가는 부자가 잃게 되는 효용의 양보다는 크다는 것이다(김태성, 2012).

2) 평등(equality)

사회복지정책의 주요한 기능인 사회통합과 소득재분배는 평등의 가치를 구현하기 위한 기능이다. 평등은 사회정의의 기초적 요소이면서도 무엇의 평등인지에 대해서는 다양한 견해가 존재한다. 일찍이 아리스토텔레스는 그의 저서 『니코마코스 윤리학』에서 수량적 평등과 비례적 평등을 구분하였다. 이 두 개념은 분배적 정의의 평등주의적 견해와 능력주의적 견해를 반영한다.

수량적 평등은 모든 사람들에게 똑같은 대우를 해줘야 한다는 것을 의미한다. 결과적으로 모든 사람들이 같은 분량을 분배받게 된다.

비례적 평등은 유사한 능력을 가진 사람들에게 같은 분량을 분배한다는 것이다. 즉 그 사람의 능력이나 가치에 따른 배분을 의미한다. 평등에 대한 해석은 다른 능력을 가진 사람들을 어떻게 대우해야 하는지에 대한 두 가지 다른 관점을 드러낸다. 길버트와 테렐(Gilbert와 Terell, 1998)은 비례적 평등을 '형평'(equality)이라는 개념으로 평등과 구분짓는다.

그런데 모든 사람들에게 똑같은 대우를 해줘야 한다고 할 때, 무엇을 평등하게 분배할 것인지에 대해서도 견해 차이가 존재하는데 이를 '기회의 평등'과 '결과의 평등'으로 구분할 수 있다. 기획의 평등은 모든 사회적 제도에 대한 접근을 모든 사람에게 균등하게 보장한다는 것이다. 교육, 취업, 공직, 정치 등에서 성별, 인종, 종교, 지역, 경제적 지위 등에 의한 차별없이 동등한 기회를 보장받는 것이다. 가령 빈곤 아동이라 해서 제도적인 교육을 받지 못하고, 여성이라는 이유로 취업을 하지 못하거나, 유색인종이라 해서 투표권을 받지 못한다면 이는 기회의 평등을 보장받지 못하는 것이다.

기회의 평등은 평등한 분배의 대상 범위를 비교적 협소하게 잡는다. 기회의 평등이 보장되지 못한다는 것은 법률적, 제도적, 관습적 특권과 같은 기준에 의해 평등한 기회가 제약되어 불평등이 발생하는 것이다(구인회 외, 2017). 평등의 개념을 기회의 평등에 한정하여 규정하는 견해에 따르면, "법적 권리의 평등이 보장되어 경제적 기회가 확대된다면 다른 종류의 평등은 불필요하거나 위험"하다고 본다. 부와 권력을 가질 '기회'가 모든 사회성원에게 열려 있다면, 부와 권력의 불평등이 매우 심각하더라도 문제될 것이 없다고 본다(구인회 외, 2017에서 재인용).

〈표 1-5〉 평등의 분류

가 치	주요 내용
수량적 평등 (결과의 평등)	사회적 자원을 똑같이 나누는 것
비례적 평등 (공평)	개인의 노력이나 기여 정도 능력에 부합하게 나누는 것
기회의 평등 (소극적 평등)	누구에게나 똑같은 기회를 주는 것

이러한 전통적인 기회의 평등 개념에 대하여 확대된 해석을 통해 분배정의론을 재구축하려는 시도가 이루어졌다. 드워킨(Dworkin)은 개인이 통제할 수 없거나 개인의 책임이 없는 구조적, 환경적 요인으로 인한 불이익에 대해서는 보상이 이루어져야 한다는 점을 강조한다. 드워킨에 따르면, “정의로운 사회에서는 재능의 차이를 포함한 선천적 차이에 대해서도 보상이 이루어져야” 한다(World bank 2006 : 구인회 외, 2017에서 재인용). 뢰머(Roemer)는 여기에서 더 나아가 경쟁을 하는 개인들의 출발선을 동등하게 하여 모든 잠재력 있는 개인들이 경쟁자 집단에 포함되도록 하는 것 또한 기회의 평등이라고 주장한다(Roemer, 1998 ; 구인회 외, 2017). 박경일(2021)는 이를 ‘조건의 평등’이라고 명명하기도 하였다. 예를 들어 소수인종 등 불이익을 받는 사회적 배경을 가진 어린이들에 대해서는 적극적인 교육 지원 혜택을 주는 보상교육을 하여 이들이 상대적 이익을 누리는 다른 집단의 어린이들과 대등하게 경쟁할 수 있도록 하는 것이다. 출발선을 동등하게 하는 원리는 장애인 고용 할당제 또는 적극적 조치 등과 같이 통제할 수 없는 모든 불이익에 대해 적극적으로 보상하는 정책이 대표적이다(구인회 외, 2017). 이는 특권과 차별을 없애는 것에 한정하지 않고 사회적, 정책적으로 개입하여 불평등에 대해 적극적으로 보상한다는 점에서 전통적인 기회의 평등보다는 진부적이지만, 다른 한편에서는 교육, 건강, 고용, 소득, 효용 등

의 성취 결과에 대해서는 개인의 책임 영역을 설정한다는 점에서 다음에서 설명할 결과의 평등과는 구별된다(구인회 외, 2017).

결과의 평등은 출발점이나 선천적 능력은 고려하지 않고 법적 조치나 정치적 수단을 이용하여 최종 결과의 평등을 이루고자 하는 것이다. 결과의 평등 개념은 가장 적극적인 평등 개념으로 모든 사람에게 그들의 욕구나 능력의 차이에 관계없이 사회적 자원을 똑같이 분배하는 것이다. 그러나 결과의 평등이 완전히 보장되는 사회는 현실적으로 존재하지 않는다(박경일, 2021). 사회복지정책 중에서는 공공부조정책이 개인의 노력이나 기여와 관계없이 최소한의 기본적인 욕구를 모든 사람에게 똑같이 보장해준다는 점에서 결과의 평등을 추구하는 정책이라고 볼 수 있다. 공공부조정책에서 결과의 평등을 추구한다고 하는 것은 모든 사람들에게 같은 액수의 급여를 주는 것이 아니라 모든 사람에게 기본적 욕구를 똑같이 보장한다는 것이다. 우리나라 헌법 전문에서는 기회의 균등, 헌법 제11조에서는 법 앞에서의 평등, 헌법 제31조에서 교육기회균등, 헌법 제36조에서 혼인과 가정생활에 있어서 양성의 평등을 규정하고 있다.

3) 형평(equity)

형평(equity)이란 공정한 처우를 의미한다. 어떤 사람이 하루 종일 일했다고 하면 하루치의 삯을 받는 것이고 반나절 일했다면 반절만 받는 것이다. 사람들에게 주어지는 보상은 그 사람이 기여한 정도에 비례하는 것이 형평의 가치를 존중하는 것이다. 참전 군인에 대한 보훈정책이나 자신이 낸 보험료에 비례하여 받는 사회보험 급여는 이러한 형평의 가치를 반영하는 사회복지정책이다. 한때는 공공부조정책에서도 이러한 형평의 가치를 반영하는 사회복지정책이다. 한때는 공공부조정책에서도 이러한 형평의 가치를 반영한 적이 있었다. 바로

1834년 신빈민법의 '열등수급의 원칙'이다. 열등수급의 원칙이란 빈민법을 통해 받는 급여가 그 당시 노동자가 받는 최저임금보다 낮아야 한다는 원칙이다. 현대 공공부조정책에서는 이러한 열등수급의 원칙을 적용하지는 않지만 일부 국가에서 공공부조정책 급여를 매우 낮게 유지하고 있다면 일정 정도 이러한 형편의 원칙을 반영하는 것이라 볼 수 있다. 이렇게 공공부조에서 형평의 가치를 강조하는 이유는 근로유인을 유지하기 위해서이다(Gilbert & Terrell, 1998).

4) 효율(efficiency)

효율은 최소한의 자원을 투입하여 최대한의 효과를 얻는 것을 의미한다. 효율은 사회복지정책에서 궁극적으로 혹은 일차적으로 추구하는 가치는 아닐지 몰라도 자원의 희소성이 존재하는 자본주의 사회에서 무시할 수 없는 가치이다. 아무리 소득재분배효과가 커서 평등 가치를 구현하는 성공적인 사회복지정책이라 해도 정책이 국가경제에 큰 해를 주어 재분배할 자원 자체를 크게 줄인다면 정책이 바람직하다고 할 수 없다(Okun, 1975 : Le Grand, 1982 : 김태성, 2011에서 재인용).

사회복지정책에서 자주 거론되는 효율의 대표적인 개념이 목표효율성과 운영효율성이다. **목표효율성**은 정책 대상자들에게 자원이 얼마나 집중적으로 분배되는가를 판단하는 기준이다. 저소득층의 소득향상, 소득재분배를 목표로 하는 공공부조정책이라면 정책의 대상이 저소득층에게 집중적으로 급여가 전달되어야 목표효율성이 높은 것이다. 공공부조정책에서 목표효율성이 높은 것이다. 공공부조정책에서 목표효율성을 높이기 위해서는 엄격한 소득·자산조사(means test)를 해서 정확하게 정책 대상을 선정해야 한다(김태성, 2012).

운영효율성은 정책 집행에 얼마나 적은 비용이 드는가를 판단하는 기준이다. 사회복지정책을 운영하는 데에는 많은 비용이 소요된다. 국민기초생활보장제도의 재원을 마련하기 위해 드는 행정비용에는 소득파악을 위한 행정기관의 인적·물적 자원이 소요된다(김태성, 2012). 즉 대상자 선장과 전달체계 수립 등을 담당하는 사회복지전담공무원의 인건비를 비롯한 비용이 필요하다. 사회복지기관에서도 클라이언트에게 직접 전달되는 재화나 서비스의 양이 더 많기는 하지만 간접적인 기관의 행정 비용도 만만치 않게 소요된다. 행정비용이 커서 납세자나 기부자들이 사회복지정책을 위해 기여한 금액과 사회복지정책 수급자들이 받는 급여액 사이의 차이가 크다면 이는 운영효율성의 문제가 있는 것이다. 오쿤(Okun, 1975)은 이를 **'새는 바구니효과'**라 명명하였다(김태성, 2012에서 재인용).

최근 서구 사회복지국가들에서도 사회복지에 사용할 수 있는 재원의 한계로 과거에 비해 운영효율성을 강조하는 경향이 있다. 사회복지정책이 공공부문에서 제공되기 때문에 관료제 등으로 인하여 발생하는 운영의 비효율성을 염두에 두고 사회복지 민영화를 강조하기도 한다. 공공부문에서 제공되는 사회복지정책 운영 효율성이 낮을 수 있다는 것은 흔히 '정부의 실패'라고도 한다(김태성, 2012).

목표효율성과 운영효율성은 상충된다고 볼 수도 있다, 예를 들어 공공부조정책은 목표효율성은 높으나 목표효율성을 높이기 위해 대상자 선정, 급여 전달 등에 소요되는 인건비 등 행정비용이 높아 운영효율성이 낮을 수 있다. 반면에 소득·자산조사 없이 인구학적 조건만으로 지급되는 보편수당은 운영효율성은 높을 수 있으나 목표효율성은 낮은 정책이다.

5) 사회적 적절성(adequacy)

적절성의 가치는 사회복지 급여 수준이 그 사회에서 바람직한 생활수준을 유지할 수 있을 만큼 적정한가의 문제이다. 우리나라 **사회보장기본법 제10조 제1항**에서 "국가는 모든 국민이 건강하고 문화적인 생활을 유지할 수 있도록 사회보장급여의 수준 향상을 위하여 노력하여야 한다"라고 규정하고 있어, '건강하고 문화적인 생활을 유지할 수 있는 수준'을 사회적 적절성이라고 볼 수 있다.

다른 한편으로 **국민기초생활보장법 제2조**에서는 "'최저보장수준'이란 국민의 소득·지출 수준과 수급권자의 가구 유형 등 생활실태, 물가상승률 등을 고려하여 제6조에 따라 급여의 종류별로 공표하는 금액이나 보장수준을 말한다"고 규정하여 사회복지정책의 종류에 따라 보장하는 사회적 적절성의 수준이 다른 것으로 보이기도 한다. 이와 같이 적절성은 최저생계비, 최저임금, 빈곤선, 최저보장수준 등으로 구체화된다.

사회적 적절성의 기준은 시대와 상황에 따라서도 다르다. 2015년 4인 가구 생계급여 선정기준은 118만원 정도였는데, 2021년에는 146만원으로 상승하였다. 최근에는 최저임금 인상에 대한 찬반 논의가 매우 뜨거운데, 사회를 바라보는 가치관에 따라 사회적 적절성의 수준이 달라지기도 한다.

4. 사회복지정책의 영역

1) 정책 분야

사회복지정책은 인간의 기본적이고 사회적인 욕구를 충족시키는 기능을 하기 때문에 인간의 기본적이고 사회적인 욕구를 어떻게 정의하느냐에 따라 사회복지정책의 영역도 다양하게 구분된다. 베버리지(Beveridge, 1942)는 소득보장, 의료보장, 교육보장, 주택보장, 고용보장을 사회정책의 분야로 파악하였고(이진숙 외, 2014에서 재인용). 타운센트(Townsend, 1975)는 사회복지정책의 분야를 소득보장, 건강, 교육, 주택, 사회서비스 등 5가지로 보았다. 케머만과 칸(Kamerman & Kahn, 1989)과 힐(Hill, 1980)은 소득보장, 건강, 교육, 주택, 사회서비스, 노동의 6가지 분야로 파악했다. 티트머스(Titmuss, 1974)는 사회정책의 영역을 포괄적으로 해석하여 조세정책도 사회정책의 분야로 포함시켰다.

읽을거리

> Townsend(1867-1960)는 대공황 당시 캘리포니아 주의 은퇴한 의사로서 사회개혁가이었다. 그는 미국의 경제적 부흥과 노인들의 빈곤을 타파할 수 있는 하나의 안을 고안하였는데 이를 "Townsend Plan"이라 불렀다. 이 안은 60세 이상의 모든 미국인에게 매월 200달러씩 주어서 모두 그 달 안에 소비하도록 하자는 것이고 그에 소요되는 재원은 판매세로 충당하도록 한다는 것이다.

소득보장정책은 노령, 사망, 장애, 실업, 질병 등으로 인한 소득 중단 또는 감소에 대해 소득의 일부 혹은 전부를 보장해 주는 정책이다. 빈곤으로 인해 최소한의 기본 욕구를 충족하지 못할 때에도 일정 정도의 소득을 보장해 준다. 주로 공적 연금보험, 실업보험, 의료보험 등의 노령연금, 실업급여, 상병급여나 공공부조정책의 생계급여가 소득보장정책의 주요한 정책 수단이다.

의료보장정책은 질병이나 부상 등으로 신체적·정신적 건강을 유지하기 못하는 경우 의료서비스를 보장하는 것이다. 국가에 따라 NHS 제도와 같이 국가가 직접 의료서비스를 제공하기도 하고 우리나라의 건강보험처럼 의료서비스의 비용을 보전해 주는 방식으로 제공하기도 한다.

주택보장정책은 주거환경개선사업, 공공주택공급, 임대료 지원, 주택수당, 우선분양권 지급 등의 방법으로 주거를 보장해 주는 정책이다. 주택보장정책은 주택의 열악한 환경으로 인한 질병, 가족해체, 정신적 스트레스 등의 문제발생을 사전에 예방하기 위한 것이다. 주거환경이 열악한 지역은 위생, 질병 외에도 교육, 범죄, 사회적 배제 등 다양한 종류의 사회문제가 발생할 수 있다(이진숙 외, 2014).

교육정책은 의무교육과 같이 국가가 직접 교육 서비스를 제공하기도 하고 빈곤층 아동들에게는 교육비 지원, 인지·언어·신체·정서 발달서비스 제공 등을 통해 소득 부족으로 교육받을 기회를 박탈당하지 않도록 한다.

대인사회서비스(personal social service)는 아동, 청소년, 노인, 장애인, 여성 등 사회서비스가 필요한 클라이언트들에게 개별적인 서비스를 제공하는 것이다. 클라이언트의 욕구, 문제, 상황에 따라 다양한 서비스를 필요로 하기 때문에 이에 대한 적절한 서비스를 제공하고, 저소득층에게는 무료 또는 저비용으로 이용할 수 있도록 한다.

노동시장정책은 노동능력이 있는 사람들을 대상으로 노동시장에서의 취업을 촉진하는 직업훈련을 제공하거나, 적당한 일자리를 소개해 주는 고용서비스를 제공하기도 하고, 고용주로 하여금 고용 창출, 고용 안정, 고용 촉진을 하도록 지원금을 제공하기도 한다. 노동자가 적정한 소득 수준을 보장받을 수 있도록 최저임금제도를 실시하거나 필요한 경우 정부가 직접 고용을 창출하기도 한다.

조세정책은 국가가 사회복지의 목적을 위해 조세부담률을 조정하거나 조세를 면제하는 등의 정책을 의미한다. 저소득층의 빈곤문제를 해결하기 위해 빈곤계층의 조세부담을 줄이거나 면제하기도 하고, 근로 유인을 위해 저소득 근로자의 조세 일부를 환급해 주기도 한다(이진숙 외, 2014). 의료비, 교육비에 대한 공제제도나 피부양자에 대한 인적 공제 역시 사회복지정책의 성격이 강하다. 특히 조세정책은 소득세에 대한 누진율 적용으로 소득재분배 기능을 하고 있다.

2) 정책 유형

사회복지정책은 정책의 특징에 따라 크게 사회보험, 공공부조, 사회서비스 등의 정책으로 구분될 수 있다. 사회보험은 질병, 장애, 노령, 실업, 사망 등 사회적 위험에 대하여 '위험의 분산'이라는 보험기술을 이용하여 국민의 건강과 소득 등을 보장하는 제도이다. 민간부문의 보험 기술을 이용한다는 것은 사회적 위험 발생에 대비하여 미리 일정 기간 보험료를 기여하고 사회적 위험이 발생하면 이에 대한 적절한 급여 혹은 서비스를 권리로서 보장받는 것을 의미한다. 사회보험은 민간보험과 달리 전국민 또는 전체 근로자가 강제로 가입해야 한다.

공공부조는 사회보험 기여금을 부담하지 못하는 저소득층에게 기본적인 생계, 의료, 교육, 주거 등의 급여를 제공함으로써 기본적인 욕구를 충족할 수 있도록 소득·자산조사와 같은 일정한 심사를 받아야 한다.

사회서비스[2]는 공공부조나 사회보험과는 달리 비물질적 서비스를

2) "사회서비스"의 개념 자체에 대한 구체적인 정의가 성립되어 있지 않아 학계 전문가 뿐만 아니라 정책실무자들도 계속 적지 않은 혼란을 겪고 있고, 사회서비스

주로 제공한다. 아동, 노인, 장애인, 여성, 가족 등이 겪게 되는 문제에 대해 지식과 기술을 갖춘 전문가가 이들에게 필요한 서비스를 제공하는 것이다.

사회보험, 공공부조, 사회서비스는 해당 욕구가 있는 사람들에게 직접적으로 급여나 서비스를 제공하는 것이지만, 길버트와 테렐(Gilbert & Terrell, 1998)은 규제를 또 하나의 정책 유형으로 파악하고 있다. 중앙정부 또는 지방정부가 사회복지관, 요양시설, 어린이집, 병원, 주거시설 등에서 보건 및 안전의 목적을 위해 시설에 대한 허가나 승인을 하고 기준에 대한 규제를 하는 것 역시 사회복지정책의 한 유형이라고 하였다. 또한 기업으로 하여금 직장보육시설을 설치하도록 하고, 고용할당제를 실시하게 하거나, 기업연금 제도를 운영하도록 하는 것 역시 정부 정책의 한 유형으로 파악할 수 있다.

에 대한 개념에 대한 구체적인 정의와 사회적 합의가 형성되지 않으면 정책을 담당하는 중앙 부처 입장에서는 항상 초기의 개념 논쟁부터 시작하여 정책을 관리해야 하고, 동일부처내 혹은 정부부처간 정책영역 설정과 업무분담에 혼선이 발생할 수 있다는 지적이 있다(이재원, 2011). 사회보장기본법에서는 종래의 "사회복지서비스"를 "사회서비스"로 개념과 정책영역을 대체하였다. 현행 사회보장기본법에 의한 "사회서비스란 국가·지방자치단체 및 민간부문의 도움이 필요한 모든 국민에게 복지, 보건의료, 교육, 고용, 주거, 문화, 환경 등의 분야에서 인간다운 생활을 보장하고 상담, 재활, 돌봄, 정보의 제공, 관련 시설의 이용, 역량개발, 사회참여 지원 등을 통하여 국민의 삶의 질이 향상되도록 지원하는 제도를 말한다"고 규정하고 있다.

심화학습문제

1. 사회복지정책의 가치 중 가장 중요하다고 생각하는 것을 선택하여 서로 다른 의견에 대해 토론해 보자.

2. 사회복지정책의 5가지 기능(사회통합, 소득재분배, 사회문제 해결, 경제안정, 인적자본투자)을 하는 정책, 활동, 기관의 예를 들어 보자.

[기고] 우리나라 복지국가에 대한 정책적 함의

옥필훈 전주비전대학교 아동복지과 교수

우리사회는 경제문제와 복지문제를 잘 해결하고 있는가? 언제나 두 가지 문제는 큰 화두로 작동하고 있다. 나라를 이끌어가는 정치지도자의 경우에도 이 문제에 대해서는 예외는 아니다. 최근까지 전 세계에 직면해있는 코로나19와 오미크론 확장세로 인하여 경제에 많은 타격을 주어왔다.

물론 소상공인들에게는 많이 불리하고 신산업이나 IT산업계는 계속적인 호황을 누릴 수 있다. 경제학자 슘페터(Schumpeter, J.)는 경제는 새로운 기술의 등장으로 기존의 산업이 파괴 내지 도태되고 이에 적응하면서 나타나는 신산업이 그 빈자리를 메꾸는 Innovation Cycle이 반복되며 발전한다는 '창조적 파괴'로 자본주의 사회의 풍요로움을 가져오는 원동력으로 보았고, 마르크스(K.Marx)는 『자본론』을 저술하여 프롤레타리아 혁명으로 자본주의가 사라지고 사회주의가 등장할 것을 예견한 바 있다. 다만 복지국가 체제를 에스핑 앤더슨(Esping-Anderson)은 자유주의 복지체제, 조합주의 체제, 사회민주주의 체제로 유형화한 바 있다. 우리가 살아가는 세상은 공평하고 사회적 약자를 보호한다고 할 수 있을까? 정권이 바뀔 때마다 복지이념과 복지서비스를 운운하지만 이는 진정 국민들을 위한 정책일까?

복지국가의 지속가능한 발전문제는 국가의 정치이념과 복지재정의 문제이기도 하다. 자본주의사회에서 나타나는 '빈익빈, 부익부 현상'은 왜 멈춤이 없을까 ? 단지 자본주의 사회에서 사회주의 사회로의 이행에 나타나는 어려움과 장애에도 복지국가를 꿈꾸고 있는가? 종래 영국 총리 토니 블레어가 내건 노동당의 새로운 정치노선인 제3의 길은 기든스(A.Giddens)가 이론적으로 체계화한 것을 주목할 필요가 있다. 이는 '고복지-고부담-저효율'로 요약되는 사회민주적인 복지국가의 노선(제1의 길)과 '고효율-저부담-불평등'으로 정리되는 신자유주의적 시장경제 노선(제2의 길)을 지양한 새로운 정책 노선으로 시민의 사회경제생활을 보장하는 동시에 시장의 활력을 높이는 신 노동당 프로젝트였다. 다시 말하면 소극적 복지 대신 적극적 복지를 지향하는 길이고 사회투자국가, 복지다원주의, 의식의 전환을 포함하는 것이다.

우리나라 사회문제의 성격은 많은 변화를 이루고 있다. 일제 강점기를 거쳐 1950년 동난 이후 절대빈곤을 농업사회에서 산업사회로의 전환을 꾀하는 경제성장을 통하여 벗어났고, 2000년대 이후 후기 산업사회형 문제가 급격히 등장하게 되어 경제성장과 복지의 연결점 약화, 저출산·고령화 사회 등 인구사회적 변화, 여성과 가족 성격의 변화 등 신사회적 위험이라고 할 수 있다.

필자는 위와 같이 최근 등장하고 있는 사회문제에 대하여 우리나라 복지정책적 관점에서 생각하여 본 바를 다음과 같이 제안하고자 한다.

첫째, 글로벌 복지스탠다드(Global Welfare Standards) 측면에서 국가의 사회투자 측면을 바라볼 필요가 있다. 사후적인 대책 마련 수준에 급급하다 보면 복지국가는 좋지만 재정 수지의 약화를 초래할 수 있으므로 사후적 보장정책에서 사전 예방정책에 많은 무게가 실려야 한다고 본다. 예컨대, 인간의 발달이라는 측면에서 아동이나 청소년의 건강, 발달, 돌봄을 지원하는 것, 가족의 출산을 장려하고 지원하는 것, 장애인의 자립생활을 지원하거나 노인의 지역사회 통합돌봄체계를 강화하는 것 등을 들 수 있다. 또한 경제와 복지의 끈을 이어주기 위해 우리나라 전통산업을 살리고, 이를 IT산업과 연결 및 지원하는 산업, 신경제산업을 분류하고 지원하는 고용정책을 통하여 전통산업과 신산업의 격차를 해소하여 특히 청년들의 고용복지를 지원함으로 우리 경제를 활성화하는 방안이 필요하다.

둘째, 국가 운영 접근방식 측면에서 협치하는 방식인 거버넌스(Governance)를 강조하는 방향으로 이행하여야 한다. 관료제 정부의 한계가 드러나면서 이를 보완하고 탄력적 대응이 이루어지는 분권화된 정부, 민·관 협력체계 구축, 시민사회 등과의 협치 등 지방자치제의 실효성이 있고, 더 나은 국가발전으로 가기 위한 노력이 필요하다.

셋째, 지역사회 통합돌봄(Community Care)정책으로 나아가야 한다. 인간의 삶을 지향하기 위해 공동선을 추구하고 사회적 돌봄이 필요한 것이다. 특정 지역사회의 '주민'과 지역사회 '공동체'의 속성을 복지에 접목하려는 노력이 필요하다.

과거 1960년대 후반부터 1970년대 초반에 일본에서 도쿄, 교토, 오사카 등 지역사회에서 종래 사회복지서비스에 대한 반성을 기초로 커뮤니티 케어 개념이 자리잡은 것은 좋은 예일 것이다.

우리나라 복지정책과 복지국가로 나아가기 위한 방향성은 무엇일까? 새로운 복지현상에 대비하고 경제와 복지문제를 해결하기 위한 새로운 복지국가 모형을 비판적 성찰을 통하여 디자인하는 것은 중요하리라 생각한다. 복지국가는 정부나 시장만이 아닌 지역사회나 다양한 사회적 연대 등을 통하여 보다 한층 고양된 우리나라의 복지국가의 방향성을 기대하여 본다.

〈파이낸셜뉴스〉, 2022.04.08.

◈ 사회복지사 1급 국가시험 기출문제

1. 사회복지정책이 추구한 목표와 추진 방법을 연결한 것으로 옳지 않은 것은? (16회)
   ① 형평 - 실업급여
   ② 적절성 - 최저임금
   ③ 기회의 평등 - 여성고용할당
   ④ 적극적 자유 - 최저생활 보장
   ⑤ 결과의 평등 - 드림스타트

〈답〉 ⑤

2. 사회복지정책의 특성을 설명한 것으로 옳지 않은 것은? (16회)
   ① 가치판단적인 특성을 가진다.
   ② 국민의 최저생활을 보장한다.
   ③ 개인의 자립성을 증진시킨다.
   ④ 능력에 비례한 배분을 원칙으로 한다.
   ⑤ 경제의 자동안정장치 기능을 수행한다.

〈답〉 ④

3. 사회복지정책의 가치에 관한 설명으로 옳은 것은? (11회)
   ① 형평은 결과의 평등을 강조하는 수량적 평등 개념이다.
   ② 긍정적 차별은 평등의 가치를 저해한다.
   ③ 기회의 평등은 결과의 평등보다 재부분에 적극적이다.
   ④ 결과의 평등추구는 부자들의 소극적 자유를 침해할 가능성이 높다.
   ⑤ 기회의 평등추구는 빈자들의 적극적 자유를 증진할 수 없다.

〈답〉 ④

2 chapter

사회복지정책발달의 사상과 이론

사회복지정책은 사회적 취약계층과 어려운 이들의 복지 향상을 위해 정부나 사회기관이 수립하는 계획과 방안이다. 이는 경제적, 사회적 어려움을 겪는 개인과 집단의 지원과 사회적 공평 증진을 목표로 한다. 반면, 이데올로기는 사회복지정책을 이루는 데 영향을 미치는 이념, 가치관, 사상 등을 의미한다. 이데올로기는 사회복지정책의 취지와 방향성을 결정하는 중요한 요소로 작용한다. 사회복지정책과 이데올로기는 함께 작용하여 사회적 공평과 복지 증진을 위한 효과적인 방안을 모색하고 구현하는 데 기여한다(CHAT GPT).

1. 사회복지정책과 이데올로기

사회복지정책은 진공 상태에서 만들어진 것이 아니라 당시의 사상적 흐름과 시대적 이념을 반영한 것이다. 사회복지정책과 이데올로기는 전혀 다른 차원의 산물로 보이지만 정책에는 이데올로기의 특징이 반영되어 있다. 따라서 사회복지정책을 공부할 때 관련된 이데올로기를 공부하는 것은 사회복지정책의 이해를 돕는 좋은 방법이다.

사회복지정책을 이데올로기와 연관하여 설명한 학자로는 **조지와 윌딩**(George & Wilding, 1984)을 대표적으로 꼽을 수 있다. 조지와 윌딩(1976)은 사회복지정책을 4가지로 이데올로기 관점에서 설명하였는데, 반집합주의자[1], 소극적 집합주의자[2], 페이비안사회주의자(Fabianism)[3], 마르크시스트의 관점에서 사회적 가치, 국가와 사회, 정부의 역할, 복지국가를 설명하였다. 이후 조지와 윌딩(1994)은 복지국가에 대한 6개의 주요한 이데올로기 - 신우파, 중도파, 사회민주주의, 마르크시즘, 여성주의, 녹색주의 관점에서 복지국가를 설명하였다.

1) 반집합주의(anti-collectivism)부터 마르크시스트까지(신우파로부터 마르크시즘까지)

반집합주의자(신우파)들은 시장 질서에 대한 확고한 믿음과 정부 활동에 대한 의심을 기존 전제로 복지국가에 대하여 기본적으로 적대적이다. 반집합주의자들은 복지정책이 사회의 주요한 가치와 제도, 예를 들면 가족, 근로동기, 경제발전, 개인의 자유, 효율 등을 위협하고 훼손시킨다고 본다. 반집합주의자(신우파)들은 국가가 빈곤을 해소할 일정 정도 의무는 있지만, 국가의 책임은 빈곤 해소에서 더 나아가서는 안 되고, 자산조사에 의한 최소한의 급여에 제한되어야 한

1) 반집합주의는 19세기 영국을 지배했던 이데올로기이다, 하이에크, 프리드먼이 대표적인 제창자이다.

2) 자유시장에 대한 신뢰가 강하지 않는 점에서 반집합주의와 구별점이 된다. 그러나 정부에 의해 관리되는 경제가 필요하며, 더 좋은 결과를 거둘 수 있다고 믿는다. 갈브레이스, 해로드 등의 학자가 소극적 집합주의의 대표적 지지자이다.

3) '혁명'보다는 '점진주의'를 정책을 추구하면서 민주적 '사회주의'를 발전시키기 위한 목적으로 1884년 영국에 설립된 페이비안 협회의 사상을 말한다. 이 명칭은 로마장군인 페이비어스 컨케이터(Fabius Cuncator)로부터 유래되었는데, 그는 진지전을 피함으로써 승리를 획득했다. 사회연구와 사회정책, 사회개혁에 대한 하나의 접근으로서의 페이비안주의는 영국의 좌익정책의 중요한 방침으로 남아있다(사회학사전, 2000).

다고 주장한다. 반집합주의자들은 최소한의 의무교육만큼은 민주적 정부의 전제조건이기 때문에 필요하고, 교육을 제외한 주택, 의료, 사회서비스 등은 국가에 의해 제공되는 것을 반대한다(George & Wilding, 1984).

소극적 집합주의자(reluctant collectivism, 중도파)들은 복지국가의 장점이 있다는 것을 인정한다. 다만 복지국가의 역할은 시장실패를 해결하는 메커니즘일 뿐 사회경제적 제도 개선이나 궁극적인 생활 개선의 도구는 될 수 없다고 생각한다.

시장과 가족이 개인의 기본적 욕구에 대응하지 못하고, 경제발전 자체가 빈곤을 해소할 수 없다는 것을 인정한다. 소극적 집합주의자들의 가치는 복지국가의 실용적 역할을 지지하는 셈이다. 소극적 집합주의자들의 목표는 자본주의 경제체제가 유지될 수 있도록 시장경제가 양산하는 비효율과 부정의를 제거하는 것이다. 자본주의 경제체제가 가장 효율적인 제도라는 것을 알지만, 조정되고 규제되지 않으면 체제 유지가 불가능하다고 생각한다. 지속가능한 자본주의 체제를 위해서는 정부의 개입이 불가피하고 자본주의가 도덕적으로 바람직하게 유지되어야 한다고 생각한다(George & Wilding, 1984).

반집합주의자들이 선별주의 복지를 선호했다면 페이비언사회주의자[4](사회민주주의자)들은 보편적 사회서비스 제공을 지지하였다. 페이비언사회주의자들은 자산조사가 서비스 신청을 꺼리게 하고, 서비스에 대한 수요를 제한하며, 서비스 이용자들은 사회의 낙오자들, 사회에 부담을 주는 존재로 인식하게 한다는 점에서 비판했다. 또한 페이비언사회주의자들은 국가가 교육, 의료, 사회보장 서비스를 제공해야 한다는 보았으며 민간에서 사회서비스를 제공하면 불평등을 증가

4) 1884년 영국 런던에서 결성된 페이비안 협회(Fabian Society)라는 사회주의 단체에서 비롯된 이념이고, 본 협회는 마르크스주의와는 달리 점진적 사회주의를 추구하였다.

시키고, 이타주의와 연대감을 훼손할 것이며, 공공 서비스를 약화시킬 것이라고 주장했다. 반집합주의자들이나 마르크시스트들이 복지국가의 순기능에 대해 평가절하했던 것과는 달리 페이비언사회주의자들은 복지국가가 가장 좋은 국가 형태라고 보았다. 일부 복지국가 실패 현상에 대해서는 기술적이고 행정적인 결함에 의한 것일 뿐 복지국가 자체의 결함 때문은 아니라고 생각했다(George & Wilding, 1984).

마르크시스트들은 복지국가가 자본주의를 대체하는 체제라 인정하지 않고, 오히려 자본주의를 지지하고 강화하기 위한 체제라고 비판한다. 공적인 서비스를 제공함으로써 자본의 이념 증대를 강화하고 이를 정치적으로 정당화하는 것이라고 생각한다. 마르크시즘은 복지국가가 일정 정도 사회문제를 개선할 수 있을지 몰라도 보다 근본적인 기능은 자본주의 체제 유지라는 관점을 견지한다. 복지정책이 자본주의 체제의 모순을 단기적으로 해결할 뿐 근본적인 해결책이 될 수 없다고 비판한다(George & Wilding, 1984).

〈표 2-1〉 조지와 윌딩의 복지모형

구 분	반집합주의 (신우파)	소극적 집합주의 (중도노선)	페이비안 사회주의 (사회민주주의)	마르크스주의
사회적 가치	소극적 자유 개인주의 불평등 인정	소극적 자유 실용주의 인본주의	적극적 자유 평등	적극적 자유 평등 우애
시장 경제	시장경제 옹호 불평등 인정 자유계약 강조	시장경제의 보완	시장경제의 대폭 수정	시장경제의 부정
정부 개입	부정적	조건부 인정	적극 인정	적극 인정
복지국가관점	복지는 개인적 문제이므로 복지국가 반대	국가에서 최저수준만 보장 찬성	국가에서 제도적 복지국가 실천 찬성	복지국가로는 빈곤제거가 불가능하므로 복지국가 반대

2) 사회민주주의와 신자유주의(케인지안, 제3의 길)

사회민주주의(social democracy)란, 계급투쟁에 의해 자본주의를 사회주의로 대체시키려는 고전적, 급진적 사회주의가 아니라 온건하고 의회주의적인 사회주의이다. 시장경제의 모순과 분배상의 문제점을 국가개입에 의해 해결하려는 사회이념이다(Giddens, 1998 : 김기원, 2013에서 재인용). 피츠페트릭(Fitpatrick, 2013)은 사회민주주의를 이론적으로 '사회적 자유주의'와 '민주적 사회주의' 2가지로 구분하였다. 이론적으로는 2가지 개념이 구별되지만, 이데올로기로서의 사회민주주의는 실물경제와 사회정책 결정에서 복지자본주의의 관해 광범위한 중도 좌파적 합의를 이끌어냈다고 평가된다.

사회민주체제는 계급 간의 타협을 추구하는 조합주의이다. 이 체제는 자본가 계층과 대중노조지도부가 지배블록을 구성하여 노사간의 사회적 동반자관계 수립을 추구한다. 노동자계층과 신중간계층이 연합하여 자본주의를 무너뜨리기보다는 자본주의를 인정하면서 '복지동맹'을 이룩하려는 체제이다(김기원, 2003). 정부는 노사간의 타협에서 조정자 혹은 중재자의 역할을 한다.

사회민주주의의 핵심적 특징은 고전적 사회주의와 달리 생산수단의 개인적 소유권을 불법화하지 않고 모든 생산수단의 사적 소유를 수용한다. "생산 소득의 일부는 정당하게 사회에 귀속되고 사회에 인도되어야 한다"는 평등주의 또는 분배정의 사상에 따라 사회의 각 구성원에게 재분배된다(Hoppe, 1997 : 김기원, 2003에서 재인용). 사회민주주의자들은 모든 국민에게 인간다운 삶의 질을 보장하고, 복지 급여나 서비스를 통해 경제성장과 사회적 투자를 촉진하며, 사회통합을 가능하게 한다는 점에서 복지국가를 적극적으로 지지한다. 제2차 세계대전 이후 1970년대까지 경제성장 시기에 서구 복지국가들은 사회민주주의적 복지국가 확대를 지지해 왔다. 사회민주주의적 복지국가는 그러나 1970년대 경제 위기 이후 세금부담, 재정적자, 중앙집권제, 근로의욕 감소 등에 대한 비판에 직면하게 되고 영국과 미국을 중심으로 신자유주의적 이데올로기가 주도권을 잡게 된다.

신자유주의란 경제적 자유주의와 도덕적 보수주의에 충실한 사람들이 결합된 것이다(Fitzpatrick, 2013). 최소한의 국가 개입으로 작동하는 자유시장을 선호하는 반면, 보수주의적인 가족, 민족, 종교 등 비시장적 전통가치를 옹호하고, 사회질서 유지를 위한 강력한 국가를 지향하기 때문에 **신우파**[5] 혹은 **신보수주의**라고도 불린다(김기원, 2003). 신자유주의자들은 복지국가가 약속했던 것과 제공했던 것 사이에 근본적으로 모순이 존재한다고 주장한다. 신자유주의란 1980년대에 영국과 미국을 중심으로 확산되어 정치체제와 결합했던 이데올로기이다. 기존 복지국가에서 정부 개입과 공공부문을 확대함에 따라 파생했던 문제점을 해결하기 위해 시장경제에 대한 정부의 개입을 최소화하는 동시에 시장의 역할과 기능을 확대하고, 기업과 개인의 자유를 증대시키며, 최소한의 사회안전망을 제공함으로써 사회경제적 관계를 시장 중심으로 재편하려는 이론과 이념을 말한다(김기원, 2003).

신자유주의자들은 복지국가가 제시했던 완전고용의 유지, 높은 수준의 재분배를 통한 평등, 법률로 보장된 권리를 통한 기본적 욕구 충족, 공공부문의 지속적 확장, 국가의 거시경제조절, 노사 간 조합주의제도 등의 목표들이 재정능력의 약화로 이루기 어려워졌다고 평가하였다(Fitzpatrick, 2013). 복지국가가 공적 수입보다 공적 지출을 강조하고 민간부문을 축소시키고 국민에게 과도한 세금을 부과함으로써 복지국가에 대한 정치적 지지도가 약화되었다는 것이다.

신자유주의 사회정책의 강조점은 낮은 인플레이션에 부합하는 고용

5) 신우파에는 신보수주의와 신자유주의라는 두 부류가 있다. 신보수주의는 국가와 가족의 전통적 권위회복과 사회적 규율의 강화를 강조하며 신자유주의는 보다 자유롭고 개방적인 시장의 원리의 회복을 강조한다. 그러나 복지국가가 위기의 원인을 국가의 실패로 보고 있다는 점에서 동일하다.

수준, 노동 공급 중심 개혁, 사회적 불평등 유지, 기업가적인 위험을 감소하는 민간부문, 탈규제와 민영화, 노동시장 유연성, 경영자와 주주의 권리, 소비자 주권으로 이동하게 되었다(Fitzpatrick, 2013). 영국의 대처리즘(Thatcherism)[6]과 미국의 레이거노믹스(Reaganomics)[7]가 신자유주의에 기반한 대표적인 정부정책이다.

신자유주의 이데올로기는 그러나 자본주의의 구조적 모순을 노동자와 국민에게 전가하고, 소득불평등을 심화시키고, 노동시장 유연화에 따라 비정규직, 일용직, 임시직 노동이 증가하는 등 고용안정성을 훼손시켰다는 비판을 받는다. 불평등이 심화되고 인간다운 생활을 위한 최소한의 안전망조차 보장하지 못한다는 비판으로부터도 자유롭지 않다.

복지국가를 둘러싼 사회민주주의, 신자유주의적 흐름에 대해 중도적 노선을 모색한 학자가 **기든스**(Anthoney Giddens)이다. 기든스는 『제3의 길 : 사회민주주의의 갱신』이라는 사회이념을 제시하면서 사회민주주의와 신자유주의를 변증법적으로 통합하고 이를 초월하는 사고와 정책형성의 틀을 제안하였다(김기원, 2003). 제3의 길은 경제적 효율과 사회적 형평을 두 축으로 삼으면서 경제성장과 복지국가를 동시에 유지 및 발전시킨다는 것을 기본 방향으로 설정하고 추진해 나가는 정책노선이다(김기원, 2003). 국민은 복지 수급자와 노동자로서의 권리와 의무를 가진다는 **'개인주의'**와 기회균등과 분배적 정의를 실현함으로써 공동체적 사회연대를 달성하려는 **'집합주의'**를 동시에 추구한다. 영국의 블레어리즘(Blairism)[8]과 독일 슈뢰더(Schröder)[9]의 '새로운 중

6) 대처리즘은 영국경제의 재생을 꾀한 마거릿 대처수상의 사회경제정책의 총칭이다. 1979년 영국선거에서 보수당의 승리로 집권한 대처수상은 노동당정부가 고수해 왔던 각종 국유화와 복지정책 등을 포기하고 민간의 자율적인 경제정책을 중시하는 통화주의에 입각한 강력한 경제개혁을 추진하였는데 이러한 대처의 정책을 말하며, 영국식 신자유주의, 보수주의를 옹호한다(위키백과 참조).

7) 레이거노믹스는 미국 대통령 로널드 레이건이 1981년부터 1989년까지의 임기 동안 수행한 시장 중심적 경제 정책 혹은 이와 유사한 정책을 가리킨다. 라디오 방송자 폴 하비가 레이건과 이코노믹스)를 합쳐서 만든 말이다. 그 중심내용은 ① 정부 지출의 축소, ② 노동과 자본에 대한 소득세 한계세율을 낮춤, ③ 정부 규제의 축소, ④ 인플레이션을 줄이기 위한 화폐 공급량의 조절(위키백과 참조).

도' 노선에 제3의 길 이데올로기에 기반하고 있다(김기원, 2003).

기든스의 제3의 길은 사회민주주의와 신자유주의의 장점을 고르게 지니고 있는 중도 노선이면서도 근거가 부족하고 개념이 모호하다는 비판을 받는다. 또한 신자유주의가 차지하는 위상에 비하여, 사회민주주의적 가치가 차지하는 위상은 지나칠 정도로 평가절차 되어 있다는 비판도 받는다(채장수, 2000).

〈표 2-2〉 경제정책 기조의 변화

국 가	내 용
제1의 길	고복지-고부담-저효율의 사회민주주의적 복지국가
제2의 길	고효율-저부담-불평등의 신자유주의적 시장경제
제3의 길	시민들의 사회경제생활 보장과 시장의 활력을 높이는 일하는 복지

자료 : 정연모(2022). 『사회복지정책론』. 경기 : 지식공동체, 45면 참고.

3) 페미니즘과 녹색주의

페미니즘(feminsim)이란 용어는 라틴어 페미나(femina, 여성)에서 나온 것으로 여성적인 특성을 지니는 것을 의미했지만, 현재는 남녀평등을 추구하는 실천적 이념으로 알려져 있다(공미혜 외, 2015). 페미니즘은 사회복지정책에 대해 비판적이다. 사회복지정책이 여성의 삶의 질을 개선할 수 있다는 가능성은 인정하면서도 사회복지정책의 많은 부분에 대해 비판하였다. 출산, 아동양육, 돌봄 등을 지원하는 사회복지정책은 여성의 돌봄 노동에 대한 보상을 제공하기도 하고

8) 블레어주의는 영국의 전 총리였던 토니 블레어의 정치 노선이나 그와 유사한 정책을 따르는 이들을 가리킨다. 신노동당 노선이라고도 한다. 블레어주의는 이념적으로 보통 자유사회주의, 사회민주주의, 페이비언 사회주의 또는 제3의 길 사회민주주의로 언급되어진다(나무위키 참조).

9) 독일 사회민주당(SDP) 소속으로 1998년부터 2005년까지 녹색당과의 연립정권을 이끌면서 총리를 지냈다. 총리 재임 중 실시한 노동, 복지개혁정책으로 유명하다. 비슷한 시기에 영국총리로 재임한 토니 블레어, 미국 대통령을 지낸 빌 클린턴과 함께 제3의 길을 주창하였다(나무위키 참조).

노동시장 참여를 용이하게도 하지만, 기본적으로 남성 생계부양자를 위한 사회보험을 기본적 골격으로 하는 사회복지정책에 대해 비판한다(George & Wilding, 1984).

많은 복지국가의 사회복지정책에서 가장 기본적인 요소는 '가족'이지만 국가마다 가족을 지원하는 성격은 많이 다르다. 심(Siim, 1990)은 덴마크와 영국의 가족정책 성과를 비교하면서 덴마크는 여성을 공적 영역 속으로 통합하는 것이 목적인 반면 영국은 여성의 가사노동을 지원하는 데 사회정책을 활용해 왔다고 보았다. 사회복지정책은 여성에게 유익할 수도 있으나 반대로 의존성과 성역할을 강화할 수도 있다는 것이다(George & Wilding, 1984).

녹색주의(greenism)는 '생태주의' 또는 '환경주의'라는 용어로도 사용될 수 있다. 생태학적 사상은 현 세대의 인류를 넘어 공동체의 개념을 확장한다. 상호의존적으로 생태계를 구성하는 현재의 인류뿐만 아니라 윤리적으로 의미 있는 모든 존재들(현재와 미래 세계의 인류와 비인류)을 포함하려는 시도를 표현한다. 녹색주의의 핵심적 사상은 선진 산업사회의 발전방향에 대해 비판하는 것이다. 먼저, 산업사회에서 근본적으로 지금까지 이루어 온 경제성장과 소비 모두 바람직하다는 신념을 비판한다. 둘째, 고도로 복합적인 대규모 과학기술을 사용하는 것에 반대한다. 이는 자원을 낭비하고 다양한 방법으로 오염유발의 가능성을 높이기 때문이다. 셋째, 산업사회의 탐욕적이고 극도로 개인주의적인 풍조에 대해 비판한다. 넷째, 산업사회는 기본적으로 인간 중심적이고 동식물과 같은 비인간 유기체를 배제한다는 것이다(George & Wilding, 1984).

복지국가에 대해서는 첫째, 사회복지정책이 사회문제의 원인이 아니라 결과만을 다루고 있으며, 보다 근본적인 문제점(범죄, 질병, 실업, 수질오염 등)은 해결하지 못한다고 비판한다. 둘째, 녹색주의의 핵심 요구 중 하나는 경제성장률과 소비율을 감소시키는 것이고 공공복지지출 역시 축소되어야 한다는 것이다. 세 번째, 녹색주의가 강조하는 자립심은 복지수급자들에게 권위적으로 복지를 공급하는 무능한 전일제 전문관료를 거부한다. 네 번째, 특히 의료서비스 등이 고도의 과학기술에 의존하는 것을 비판한다. 마지막으로 녹색주의는 대도시, 공장, 병원, 학교 등 대규모 조직단위를 거부한다(George & Wilding, 1984).

〈표 2-3〉 이데올로기별 복지국가관

이데올로기	복지국가의 의미	복지국가에 대한 입장
신우파(신흥우파)	자유시장의 걸림돌	반대
중도노선	사회안정과 질서의 유지	제한적 지지
사회민주주의	사회조화, 평등한 사회실현	열광적 지지
마르크스주의(사회주의)	자본주의체제 강화	반대
페미니즘	남녀평등 보장	제한적 지지
녹색주의	경제성장 조장(개발과 보전의 갈등)	반대

2. 사회복지정책 발달이론

1) 산업화론

산업화론(industralization theory) **또는 수렴이론**(convergence theory)은 사회복지정책 발달을 설명하는 이론들 가운데 가장 많이 논의되었던 것이다. 현대사회를 이해하기 위한 중요한 변수로서 산업화를 들고 있고, 어느 정도의 산업화를 이룬 나라들의 사회제도는 어느 한 점으로 수렴되어 비슷하다고 주장한다(박병현, 2021). 산업화론은 산업화에 따른 욕구 증가에 대한 대응이 산업화의 생산성 증가에 따른 자원의 증가로 가능해지면서 사회복지정책이 발달했다는 것이다(Wilensky & Lebeaux, 1965 ; 김태성.성경륭, 1993에서 재인용).

산업화가 진전됨에 따라 인구가 공장 지역에 집중되면서 도시가 형성되고 인구밀도가 높아지면서 생기는 다양한 도시문제(주택, 범죄, 비행, 가족해체 등)가 발생했다. 또한 제조업이 발달하면서 생기는 산업재해, 노동시장 발달로 인해 생기는 실업문제, 빈곤과 불평등 문제 등 사회문제가 급증했다.

제조 공장이 밀집되면서 노동자 계급이 대규모로 형성되었고, 노동력의 지속적 공급이 반드시 필요한 산업자본주의 메커니즘에 따라 노령, 질병, 실업, 산재 등으로 노동이 중단되었을 때 이들의 생계를 지탱할 수 있도록 소득 보장 기능을 하는 사회안전망이 필요하게 되었다.

산업화론에 따르면 서로 다른 상황에 있는 국가들이라 해도 산업화와 그에 따른 경제성장만 이루어지면 자동적으로 복지정책이 발달한다는 것으로 **수렴이론**이라고도 부른다(Wilensky & Lebeaux, 1965). 정치적인 변수 또는 계급 갈등이라는 측면보다는 경제적인 측면을 강조한다. 또한 캐리어와 켄덜(Carrier & Kendall)에 의해 **기술결정론**이라고 불리기도 한다.

이렇게 산업화에 따른 경제적 측면만 강조하고 정치적 측면을 경시한다는 것은 산업화론에 대한 비판의 핵심적 내용이다. 사회문제와 욕구의 증가가 어떻게 사회복지정책으로 제도화되었는지에 대한 구체적 메커니즘은 설명하지 못하며, 사회구성원 간의 합의를 당연한 전제로 설정하고, 사회구성원간 갈등이나 사회문제와 해결방법에 대한 시각 차이에 대해서는 설명하지 못한다는 비판을 받는다.

2) 확산이론

확산이론(diffusion theory) **또는 전파이론**은 개인, 집단 또는 사회체제 수준에서 혁신이 커뮤니케이션 과정을 설명하는 이론으로서 사회복지정책의 발달이 국가 간 의사소통이나 영향력을 주고받음에 따라 이루어진다는 것이다(박경일, 2021). 영국의 자유당 집권시 수상이었던 로이드 조지(LIoyd George)는 독일 방문 이후 사회보험 노입을 적극적으로 시도하였고, 미국의 인보관 운동은 영국의 인보관 운동의 영향을 받은 것으로 알려져 있다. 리스(Rys, 1964)는 '둘러싸고 있는 국제환경에서 고립되어 지내거나 독립적으로 존재하는 현대 국가는 없다, 그래서 어느 한 국가에 있어서 사회보험제도의 확립에 영향을 미치는 요소들에 관한 연구는 필연적으로 국제적 수준에서 고찰할 필요가 있다'고 지적하고 있다. 미쥴리(Midgley)는 특히 제3세계 국가들이 그들의 식민지 시절 지배국가의 사회복지정책을 그대로 모방하여 시행한다고 했다(Midgley, 1984 ; 박병현, 2021 재인용).

사회보험 형태로 노인장기요양에 대한 보장을 하는 국가는 독일, 일본, 한국인데, 한국의 노인장기요양보험은 일본의 제도로부터 영향을 받은 것을 볼 때 공간적 확산이 일어난 예로 볼 수 있다. 지방정부 간에 복지정책이 확산되는 것 역시 공간적 확산이라 볼 수 있다. 반면 개발도상국가의 정책이 선진국의 정책으로부터 아이디어를 얻어 시작되는 것은 위계적 확산이라고 하고 중앙정부에서 도입한 사회복지정책이 지방정부에 확산되는 것 역시 위계적 확산의 예라고 볼 수 있다. 실제로 정책 대안을 개발할 때 외국의 사례를 연구하여 도입 방안을 검토하는 경우가 많은데 이러한 방법은 확산이론이 사회복지정책 발달을 설명하는 설명력을 높인다.

그러나 확산이론은 정부의 성격을 고려하지 않고, 서구 편향주의 또는 서구 우월주의적 시각이 내재되어 있다는 비판을 받는다. 실제로 확산이 활발히 이루어지는 단위는 국가와 같은 사회체계 수준이 아니라 개인, 집단, 소규모 지역사회 같은 미시적 단위에 국한된다는 비판을 받기도 한다(박경일, 2021).

3) 독점자본이론

독점자본이론은 신마르크스 이론으로서 전통적인 마르크스주의(Marxism)[10]에 그 이론적 뿌리를 두고 고도로 발전된 독점자본주의 사회의 현상에 대한 분석을 통하여 복지국가의 발전을 설명하고 있다(남기민, 2004). 산업화론이 산업화에 따른 욕구 또는 사회문제의 증가와 사회복지정책발달의 메커니즘을 경제적 자원의 증가 정도로만 설명한 것에 비하여, 독점자본이론은 자본주의 발달과 사회복지정책 발달의 관계를 계급갈등과 국가의 역할이라는 메커니즘으로 설명하였다.

독점자본주의란 상업자본주의와 산업자본주의 이후의 자본주의 발달단계로 독점자본과 국가가 결합하여 자본주의를 유지하는 체제이다. 전통적 마르크시즘 이후 자본주의 사회는 커다란 변화가 이루어지기 시작하며 경쟁적 자본주의로부터 점차 독점자본주의로 변화하기 시작했고, 이러한 현상은 2차 세계대전 이후 뚜렷해졌다고 본다(김태성 · 성경륭, 1993). 경쟁적 자본주의 체제에서는 국가의 역할이 소극적이었던 반면 독점자본주의 체제로 이행하고 국가가 적극적으로 시장과 가족에 개입하기 시작하면서 사회복지정책이 발달하였다고 본다.

독점자본이 형성되고 빈부격차가 커지자 마르크스가 예견했던 자본축적의 위기(대공황과 같은 경기 불황)와 계급투쟁(대규모 시위, 폭동 등)이 나타났고, 국가가 자본가의 자본축적을 정당화하기 위해 사회복지정책을 자본축적의 수단으로 사용하였다고 것이다. 이때 국가의 역할이 자본에게 도구적인지 자본으로부터 상대적 자율성을 확보하는지에 따라 도구주의 관점과 구조주의 관점으로 구분되기도 한다(김태성 · 성경륭, 1993).

구조주의 관점에서 국가는 두 가지 기본적이고 모순적인 기능을 수행하는데 하나는 자본축적이고 다른 하나는 정당화이다(O'Connor, 1973 : 김태성 · 성경룡, 1993에서 재인용). 국가는 이윤발생과 자본축적 기능을 유지하면서도 자본축적에 따른 빈부격차로부터 여기되는

10) 마르크스주의(Marxism)는 마르크스(Marx)가 엥겔스(Engels)의 협력으로 만들어 낸 사상과 이론의 체계로, 자본주의 사회에서 국가란 하나의 중립적인 기관이나 조직이 아니라 지배계급에 기여하는 도구로서 간주한다. 이 때 국가는 지배계급이나 부르주아계급의 장기적인 이익에 봉사하는 도구로서 활동하는 것으로 해석하고, 그 구체적 형태가 정책으로 표현되는 것으로 본다(홍봉수 외, 2020).

사회갈등을 잠재울 수 있는 사회 안정 기제도 필요하다는 것이다. 이를 위해 국가는 노동력의 생산성을 증가시키기 위한 정책(예 : 노동시장정책), 노동력의 재생산 능력을 확대시키는 정책(예 : 사회보험), 비노동인구의 사회갈등 유발 가능성을 낮추는 정책(예 : 공공부조)이 필요하다고 보았다.

4) 권력자원론

산업화론과 독점자본주의 이론이 산업화와 자본주의 발전에 따른 경제적 측면을 강조하고 민주주의 발달과 같은 정치적 측면을 고려하지 않았다고 평가받는 반면 **권력자원론**은 정치적 측면을 강조한다. 노동자의 수가 증가하면서 노동조합이 형성되고 노동자계급이 정치세력화함으로써 경제적 자원이 아닌 권력자원의 힘을 발휘한다는 것이다(Esping-Anderson & Korpi, 1985).

민주주의 정치제도에서 중요한 의사결정의 방식인 다수결의 논리가 사회구성원의 다수를 차지하는 노동계급의 이익을 위해 활용될 가능성이 높아졌다. 또한 노동계급이 조직화되면 노동계급을 위한 정당이 생길 수 있고, 노동자 정당의 의회진출이 가능해지면 노동자 정당이 다수당이 되었을 때 상당한 수준의 정치적 권력을 행사할 수 있다(구인회 외, 2017). 권력자원론에 의하면 이러한 정치적 권력을 통해 노동자들을 위한 다양한 사회복지정책을 입안하고 시행함으로써 사회복지정책을 발달시킨다.

김태성·성경륭(1993)은 권력자원론을 사회민주주의이론과 등치시키면서 복지국가 발달 설명에서 권력자원론이 유효한 논리적 근거를 3가지로 제시하였다. 첫째, 사회민주주의 이론은 생산수단의 국유화를 안 해도 즉 자본가의 이익에 반하지 않고도 소비의 국유화(관리된 자본주의) - 조세정책, 재정정책, 금융정책 등 -를 통해 자본을 통제할 수 있다. 둘째, 사회민주주의 이론은 의회민주주의 제도에서의 정치적 힘을 강조한다. 셋째, 자본주의가 발전하면서 전통적인 노동자계급과는 성격이 다른 중간층(주로 화이트칼라 노동자들), 자본가계급과는 성격이 다른 경영자층(중소기업 경영자 또는 자영업자)과 같은 새로운 계층이 노동자의 권척 자원에 힘을 보탤 수 있다는 것이다.

그러나 다른 한편으로 권력자원론은 복잡다단한 현대 사회 발달을 감안할 때 노동자 계급 의식의 동일성은 약해지고 순수 노동자계급을 위한 정당은 집권이 어려워 노동자 계급만을 위한 정당이 존재하기 어렵다는 현실적 한계를 갖는다. 또한 영국이나 독일의 사회복지정책 기원은 노동자정당이 아닌 자유주의자 혹은 보수주의자들에 의해 시작되었다는 역사적 사실 때문에 사회복지정책의 초기 발달에는 권력자원론의 설명력이 약하다는 한계를 갖는다.

5) 이익집단정치이론(또는 다원주의론)

이익집단정치이론(또는 다원주의론)은 사회의 균열 지점을 전통적인 계급(노동자와 자본가)에 두지 않고 다양한 이해관계를 가진 이익집단(interest group politics) 간 갈등에 두었다는 점에서 특징적이다. 사회복지정책의 발달은 다양한 이익집단들 사이의 사회적 자원 분배를 둘러싼 경쟁이 치열해짐에 따라 이익집단들의 정치적 힘이 중요해져서 정치인들이 이익집단의 욕구를 수용하여 정책으로 발달했다고 본다(Pampel & Williamson, 1989 : 김태성·성경륭, 1993에서 재인용).

다원주의론을 뒷받침하는 논리적 근거로는 첫째, 현대 사회가 다원화되면서 전통적인 노동-자본 계급 차이에 의한 정치적 구분이 약해진다는 것이다. 중간층이 확대되면서 정치적 지향도 중도화되는 경향이 있는데 이는 권력자원론에서 논하는 계급정당의 지향과는 다를 수 있다는 것이다. 둘째, 다원화된 사회에서는 오히려 인종, 종교, 언어, 문화, 성별, 연령 등의 귀속적 차이에 따른 이해관계와 정치적 지향이 발전하기 때문에 전통적인 계급지향의 정책이 나오기 어렵다는 것이다. 셋째, 탈산업화와 함께 노동 혹은 자본자 계급 내에서도 다양한 이해관계를 지닌 하위 집단들이 생겨난다는 것이다. 자본가 계급 내에서도 대기업 자본가와 영세중소기업 자본자의 이해관계가 다르고, 노동자 계급 내에서도 대기업 정규직 노조와 중소기업 비정규직 노조의 이해관계가 다를 수 있기 때문이다. 또한 집단의 크기가 작고 동질적일수록 집단행동에 대한 동기가 커지고 이에 따른 정치적 힘도 커진다고 본다(김태성 · 성경륭, 1993).

다원주의론 또는 이익집단 정치이론이 적용되는 대표적 사회복지정책은 노인복지정책이다. 인구고령화에 따라 노인의 수가 많아지고, 노인의 이해관계가 동질적이 되면서 노인복지정책(기초연금, 공적연금, 장기요양 등)에 대한 지지도는 매우 높아 사회복지지출에서 가장 높은 비율을 차지한다.

그러나 다원주의론을 적용하기 어려운 국가(예를 들면 사회민주당이 집권하여 계급적 이해관계를 많이 반영하는 스칸디나비아 국가나 민주화 이전 국가들)의 사회복지정책 발달에 대해서는 설명하기 어렵다는 한계가 있다(김태성 · 성경륭, 1993).

6) 국가중심이론

앞에서 설명한 이론들이 사회복지정책의 수요 측면에 초점을 맞추어 설명했다면 국가중심이론(state centered approach)은 사회복지 공급 측면에서 사회복지정책의 발달을 설명한다(김태성 · 성경륭, 1993). **국가중심이론**에 따르면 산업화에 따른 사회복지 수요, 노동자 계급 권력, 이익집단 정치력, 자본가와 국가의 이해관계보다는 복지 공급자인 국가의 구조적 · 제도적 요인에 따라 복지정책이 달라질 것이라고 이해된다. 국가중심이론은 국가가 복지 수요를 반영하여 형성된 정책의 전달이라는 소극적 역할이 아닌, 정책 내용의 형성에도 영향을 미치는 적극적인 역할을 한다고 강조한다.

국가중심이론에서는 사회복지정책이 국가 관료기구를 맡고 있는 개혁적인 정치가 또는 전문관료들에 의해 국가발전의 장기적인 안목에서 형성된다고 본다. 따라서 국가중심이론에서는 정책형성과정을 중시한다. 유사한 사회문제가 발생해도 정책형성과정에 따라 어떤 국가 기구에서는 정책화가 될 수도 있고, 다른 국가 기구에서는 아젠다로 택해지지 않을 수도 있다는 것이다. 국가중심이론에서는 국가 기구가 중앙집권적이고 조합주의적인 형태일수록 사회복지정책이 잘 발달한다고 보았다. 미국과 같이 분권적인 국가보다는 스웨덴과 같이 중앙집권화된 정부에서 사회복지정책이 더 잘 발달한다는 것이다. 사회복지정책을 담당하는 정부 부처(예 : 보건복지부)는 부처의 예산 확보 또는 영향력 확대에 도움이 될 수 있도록 사회복지정책의 발달 또는 확대를 위해 노력한다는 점에서도 국가중심이론의 설명이 유효하다(김태성·성경륭, 1993). 그러나 국가마다 관료기구, 정당구조, 의회기구 등의 특성이 고유하고 다양하기 때문에 국가중심이론으로 사회복지정책 발달을 일반화하여 설명하기 어렵다는 한계가 있다.

7) 사회양심이론

사회양심이론(social conscience theory)은 1950년대 영국 사회정책학의 통설로서 다른 사람들의 불행을 도우려는 이타적인 마음이 사회정책으로 발현된 것이라고 보는 이론이다(Hall, 1952 : 박경일, 2021에서 재인용). 1952년 출판된 홀(Hall, 1952)의 『현대 영국의 사회서비스(The Social Services of Modern England)』에 잘 묘사되어 있는데, 이 책에서 보건서비스와 소득보장프로그램, 주택과

도시계획, 그리고 아동과 청년들을 위한 사회서비스에 관하여 기술하면서 사회복지란 다른 사람들의 불행을 도우려는 사회양심의 발로에서 비롯된 것이라고 주장하였다. 베이커(Baker, 1979)의 가설에 의하면 사회정책이란 인간이면 보편적으로 갖고 있는 이타심을 국가를 통해 실현하는 것이고, 사회적 의무감의 확대와 욕구에 대한 지식의 증대로 변화되며, 이 변화는 누적적으로 일어난다고 보았다. 현재의 사회복지정책은 현재로서는 최선의 정책이고 현재의 정책이 완벽하지는 않을지라도 주된 사회문제의 해결에는 도움이 되었다고 보는 것이다(박경일, 2021에서 재인용).

사회문제와 사회복지정책에 대한 낙관적 인식과 도덕에 대한 신념이 사회양심론의 주요한 장점이라고 볼 수 있다. 그러나 현실 정책에 적용하기에는 국가별로 다른 사회복지정책에 대한 설명이 어렵다는 한계가 있다. 이타심이 인간의 보편적 특징이고 어느 사회에나 인간이 사회구성원으로 살아가는 한 사회복지정책은 모든 사회에서 유사하게 나타나야 하지만 현실은 그렇지 않다. 사회복지정책이 항상 선한 의도에서 실현되지 않을 수도 있으며 때로는 국가의 사회통제적인 의도가 반영될 수 있음에도 이에 대한 설명이 불가능하다는 한계도 있다.

8) 시민권론

시민권론은 마샬(Marshall, 1981)의 시민권 발달 단계로부터 사회복지정책 발달을 설명하는 이론이라 할 수 있다. 마샬(Marchall)은 '*The Right to Welfare*'라는 그의 저서에서 시민권의 단계적 발달에 대해 설명하였다. 그의 시민권 발달단계에 의하면 먼저 18세기 시민혁명을 통해 신분사회에서 시민사회로 변화되면서 '법 앞에서 만인의 평등과 자유'를 의미하는 공민권(civil right) 혹은 자유권이 형성되었다. 두 번째로 19세기 의회제도의 발달과 차티스트 운동을 통해 노동자의 참정권이 보장되면서 정치권(political right)이 형성되었다. 마지막으로 20세기 이후에 시민이 사회의 일반적인 생활양식을 누릴 수 있는 조건으로서 최소한의 경제적·사회적 복지를 누릴 권리인 사회권(social right)의 개념이 발달되었는데 이 사회권의 발달이 사회복지정책 발달에 의해 뒷받침된다는 것이다. 사회권은 '**복지권**'이라고도 불릴 만큼 사회복지정책과 밀접한 관련이 있다.

그러나 마샬의 시민권론은 공민권, 정치권, 사회권에 너무나 많은 것을 포함시키려고 하였다는 비판을 받기도 한다. 마샬이 주장한 시민권의 세 가지 형태(공민권, 정치권, 사회권)보다 더 다양한 형태를 취할 가능성에 대해서도 비판이 제기된다. 지나치게 영미권 국가 중심적이고 젠더적인 차원이나 인종적 차원을 간과하고 있다는 비판을 받기도 한다(Fitzpatrick, 2013).

3. 자본주의와 복지국가

1) 자본주의 발달과 복지국가

위의 사회복지정책발달이론에 대한 설명에서 알 수 있듯이 복지국가와 자본주의 발달은 매우 밀접한 관련이 있다. 자본주의란 경제시스템을 가리키는 말로 사유재산제에 바탕을 둔 경제체제이며 시장(market) 기제를 통해 재화와 서비스를 생산, 분배, 소비하는 시스템이다.

초기 자본주의 발달 시기에는 합리적인 행위자가 완전한 정부를 가지고 완전 경쟁을 통해 합리적인 결정을 하는 시장 시스템에 국가가 개입하지 않는 것이 바람직한 것으로 여겨졌다. 그러나 시장 시스템이 국가의 조정 없이 작동하기 위해 필요한 이러한 전제 조건(합리적인 행위자, 완전한 정보, 완전 경쟁 등)은 불가능하기 때문에 시장 경제 체제가 기능적으로 작동하지 못하는 시장 실패(market failure)가 발생하였다.

산업혁명 이후 산업체제가 공장제 수공업에서 공장제 기계공업으로 변화하면서 자본 축적과 노동집약적 산업이 동시에 확대되었다. 위의 산업화이론에서 설명한 것과 같이 노동집약적 산업이 발달하면서 공장 중심으로 인구가 집중되고, 도시가 발달되며, 각종 사회문제가 발생하기 시작했다(Wilensky & Lebeaux, 1965). 생산성이 확대되어 부가가치가 증가하였지만, 노동자 계급과 자본가 계급 간에 빈부 격차가 더욱 확대되고 빈부 격차의 심화로 인한 불평등의 문제도 대두되었다. 자본주의 경제체제에서 노동자들이 자본 없이 생계를 영위하기 위해서는 시장에서 노동력을 상품화하고 임금을 받아야 하는데, 노동시장에서 임금을 충분히 받지 못하거나 노령, 실업, 질병, 산재 등으로 노동을 중단하면 생계를 영위하지 못한다.

이렇게 자본주의 경제체제의 모순이 발생하면서 국가 개입을 최소화한 자본주의 경제체제를 지향하는 **'야경국가**[11]'에서 시장 실패를 보완하기 위해 국가 개입이 필요한 **'복지국가'** 체제로 전환하게 되었다. 자본주의 경제체제에서 불가피하게 발생하는 빈곤과 불평등, 노동 중단으로 인한 소득 감소에 대해 국가의 개입 없이는 자본주의 시스템을 유지할 수 없게 된 것이다. 이를 **'수정자본주의'**, **'복지자본주의'**라고 하기도 한다.

이렇게 본격적인 복지국가 체제가 등장한 이후 1950~60년대는 '복지국가 황금기'라 불릴 정도로 특히 서구 선진국들을 중심으로 복지지출이 급격히 확대되었다. 이 시기에는 자본주의 경제체제를 통한 국민총생산과 복지국가체제를 통한 복지지출이 함께 성장한 시기였다

---

11) 야경국가는 18세기 후반부터 19세기에 걸쳐 당시의 영국은 자본주의의 성립의 전기로서 애덤 스미스의 『국부론(1776)』 등 자유주의 경제학설의 영향하에 정치상의 자유방임주의가 성행했다. 혁명에 의해 새로운 정권을 얻은 부르주아지는 국가에 대해 자신의 사유재산의 보호를 요구하고 자신의 기업에 대해 국가가 지도하거나 개입하는 것을 거부했다. 이러한 영국의 자유국가를 후일 독일의 사회주의자 F. 라셀은 야경국가라 불렀다(사회복지용어대백과사전 참조)

고 볼 수 있다.

2) 복지국가 위기와 재편

2차대전 이후 경제성장과 함께 확대일로에 있던 복지국가는 1970년대 이후 전세계적 불황에 따른 경제성장 둔화, 정부 재정적자, 스테그플레이션, 실업률 상승에 따라 위기를 맞게 된다. **미슈라**(Mishra, 1984)는 복지국가 위기의 증상을 5가지로 정리하였다. 첫째, 스테그플레이션(stagflation)[12]이 시작되고 경제성장의 속도가 느려지거나 경제성장이 멈춘다. 둘째, 완전고용 체제가 붕괴되고 대량실업이 만연하게 된다. 셋째, 국가 재정적자가 확대된다. 넷째, 사회서비스 지출을 의도적으로 삭감한다. 다섯째, 복지국가 시스템에 대한 국민신뢰가 상실된다(구인회 외, 2017 재인용).

복지국가 위기에 대한 시각은 크게 2가지로 구분될 수 있다. 하나는 복지국가 위기를 복지국가의 '실패'로 보는 시각과 다른 하나는 복지국가 위기가 복지국가의 실패가 아니며 복지국가는 변함없이 그 체제를 유지한다고 보는 시각 즉 복지국가 위기에 대한 반대론이다.

복지국가의 위기에 대한 반대론은 다시 **'불가역성론'**과 **'성숙론'**으로 구별할 수 있다. 복지국가 불가역성론은 경제 위기 이후 복지 지출이 감소된 것은 사실이나 삭감액의 수준은 매우 미미하다는 것이다. 복지지출 성장률의 둔화폭이 경제성장률 둔화폭보다 크지 않다고 본다(Alber, 1988 : Misha, 1990 : 구인회 외, 2017에서 재인용). 복지국가에 대한 정치적 지지도 역시 1980년대 이후 좌파 정당 지지도가

12) 스테그플레이션(stagflation)은 '스테그네이션(stagnation)'과 '인플레이션(infltion)'의 합성어로, 거시경제학에서 고물가 상승과 실직, 경기후퇴가 동시에 나타나는 경우를 말한다. 이는 경제정책에 딜레마를 야기하는데, 낮은 인플레이션을 의도하는 행위는 실업률을 악화시킬 수 있다는 것이다. 1970년대 중동국가가 석유를 자원무기화하면서 석유공급을 인위적으로 감소시켰고, 이로 인해 원유공급가격이 급등하면서 전반적인 인플레이션이 발생하였다. 또한 이 부담으로 경제침체가 오면서 실업률이 증가한 경험이 있다(위키백과 참조).

낮아졌다는 주장과는 달리 전반적인 '정치 자체'에 대한 무관심에 비하면 좌파 정당 지지도가 낮아진 것도 아니라고 주장한다(Ahn, 2000 ; 구인회 외, 2017 에서 재인용). 불가역성이란 복지국가의 확대 즉 복지지출의 증대 양상은 정치적 이유 또는 복지정책에 대한 수요의 증가 때문에 복지 프로그램 축소로 전환하기 어렵다는 의미이다.

복지국가 성숙론은 1980년대 복지국가가 축소된 것이 아니라 안정기에 접어들면서 숨고르기 또는 현상유지를 하고 있다는 주장이다(Heclo, 1981 ; Mushra, 1990 ; Ahn, 2000 ; 구인회 외, 2017에서 재인용). 복지국가의 성장이 멈춘 것은 '위기'가 아니라 극히 자연스러운 현상이라는 것이다. 안정기에 접어든 복지국가는 기술적 조정을 통해 효율성과 유연성을 높이게 될 것으로 기대한다(구인회 외, 2017).

에스핑 앤더슨(Esping-Andersen, 1996)에 의하면 복지국가 위기는 보편적 현상이 아니고, 재편의 과정도 체제별로 상이하다. 1920년대 후반 케인즈는 자본주의는 조절이 가능하고, 자본주의체제에는 자기조절능력이 없기 때문에 국가가 나서서 경제에 대한 개입을 해야 한다고 역설하였다. 이러한 케인즈주의에 따른 인플레이션 없는 유효수요 창출, 완전고용, 경제성장과 복지지출의 동반성장 등은 더 이상 실현 불가능하다는 사실은 1970년대 이후 복지국가들에서 경험 가능한 현상이다(구인회 외, 2017). 복지국가들은 각기 다른 방식으로 복지국가를 재편하였다. 모든 국가가 신자유주의 이데올로기에 따라 민영화와 복지지출 삭감의 양태로 재편하게 되지는 않았다 하더라도 어느 정도는 복지다원주의(welfare pluralism), 민영화, 급여 수준 감소 등의 방향을 취하였다.

3) 4차 산업혁명과 복지국가의 변화

1970년대 이후 경제성장 둔화, 스테그플레이션(stagflation), 실업률 상승 등의 경제변화와 맞물린 복지국가의 위기와 재편 이후 현재 복지국가 체제가 과연 4차 산업혁명 이후 노동시장의 변화에 대응할 수 있는가에 대한 문제제기가 있어 왔다. 4차 산업혁명이란 무엇이고, 왜 이것이 노동시장의 변화를 견인하며 또한 기존의 복지체제가 왜 새로운 산업구조와 노동시장 변화에 적응하지 못한다는 논의를 하는지 살펴볼 필요가 있다.

4차 산업혁명이란 2016년 1월 스위스 다보스 세계경제포럼(World Economy Forum)에서 **'제4차 산업혁명의 이해'**라는 의제가 논의되면서 이후 전 세계적인 담론이 되었다. 세계경제포럼의 회장인 클라우스 슈밥(Klaus Schwab)은 4차 산업혁명을 '디지털 혁명인 3차 산업혁명에 기반을 두고 있으며, 디지털, 물리, 바이오 등 기존 영역의 경계가 사라지면서 융합되는 기술적인 혁명'(이성준, 2018에서 재인용)이라 정의하였다. 이 포럼에 모인 전문가들은 곧 제4차 산업혁명이 도래할 것이며, 이는 산업과 사회, 통치체제, 인간의 행동패턴, 의식구조 등 전 분야에 걸쳐서 기존의 양식을 바꾸는 급진적인 변화를 몰고 올 것으로 예견하였다(김성재, 2017 : 박지은·권혜선·김성철, 2017 : 안상희.이민화, 2016 : 장필성, 2016 : 조영신, 2016 : 이성준, 2018에서 재인용).

제4차 산업혁명에 따른 인공지능 혁명이 인간의 노동을 불필요한 것으로 만들어 20세기 말에 경험했던 대량 실업과는 또 다른 차원의 일자리 감소를 만들어낼 것이라는 예상을 충분히 할 수 있다. 4차 산업혁명으로 인해 인공지능을 통한 극단적인 자동화가 발생하여 고도로 반복적인 저숙련 작업뿐만 아니라 고도로 일상적인 중숙련 직업까지도 자동화가 될 것이다(김민표, 2017). 세계경제포럼(WEF)에 따르면, 향후 5년 동안 약 200만개의 새로운 일자리가 창출되겠지만, 약 710만개의 일자리가 사라질 것으로 전망되고 있다(World Economic Forum, 2016 : 정원호.이상준.강남훈, 2016에서 재인용).

복지국가 재편에서 노동시장 유연화, 최저임금 인하, 복지축소 등의 신자유주의 전략에 대한 비판과 함께 제기되었던 이론이 임금주도성장론이었다. 신자유주의의 대안으로 선택 가능한 담론이었던 임금주도성장론은 경제성장에 부정적인 역할을 한다고 이해되었던 임금(노동비용)을 총수요와 노동생산성을 창출하고 확대하는 새로운 전략으로 활용하자는 것이다(김교성 외, 2018). 임금주도성장론은 친노동적 분배정책(복지 확대)과 함께 가계소득을 견인하는 실질 임금 상승을 주요한 전략으로 삼는다(김교성 외, 2018). 그런데 4차 산업혁명으로 노동시장의 일자리가 더욱 감소하면 신자유주의 복지국가 재편에 맞섰던 임금주도성장론은 실효성이 감소되고, 고용 기반 사회보험 중심 복지체제는 재원과 급여 대상이 대폭 축소되면서 지속 가능성을 잃어버리게 된다.

현재 사회보험 중심의 복지국가가 노동시장의 변화와 정합적(整合的, consistent)이지 않은 측면이 있다는 점을 전제로 할 때 정합성을 높이고 사회보험의 기능을 보완할 수 있는 제도로서 기본소득 제도가 필요하다는 논의가 제기되었다(김교성 외, 2018). 기본소득은 역사적으로 1500년대의 토머스 모어(Thomas More)의 『유토피아』에서부터 오랜 기간 동안 지속적으로 주목받았으나 아직까지도 논란의 중심에 있을 뿐 전면적으로 시행되지 못하고 있는 정책이다. **기본소득**(Basic Incime)이란 '자산조사와 근로에 대한 요구 없이 모든 개인에게 무조건 교부되는 주기적 현금'으로 정의된다(김교성 외, 2018).

읽을거리

> 판파레이스(Van Parijs)의 저서 『모두에게 실질적 자유를』에서 “기본소득은 정부가 평생 아무런 조건 없이 성인(시민)들에게 정기적으로 지급하는 급여이다. 자산을 따지지 않고 지급하는 기본소득은 낙인이 없고, 실업함정(덫)도 제거할 수 있으므로 노동유인 저해는 없다. 의무로부터 ‘실질적 자유’를 선물 받는 것’이라고 하였다.

미국 알래스카 주의 영구기금배당금제도(Permanent Fund Dividend, PFD)는 전세계적으로 유례를 찾아보기 힘들 정도로 기본소득에 가까운 형태라고 할 수 있다(Widerquist and Sheahenm 2012 ; 김교성 · 백승호 · 서정희 · 이승윤, 2018). 스위스에서는 2006년 ‘기본소득시민운동’ 단체가 주축이 되어 기본소득운동이 시작되었다. 2016년 6월 스위스는 모든 스위스 시민에게 조건 없이 매월 약 2,500 스위스프랑(약 295만원)을 지급하는 기본소득안을 국민투표에 부쳐 찬성 23%, 반대 77%로 제안은 부결되었으나 이는 전 세계적으로 기본소득을 알리는 계기가 되었다. 핀란드에서는 2016년 11월 당시 노동시장보조금을 받을 자격이 있지만 실업상태였던 25~28세의 노동자 가운데 무작위로 2,000명을 선발하여 조건 없이 2년 동안 매달 560유로(약 73만원)을 지급하는 기본소득 실험을 실시하였다. 핀란드의 기본소득 실험은 2020년 5월 6일 발표되었는데, 기본소득 수령자 2,000명의 고용일수는 1년 평균 78일로 실업수당을 받은 비교대상집단(17만 3천명)의 고용일수(1년 평균 73일)보다 더 늘어난 것으로 나타났다. 2016년 11월 캐나다 온타리오 주 정부는 기본소득 시범사업 설계 및 운영에 관한 종합보고서를 발표하였고, 이를 토대로 2017년 4월 실험의 구체적인 안을 공포했다. 실험집단에게는 2년 동안 1인 가구 근로소득의 50% 수준(연간 16,989달러, 매원 1,415달러(약 117만원))에 미달하는 경우 최대 16,989달러까지 기본소득을 제공하고 장애인의 경우 연간 6,000달러의 추가소득을 지급한다.

프랑스에서는 2020년부터 전국민에게 매달 750유로(약 92만원)를 지급하는 보편적 기본소득을 핵심공약으로 내세운 브누아 아몽(Benoît Hamon , 1967년 6월 26일 ~)이 집권당인 사회당의 대통령 후보로 선출되기도 했다(양재진, 2018). 우리나라에서도 2015~2016년 성남시의 청년배당과 서울시 청년수당 등 청년정책이 정책화되면서 기본소득 논의가 활기를 얻었고, 다양한 방식으로 기본소득 실험이 전개되었다.[13]

지금까지 기본소득제도는 사전적 개념의 형태 그대로는 도입되지 않았고, 일부 국가 혹은 지역에서 변형된 형태로 시도되고 있다. 기본소득 제도의 실현을 둘러싼 다양한 논쟁이 존재하며, 이 제도가 어떤 형태로 복지국가에서 실현될지의 여부는 좀더 지켜봐야 할 것이다.

4) 복지국가 유형화와 젠더 레짐

자본주의가 발달하면서 복지국가가 일정한 형태로 확대되고 위기를 맞아 재편하는 양상은 국가마다 유사하면서도 국가별로 다른 양상으로 나타난다. 어떤 국가가 복지국가이냐에 대한 견해도 다양하지만 경제적으로 발전한 이른바 **'선진산업국가'**들은 어느 정도는 '복지국가'의 형태를 띠고 있다. 35개 선진산업국가들은 회원국으로 하고 있는 경제협력개발기구의 GDP 대비 공공사회지출 비율은 2019년 기준으로 최저 7.5%(멕시코)에서 최대 31.0%(프랑스)까지로 평균 20%를 사회지출에 사용한다. 공공 사회지출의 비율에 따라 복지국가

13) 성남시의 청년배당은 3년 이상 성남시에 거주한 만 24세 청년들에게 분기별로 125,000원의 성남사랑상품권을 지급하는 정책이다. 거주기간 외에 다른 조건이 없기에 우리나라 사회보장제도 중 가장 보편적인 제도라고 할 수 있다. 한편 서울시의 청년수당은 초기에 2015년 말부터 1년 이상 거주한 19~29세 청년 3,000명에 최대 6개월간 월 50만원을 제공하기 시작했으나 보건복지부가 사회보장기본법에 근거하여 구체적인 조건과 뚜렷한 목표가 부재한 현금지급은 시정되어야 한다는 이유로 직권취소를 결정하였다.

를 유형화하기도 하지만 사회복지 지출비율의 단순비교는 사회복지 지출의 성격을 구분하지 못한다(김태성.성경륭, 1993).

에스핑-앤더슨(Esping-Andersen, 1990)은 복지정책의 탈상품화 정도와 계층화 정도에 따라 자유주의적 복지국가, 보수주의.조합주의적 복지국가, 사회민주적 복지국가의 3가지 유형으로 구분하였다. **탈상품화**(de-commodification)란 노동력을 상품화하지 않고도 인간적인 생활수준을 유지할 수 있는 정도를 의미하는 것이다. 즉 실업, 은퇴, 질병 등의 이유로 노동시장에서 일을 하지 않고도 복지정책을 통해 어느 정도의 급여를 제공받을 수 있는가를 의미한다. 계층화(stratification)란 복지국가의 복지정책이 계층화에 어느 정도 영향을 미치는지를 의미한다. ① **자유주의적 복지국가**(the liberal welfare regime)는 탈상품화 정도가 낮고 소득조사에 의한 공공부조 프로그램을 주요한 복지정책으로 삼고 있다. 자유주의 이념을 바탕으로 하고 있으며 복지정책의 급여는 저소득층 위주로 하고 급여수급 자격은 까다로워서 스티그마(stigma)를 부여한다. 앵글로 색슨 계열 국가들이 자유주의 복지국가에 해당된다. ② **보수주의 · 조합주의 복지국가**(a conservative and corporalist welfare state)는 복지정책이 노동시장의 계층과 사회적 지위를 유지하게 한다. 직업별.계층별로 구분된 사회보험이 주요한 복지정책이며 조합주의 제도 특성 때문에 위험 분산의 효과가 상대적으로 낮다. 자유주의적 복지국가보다 탈상품화 효과는 크지만 계층화 효과 때문에 한계가 있다. 보수주의 이념을 바탕으로 하고 있는 대륙 유럽 국가들이 조합주의 복지국가에 해당한다. ③ **사회민주적인 복지국가**(the social democratic welfare state)는 이념적으로 사회민주주의를 바탕으로 하고 있고 복지정책의 보편주의적 원칙과 탈상품화 효과가 강하다. 복지정책 급여는 저소득층뿐만 아니라 중산층까지도 혜택을 받을 수 있고 복지국가에 대한 국민의 신뢰도 강하다. 사회보험제도뿐만 아니라 사회서비스가 발달되어 여성의 경제활동 참여율이 높은 편이다.

북유럽 국가들이 사회민주적 복지국가에 해당된다.

에스핑-앤더슨의 복지자본주의 유형화는 복지국가 유형화 연구들 중 가장 신뢰받는 연구이지만, 일부 여성주자들에게는 비판을 받았다(Lewis, 1992 : O'Connor, 1993 : Orloff, 1993 : Sainsbury, 1996). 여성주의자들은 에스핑-앤더슨의 복지국가 유형화 연구가 남성 생계부양자 모델과 남성 노동자를 대상으로 하는 사회보험제도를 중심으로 논의하였고 국가와 시장의 관계에만 관심을 가졌다고 비판한다. 에스핑-앤더슨의 복지자본주의 유형화 논의에서 복지의 사적 제공자인 가족과 여성들의 무급노동은 고려하지 않았다는 것이다. **'탈상품화'**라는 개념 역시 돌봄 노동과 무급노동 등 상품화되지 않은 노동을 제공하는 여성에게는 무의미한 개념일 수 있다.

〈표 2-4〉 에스핑-앤더슨의 탈가족화

복지국가 체계분류	가족복지 유형	가족과 국가의 역할과 개입	해당 국가
자유주의 복지체계	가족주의	국가개입 최소화, 가족 스스로의 책임과 전통적 가족기능 강조	미국, 캐나다, 호주 등
조합주의 복지체계	이원적 가족주의	국가가 상당부분 개입하나, 가족이 보호와 양육기능의 책임주체로서 역할 강화	독일, 프랑스, 오스트리아 등
사회민주주의 복지체계	탈가족주의	국가가 가족에게 부양과 양육의 책임을 전가하지 않음	덴마크, 스웨덴, 노르웨이 등

※ 자료 : 이인순 외(2023). 『사회복지정책론』, 서울 : 창지사, 134면 재구성.

이에 비하여 여성주의 복지국가 논의에서는 **'탈가족화'** 혹은 **'독립적인 가구를 형성할 수 있는 능력'**이라는 개념이 중요한 정책 효과의 기준이 된다(Orloff, 1993). 탈가족화란 가족의 돌봄에 의존하지 않고 인간다운 생활을 유지할 수 있는 정도를 의미하며 사회보험이나 공공부조와 같은 소득보장정책보다는 돌봄서비스를 제공하는 사회서비스 정책을 통하여 탈가족화 효과를 높일 수 있다.

이에 여성주의 학자들은 여성과 가족의 역할에 대한 고려 없이 남성 생계부양자와 유급노동만을 고려한 에스핑-앤더슨의 복지국가 유형화 논의를 비판하며(Langan & Ostner, 1990 Lewis, 1992 ; Sainsbury, 1996) 다양한 대안적 논의를 제시하였고 이는 후에 **'젠더레짐'** 논의로 발전하였다. 젠더레짐 논의는 복지국가 유형화에서 '젠더레짐' 논의로 발전하였다. 젠더레짐 논의는 복지국가 유형화에서 '젠더 관계'를 유형화의 주요한 기준으로 발전시켰다. 기존의 복지국가 유형화 논의에서는 고려하지 않았던 노동의 성별분업, 가족임금체계, 결혼제도 등이 다뤄졌기 때문에(O'Connor, Orloff & Shaver, 1999) 젠더레짐 논의에서는 복지국가 논의가 국가와 노동시장, 사회보험, 유급노동, 계급에 대한 논의에서 가족, 가족정책, 돌봄노동, 젠더에 대한 논의로 발전되었다고 볼 수 있다.

세인즈베리(Sainsbury, 1999)는 3가지 유형의 **젠더레짐**(Gender Regime)을 제시했다. '사회적 권리가 개인에게 주어지는가 가족에게 주어지는가', '수급권이 전통적 성별분업에 기초하는가', '돌봄 부담에 대해 국가가 어느 정도 책임을 지는가', '유급노동에 대한 접근성이 성별에 따라 어느 정도 달라지는가' 등 기준에 따라 남성생계부양자 모델, 분리된 성역할 모델, 개별화된 소득-돌봄 모델의 3가지 젠더레짐으로 구분하였다.

남성생계부양자 모델은 엄격한 성별분업 이데올로기, 남성 가장의 사회보장수급권, 합산 과세, 남성에게 유리한 노동시장, 돌봄의 사적 책임, 무급돌봄 노동 등의 특징이 있으며, 분리된 성역할 모델은 성별분업 이데올로기, 가족 수급권(여성은 돌봄 제공자로서, 남성은 생계부양자로서의 수급권), 합산과세, 남성에게 유리한 노동시장, 돌봄노동에 대한 보상 등의 특성이 있다. 개별화된 소득-돌봄 모델은 남성과 여성이 모두 소득자/돌봄제공자가 될 수 있고, 수급권이 시민권 또는 거주에 기반하여 개인에게 주어지며, 개별과세, 양성 모두에게 유리한 노동시장, 국가의 돌봄 책임, 돌봄 서비스 제공 또는 보상 등의 특성이 있다(Sainsbury, 1999 : 윤홍식 외, 2011에서 재인용).

심화학습문제

1. 사회복지정책 이데올로기 중 나의 관점과 가장 비슷한 것과 가장 다른 것을 골라 차이점을 설명하여 보자.

2. 사회복지정책 발달이론 중 핵심적인 내용을 요약해서 진술하고, 이 발달이론이 적용되는 정책을 예로 들어 보자.

◈ 사회복지사 1급 국가시험 기출문제

1. 복지국가의 형성과 발달에 관한 설명으로 옳은 것을 모두 고른 것은? (16회)

ㄱ. 독일의 재해보험법(1884)에서 재정은 노사가 반반식 부담하였다. ㄴ. 영국의 국민보험법(1911)은 건강보험과 실험보험으로 구성되었다. ㄷ. 미국은 대공황을 경험하면서 총공급 관리에 초점을 둔 국가정책을 도입하였다. ㄹ. 스웨덴은 노동계급과 농민 간 적녹동맹(red-green alliance)을 통해 복지국가 발전의 기틀을 마련하였다.

① ㄱ ㄴ ② ㄱ ㄹ ③ ㄴ ㄷ ④ ㄴ ㄹ ⑤ ㄷ ㄹ

〈답〉 ④

2. 복지국가 발달 이론 중 수렴 이론에 관한 설명으로 옳은 것을 모두 고른 것은? (10회)

ㄱ. 산업화로 인한 사회문제에 대응하여 사회복지제도 확대 ㄴ. 복지국가 간 차이점보다 유사성 강조 ㄷ. 이데올로기나 정치적 변수의 역할은 중요하지 않음 ㄹ. 경제발전 수준과 사회복지 지출 수준 간에 강한 상관관계 존재

① ㄱ ㄴ ㄷ ② ㄱ ㄷ ③ ㄴ ㄹ ④ ㄹ ⑤ ㄱ ㄴ ㄷ ㄹ

〈답〉 ⑤

3. 에스핑-앤더슨의 복지국가 유형에 관한 설명으로 옳지 않은 것은 ? (10,11,15,16회)

① 탈상품화와 계층화 등을 기준으로 복지국가 유형을 분류하였다.

② 스웨덴은 사회민주주의, 미국은 자유주의, 독일은 보수주의 복지국가의 대표

적인 예이다.

③ 자유주의 복지국가는 공공부조의 비중이 다른 유형의 복지국가에 비해 더 크다.

④ 사회민주주의 복지구가는 산업별로 분절된 사회보험제도를 가지고 있다.

⑤ 보수주의 복지국가는 전통적으로 가부장제가 강하여 전형적인 남성생계부양자 모형에 속한다.

〈답〉 ④

4. 제3의 길이 강조한 복지국가 개혁의 방향으로 옳지 않은 것은 ? (11회)

① 권리와 의무의 조화

② 근로와 복지의 연계

③ 사회복지 공급주체의 다원화

④ 전통적 사회민주주의 복원

⑤ 사회투자국가

〈답〉 ④

5. 사회복지정책의 발달이론에 관한 설명으로 옳지 않은 것은 ? (16회)

① 확산이론 : 한 국가의 제도나 기술 혁신이 인근 국가에 영향을 준다.

② 음모이론 : 사회복지정책에 대해 사회 안정과 질서유지를 위한 하나의 수단으로 보았다.

③ 독점자본이론 : 경제발전이 상당 수준에 이르면 사회복지 발전 정도가 유사하게 나타난다.

④ 이익집단이론 : 현대사회에서 귀속적 차이 등에 따른 집단들 간의 정치적 행위가 커지고 있다.

⑤ 사회양심이론 : 인도주의에 입각한 사회적 의무감이 사회복지정책을 확대할 수 있다.

〈답〉 ③

3 chapter

사회복지정책의 역사

사회복지정책의 역사는 인류의 과거에서부터 현대까지 이어져 온 복지 제도와 개념의 발전을 포괄한다. 고대부터 중세까지는 종교적, 가족 기반의 자선과 보살핌이 주로 이뤄졌으며, 산업화와 도시화로 사회문제가 증가하면서 정부와 사회 기관의 개입이 강화되었다. 19세기 말부터 20세기 초에는 사회복지운동과 개혁에 의해 복지 제도가 구축되었고, 미국의 뉴딜 정책, 유럽의 사회보장제도 등이 발전했다. 현대에는 다양한 사회복지정책과 국제적 협력을 통해 사회적 문제 해결과 개인의 복지 증진을 목표로 하고 있다(CHAT GPT).

서구 사회복지정책은 국가마다 발달 양상이 다르다. 본서에서는 영국, 독일, 미국의 사회복지정책의 발달을 주요한 복지제도를 중심으로 간략하게 살펴볼 것이다. 영국은 16~17세기 엘리자베스 빈민법부터 복지국가 설계도라고 할 수 있는 베버리지보고서까지, 독일은 최초의 사회보험 발달을 중심으로, 미국은 대공황 이후 뉴딜정책의 일환으로 제도화된 사회보장법에 대해 서술한다.

1. 영국의 사회복지정책 발달 : 빈민법부터 베버리지보고서까지

영국은 자본주의와 산업혁명이 다른 서구 국가에 비해 일찍 발달하였다. 중세시대 정치·정세 시스템이었던 봉건주의가 붕괴되고 근대 정치경제체제인 절대왕정과 중상주의로 넘어가는 시기 영국은 과도기적인 복지욕구를 **빈민법**(Poor Law, **구빈법이라고도 함**)이라는 제도로 대응하였다. 이는 현재의 사회복지정책과는 그 성격이 매우 다르지만, 빈민을 대상으로 하는 국가정책이었다는 점에서 사회복지정책의 역사적 기원으로 다룰 수 있다.

1) 빈민법과 정주법

엘리자베스 빈민법이 제도화된 시기는 영국의 북대서양 교역이 활발해지고, 양모산업이 번창하여 관습적으로 유지해 온 공유경작지를 목축지로 전환하는 엔클로저[1] 운동이 활발히 일어난 시기이다(Polanyi, 1944 : 류연규, 2022에서 재인용). 농민들이 생계 수단인 경작지를 잃고, 부랑인이 증가하면서 빈민과 부랑인에 대한 국가 개입이 불가피한 시기였다고 할 수 있다.

빈민법은 1563년부터 1601년까지 엘리자베스 1세의 재위기간 동안 제도화된 일련의 법률이다(박광준, 1989). 엘리자베스 빈민법(Elizabeth Poor Law)을 사회복지정책의 역사적 기원으로 간주하

1) 인클로저(Enclosure)는 13세기 영국에서 시작된, 소규모 토지를 대규모 농장에 합병하는 법률적 절차를 의미한다. 이는 목축업의 자본주의화를 위한 경작지 몰수로 요약할 수 있다. 산업 혁명 당시 영국에서 판매용 곡물 혹은 양을 키우기 위해 농지에 울타리를 세우자 농사를 지었던 농민들은 도시의 공장으로 내몰리면서 종국에는 도시의 하층 노동자로 전락하게 되었다(위키백과 참조).

는 가장 큰 이유는 국가가 빈민의 구제 또는 통제에 개입하기 시작하였다는 것이다. 국가가 교구별로 빈민감독관을 임명하고, 구빈사업에 소요되는 예산을 위해 구빈세를 신설하였다. 빈민법 대상자 선정기준을 법제화하여 노동능력 있는 빈민에게는 작업장 등에서 노동을 강제하고, 노동능력이 없는 빈민에게는 구빈원(almshouse)에서 생활하도록 하였으며, 아동은 도제로 송환하였다.

빈민법은 다분히 빈민을 억압하는 성격이 강하였고, 이러한 성격은 찰스 2세가 1662년에 제정한 정주법(Settlement Act)에서도 나타났다. 부랑이 증가하는데다 교구에 따라 빈민에 대한 처우가 달라서 처우가 좋은 교구로의 빈민 아동이 증가하자 각 교구는 구빈비용을 절감하기 위해 부랑을 금지하고, 부랑증명서가 없으면 최근 거주지로 강제 송환하는 정주법을 시행하였다.

2) 길버트법과 스핀햄랜드제도

엘리자베스 빈민법이나 정주법과 같이 빈민을 억압하는 제도가 시행되는 한편 18세기 말에는 빈민에 대한 인도주의적 조치도 시행되었다. 1782년 길버트법(Gilbert Act)은 노동능력이 있는 빈민에게도 원외구제를 허용하고 교구가 연합하여 작업장을 설치할 수 있도록 하였다. 1795년 스핀햄랜드(Speenhamland)제도는 스핀햄랜드 지역에서 행해졌던 구빈제도이다. 이 제도 역시 노동가능한 빈민을 작업장에 수용하지 않고 원외구제를 하였고, 임금 수준이 낮아서 빵 가격과 부양가족 수에 연동하여 임금을 보조하는 제도를 실시하였다. 스핀햄랜드 제도가 실시된 지역에서는 구빈비가 증가하여 구빈세를 부담해야 하는 영세 자영농 계층의 부담이 가중되었다. 다른 한편 스핀햄랜드제도는 영국에서 산업혁명이 가장 활발하게 진행된 기간에 노동자들을 농촌에 머물게 함으로써 노동시장의 창출을 막은, 자본주의 발전에 역행하는 제도라는 평가를 받기도 하였다(Polanyi, 1944 : 류연규, 2022에서 재인용).

3) 신빈민법

영국의 산업혁명이 급속하게 진행되면서 자유방임주의의 사조 역시 확산되었다. 경쟁적 노동시장을 창출하기 위해서는 노동 가능한 빈민들에 대한 원조가 철폐되어야 했고, **1834년** 도입된 **신빈민법**(또는 개정구빈법, Poor Law Amendment Act)은 구빈제도를 통해 경쟁적 노동시장의 창출을 가능하게 하였다. 신빈민법을 통해 구빈제도를 의회의 감독하에 두기 위하여 **중앙집권적 행정체계**를 마련하고, "구제를 받는 자에 대한 처우는 국가의 구제를 받지 않는 최하급 노동자 처우보다 열등하게 해야 한다"(Paynes, 1976 : 박광준, 1989에서 재인용)는 **열등처우의 원칙**을 제도화하였다. 원외구제를 금지하는 **작업장 수용의 원칙**도 확고히 하였다(박광준, 1989). 이는 빈곤이 국가의 책임이 아닌 개인의 책임이라는 자유방임주의적 빈곤관이 철저히 반영된 제도였다.

19세기 산업혁명과 자유방임주의 사조는 빈민에 대한 억압정책 기조를 유지하게 하였으나, 1870년대 후발 산업국가가 급속히 성장하면서 영국의 경제적 지위가 위협을 받고 불황과 대량 실업의 문제가 가속화되었다. 이에 따라 1886년 4월부터 런던 거주 시대의 100만 세대를 조사한 찰스 부스(Charles Booth)나 부스의 뒤를 이어 빈곤조사를 실시한 시봄 라운트리(Seebohm Rowntree)와 같은 연구자들이 빈곤 인구에 대한 조사를 실시하였고, 빈곤조사를 통해 빈곤문제가 개인적으로 해결될 문제가 아니라는 것을 알리는 계기가 되었다.

4) 국민보험법과 베버리지 보고서

20세기 들어 빈곤 문제 해결에 대해 자유방임적 관점과 집합주의적 관점이 공존하면서 1905년 왕립구빈법위원회가 설치되었고, 1906년에는 자유당이 집권하면서 다양한 사회정책을 실시하게 되었다. 1908년 70세 이상 빈곤층 노인에게 무갹출연금을 지급하는 노령연금법이 실시되었고, 국민의료보험과 실업보험으로 구성되어 있는 국민보험법이 1911년 시행되었다. 전국민 사회보험의 형태는 아니었으나 갹출 방식의 사회보험 형태로 운영되었다.

국민보험법을 통해 신빈민법의 자유방임주의적 빈곤관에서 서서히 벗어나 빈곤이 사회구조적이고 국가의 개입이 필요한 사회문제라는 것을 인식함으로써 가능한 복지정책이 시작되었다고 볼 수 있다.

1929년 전세계적인 경제 불황으로 인한 대규모 실업, 노동당의 집권, 1,2차 세계대전 등의 영향으로 전후 복지국가 건설에 대한 요구가 증가함에 따라 강제적 사회보험과 공공부조, 아동수당 및 포괄적 의료서비스를 내용으로 하는 정책 제안 보고서가 1942년 출간되었다. 이른바 **베버리지 보고서**[2]라고도 불리는 사회보험과 제반서비스에 대한 보고서는 '복지국가 설계도'라고도 할 수 있는 정책 보고서이다.

---

2) 베버리지 보고서는 정부 간행물임에도 불구하고 발간된 지 한 달 만에 10만 부가 판매되었으며, 그 후 모두 63만 5천부나 팔렸다고 한다. 사설과 해설기사로 크게 취급되었는가 하면, 대학, 교회, 사회복지단체, 교육단체, 군대 등 사회 각계각층에서 열렬하게 토론되기도 하였다. 베버리지 자신은 라디오와 영화관의 스크린을 통해 수백만의 국민들에게 그의 계획을 설명하는가 하면, 수많은 모임을 통해 연설하기도 하였다. 베버리지(Beveridge)는 제2차 세계대전 중에서 제시된 베버리지 보고서를 통하여 영국 국민의 복지를 위협하는 5가지 요인으로 궁핍(want), 무위(idleness), 불결(squalor), 무지(ignorance), 질병(disease)을 들었다. ① 궁핍(want)은 불충분한 소득의 문제를 야기한다. ② 무위(idleness)는 불충분한 일할 기회에 의한 실업의 문제를 야기한다. ③ 불결(squalor)은 열악한 주거환경의 문제를 야기한다. ④ 무지(ignorance)는 불충분하거나 질이 낮아 부적합한 교육의 문제를 야기한다. 그리고 ⑤ 질병(disease)은 불충분한 의료서비스에 의해 악화되는 건강의 문제를 야기한다.

베버리지 보고서에서 제안한 내용은 제2차 세계대전 이후 노동당이 집권하면서 가족수당법(Family Allowance Act), 국민보험법(National Insurance Act), 국민보건서비스법(National Health Services Act), 국민부조법(National Assiatance Act) 등의 입법화로 실현되었다.

[그림 3-1]　사회의 "5대 악"

2. 독일 사회복지정책 발달 : 사회보험정책의 기원

독일은 유럽 국가들 중 산업화 시기가 늦었지만 전 세계에서 가장 먼저 사회보험을 도입한 국가이다. 현대 복지국가의 주된 사회복지정책 유형인 사회보험의 기원이 어떤 배경에서 어떤 형태로 도입되었는지에 대해 간략히 살펴본다.

1) 비스마르크와 사회보험

비스마르크(Otto Eduard Leopold Bismarck, 1815~1898)는 독일 융커(Junker) 귀족 출신으로 1862년 프로이센의 수상으로 취임하여 1871년 독일 제국 통일을 이끌어낸 인물이다. 1871년부터 1890년까지 독일 제국의 수상으로 재임하면서 사회주의자진압법(1878년)을 입법하여 독일 사회주의를 억압하면서 노동자들에게는 사회보험을 실시하여 국가에 충성하게 하는 제도로 실시하였다.

독일은 영국에 비해 늦게 산업화가 추진되었고 독일의 부르주아 계급은 영국 부르주아 계급에 비해 정치력이 약하여 그 당시 지배 엘리트인 토지 귀족 융커 계층이 독일 부르주아 계급보다 우월한 위치를 점하고 있었다. 사회보험 도입 이전 독일 노동자 계급의 생활은 열악하였고 각지에서 파업 등 노동자들의 저항도 빈번히 일어났다(박광준, 2013).

비스마르크는 노동자들에게 사회주의가 확산되는 것을 우려하면서 부르주아 계급을 견제하기 위한 수단으로 사회보험을 입법하였다. 노동자들은 이미 공제조합의 공제제도를 운영하고 있었기 때문에 사회보험 입법은 노동자의 요구보다는 국가가 주도적으로 도입하였다고 볼 수 있다. 오히려 증가하는 산업재해와 이에 대한 보상 부담이 증가함에 따라 철강공업을 중심으로 사업주가 재해 보상 부담을 경감시키기 위해 재해보험 입법을 요구했다는 견해가 있다(박근갑, 1991).

2) 질병보험법, 재해보험법, 노령 및 폐질보험법

비스마르크는 오직 국가가 사회문제를 해결할 수 있다는 신념을 가지고 있었고(Rimlinger, 1998), 이러한 비스마르크의 신념을 반영한 것은 사회보험법안들이었다. 비스마르크의 세 가지 사회보험법안들 중 가장 먼저 추진된 것은 재해보험법안이었지만, 의회의 논쟁을 거치면서 재해보험법안은 1884년에 의회를 통과하였다.

원래의 재해보험법안은 국가의 통제하에 조합주의적 기구를 통하여 재해보험을 운영하는 것이었지만, 최종적인 재해보험법에서는 이런 비스마르크의 기대를 충분히 충족시키지 못했다(Rimlinger, 1998). 경제적인 이익집단들을 효과적으로 대표하지 못했고, 국가를 조정자로 자리매김하지도 못했다(Rimlinger, 1998).

최초의 사회보험인 질병보험은 중앙집권적인 국가 관리기구를 창설하는 대신 이미 질병급여를 제공하고 있던 기존의 길드나 상호부조기관들에 간편하게 의존하는 방법으로 실시하였다. 질병보험에 대해서는 국가가 개입하기 위한 시도를 하지 않았다. 질병보험이 노동자들에게 주는 원조가 단기적인 성격이었기 때문에 국가와의 유대를 만들어 내는 데 효과적이지 않을 것이라 생각했기 때문이다. 1889년 통과된 노령과 폐질보험의 경우에는 노동자들을 국가에 결속시키는 수단으로서 연금의 가치가 다시 한 번 부각되었다(Rimlinger, 1998).

3. 미국 사회복지정책 발달 : '사회보장(social security)[3])' 용어의 시작

1) 대공황과 뉴딜정책

미국의 산업화는 남북전쟁 이후 급격히 진전되었다. 경제적인 산업화와 자본주의 발달과 맞물려 자유방임주의 사상이 영향력을 발휘하여 '자유'와 '개인의 책임'에 대한 지지와 국가의 간섭이나 사회적 보호에 대한 거부감이 컸다고 볼 수 있다(박병현, 2021). 사회적 약자나 빈곤층에 대한 보호는 유럽에서 실시했던 사회보험보다는 공공부조나 민간 자선기관의 원조에 의존하였다. 이러한 자유주의 정책 기조에 균열을 일으킨 것은 1929년 대공황이었다.

일부 도시들의 실업률은 40%에 육박했고, 불황이 악화되면서 시위와 파업이 전국적으로 일어났다(박광준, 2013). 이러한 상황에서 집권했던 공화당은 별다른 해결책을 제시하지 못했고, 1933년 루즈벨트(Franklin Delano Roosevelt) 대통령이 당선되면서 뉴딜정책(New Deal Policy)을 제창하였다.[4]) 뉴딜정책은 케인즈주의의 영향

3) 사회보장이란 social security를 번역한 것인데, 여기에서 보장(保障, secuiry)의 어원은 라틴어로 'SE=without, CURA=care'라고 한다. without care, 즉 '케어가 없다'는 의미인데, 여기에서 care 는 우리말로 '돌봄, 배려'의 의미가 아니라 오히려 원뜻인 '고민, 걱정'이라는 의미이다. 따라서 security란 '고민, 걱정이 없는 것'을 나타내는 것이다(오세영, 2022). 1935년 미국의 사회보장법(Social Security Act)에서 사회보장을 다음과 같이 정의하고 있다. "일반복지의 증진을 위해 연방정부가 관장하는 노령급여제도를 실시하고, 주정부가 관장하는 노인, 맹인, 요보호아동, 장애아동을 위한 복지, 모자복지, 공중보건 및 실업보상법의 관리운영을 지원하며, 사회보장청의 신설과 재정조달 및 기타 목적을 추진하기 위한 법"

4) 1937년 1월 20일에 프랭클린 루즈벨트는 2차 대통령 취임연설에서 "우리 사회가 얼마나 진보하였는지를 보여주는 지표는 얼마나 많은 자원이 가진 자에게 축적되는가가 아니라 가지지 못한 자들에게 얼마나 많은 것이 배분되었는가 하는 것이다"라고 하였다.

으로 나온 정책이라고 하나, 인프라 확충, 경기부양, 노동법, 반독점, 사회보장제도 등으로 상당수 부합하는 측면이 있다(조추용 외, 2020). 뉴딜정책은 3R(Relief : 구호, Recovery : 경제회복, Reform : 개혁)정책으로 알려져 있다(박광준, 2013). 기존의 미국 정책 기조를 뒤바꾼 뉴딜정책은 연방정부의 긴급구호, 산업에 대한 통제, 노동기본권 보장 등을 꾀하는 입법을 실시하였으며, 사회보장법(Social Security Act)은 1935년에 도입되었다.

※ 자료 : inews.co.uk

[그림 3-2] 루즈벨트(Franklin Delano Roosevelt) 대통령

2) 사회보장법

사회보장법(Social Security Act)은 1934년 경제보장위원회의 권고로 추진되었고, 자본가 측의 반대로 7개월간 의회에서 토론을 거친 끝에 1935년 8월부터 시행되었다(박광준, 1989). 사회보장이라는 공

식적인 용어가 최초로 사용된 1935년 미국의 사회보장법에서는 다음과 같이 정의하고 있다. "일반복지(general welfare)의 증진을 위해 연방정부가 관장하는 노령급여제도를 실시하고, 주정부가 관장하는 노인, 맹인, 요보호아동, 장애아동을 위한 복지, 모자복지, 공중보건 및 실업보상법의 관리운영을 지원하며, 사회보장청의 신설과 재정조달 및 기타 목적을 추진하기 위한 법" 따라서, 사회보장법은 크게 3가지 프로그램으로 구성되어 있는데, 연방정부가 운영하는 노령연금과 주정부가 운영하는 실업보험, 연방정부의 보조금으로 주정부가 운영하는 공공부조이다.

노령연금과 실업보험은 근로자와 사용자가 보험료를 통해 재원을 부담하고, 보험료를 납입한 근로자가 급여 혜택을 받는 사회보험 형태이다. 사회보장법에 의한 노령연금(Old Age Insurance : OAI)은 연방이 직영하는 방식이었다. 연금수급자격은 적용업종에 5년 이상 고용된 후 이직한 65세 이상이었고, 고용 당시의 임금에 따라 연금 수준이 산정되었다(박광준, 1989).

실업보험은 노령연금과 달리 주정부의 책임으로 운영되었고, 각 주의 실업보험 창설을 촉진하기 위하여 실업보험료의 90%를 면제해주는 국세면제방식을 채택하였다. 실업보험의 적용범위, 보험료율, 적립방식, 급여내용 등은 주에 따라 달랐다(박광준, 1989).

공공부조는 노인부조, 빈곤아동부조, 시각장애인 부조의 특별부조와 특정 사회복지서비스(모자보건서비스, 지적장애아동서비스, 아동복지서비스 등)에 대한 연방보조금 지급을 규정하였다. 특별부조에 대해서는 수급 대상 규모에 따라 보조하였고, 사회복지서비스에 대해서는 전체적인 서비스 운영비에 대한 보조금을 지급하였다(박광준, 1989).

4. 스칸디나비아 국가들

보편주의적이고 평등주의적이며 연대성을 중시하는 스칸디나비아 국가의 사회복지정책은 그 진보성과 관대함 때문에 복지국가의 최고 단계, 또는 복지국가의 이상형으로 평가된다.

스칸디나비아의 사회복지정책은 직업을 불문하고 모든 시민을 대상으로 평등한 정액 급여를 제공하며, 재정의 상당 부분을 조세에 의존하는 특징이 있다. 이들 국가의 사회보험은 유럽 다른 나라들과 같이 1930년대나 제2차 세계대전 후가 아닌 이미 19세기 말에 입법화가 이루어졌다(1891년에 덴마크에서, 1913년에는 스웨덴에서의 무갹출연금 제도가 시행됨). 이후 스웨덴은 1946년에, 덴마크에서는 1964년에 자산조사를 폐지하고 부유층으로까지 그 대상을 확대하여 명실상부한 보편주의제도로 자리 잡았다.

스웨덴 모델은 자본과 노동 간의 역사적 대타협이라고 하는 1938년의 '**슬츠요바덴(Saltjobaden)협정**'에 그 기원을 두고 있다. 협정의 핵심 내용은 '생산 관련 결정은 자본가계급에 일임하되 실질임금의 보장과 완전고용 등의 정책결정 환경은 국가와 노조가 강력하게 통제하는 체제를 만든다'는 것이다.

5. 우리나라 사회복지정책의 발달과 특징

1) 사회복지의 태동기

(1) 삼국시대

삼국시대의 왕들은 각종 재해로 인한 이재민을 구제함과 더불어 환과고독의 사궁(홀아비, 과부, 고아, 자식없는 노인)에 대한 구제를 실시했다.

① 고구려 고국천왕 : 진대법(춘궁기에 곡식을 대여하고, 추수기에 납입케 함)
② 고려 예종 : 구제도감[5])을 설치함.
③ 고려 성종 : 의창(관곡의 잉여분을 비축하였다가 춘궁기에 굶주린 백성에게 대여)
④ 조선시대
가. 비황제도 : 상평창, 의창, 사창
나. 구황제도 : 사궁에 대한 보호, 진휼 및 진대사업 등
다. 구료제도 : 혜민서(태조), 의학교 및 대한의원(고종)

---

5) 1109년(예종 4년) 4월 개경의 백성들이 질병에 걸리자 이들을 치료하고, 병으로 죽은 사람들의 시체와 뼈를 거두어 드러나지 않게 하기 위하여 설치하였다. 이처럼 구제도감은 전염병자 등을 구제하기 위한 의료기구였으나, 1348년(충목왕 4년) 2월 진제도감, 1381년(우왕 7년) 진제색으로 명칭이 바뀌었다(한국민족문화대백과사전 참조).

(2) 일제강점기와 미군정 시대

일제강점기에 수행된 사회사업으로 고아사업, 연소노동자 교육사업, 맹아교육사업, 의료사업, 빈민구제사업, 양로사업, 갱생보호사업, 인사상담사업, 인보사업, 숙박구호사업, 직업소개사업 등이 있었다. 1944년 3월 1일에 조선구호령을 제정하여 공공부조를 실시했다. 대상은 65세 이상 노인, 13세 이하 아동, 임산부, 장애로 일할 수 없는 자 등이다. 미군정 시대의 사회복지입법은 구호법규, 아동노동법규(미성년자노동보호법) 등과 같이 시대적 환경에 대응하는 임시변통적인 구조정책이 주류를 차지하였고, 복지행정대책이 크게 부족하여 무계획적인 민간구호단체와 시설이 증가하였으며, 외국자선단체와 기관들이 많이 들어왔다.

2) 사회복지의 정착기

(1) 군사정부 및 박정희 정부(1960~1979)

군사정부는 절대빈곤을 해소하기 위해 경제개발계획을 수립하고 1963년 제3공화국을 출범했다.

제3공화국 헌법(제5차 개정) : 헌법에 인간다운 생활을 할 생존권이 신설(헌법 제34조 제1항)되었다.

- 1960년 공무원연금법 제정
- 1961년 생활보호법 제정(1944년의 조선구호령을 폐지하고 최초의 공공부조법이 제정됨)
- 1961년 아동복리법 제정(1981년 아동복지법으로 개정)
- 1961년 윤락행위방지법 제정
- 1963년 군인연금법 제정(공무원연금법에서 분리됨)
- 1963년 산업재해보상보험법 제정, 사회보장에 관한 법률 제정, 의료보험법 제정(임의가입)

- 1970년 사회복지사업법 제정
- 1973년 국민복지연금법 제정(석유파동으로 시행 연기)
- 1976년 의료보험법 개정(500인 이상 사업장 근로자 강제적용), 의료보호법 제정

(2) 전두환 정부(1980~1987)

제5공화국 헌법(제8차 개정) : 사회보장의 국가책임을 명확히 했다. "국가는 사회보장·사회복지의 증진에 노력할 의무를 진다."(헌법 제43조 제2항)

- 1981년 아동복리법에서 아동복지법으로 개정(요보호아동에서 일반아동으로 대상 확대함)
- 1981년 심신장애자복지법 제정, 노인복지법 제정
- 1983년 사회복지사업법 개정(복지증진의 책임이 국가와 지방자치단체에 있음을 명문화함, 사회복지사 자격제도 도입)
- 1986년 국민복지연금법을 국민연금법으로 개정, 최저임금법 제정

(3) 노태우 정부(1988~1993)

- 1988년 국민연금법을 실시, 최저임금법을 실시
- 1989년 전 국민 의료보험체제 확립, 심신장애자복지법이 장애인복지법으로 개정
- 1991년 청소년기본법 제정
- 1992년 사회복지사업법 개정(사회복지전담공무원과 전담기구 법적인 규정을 마련함)

(4) 김영삼 문민정부(1993~1997)

- 1993년 고용보험법 제정(1995년 실시)

- 1995년 사회보장기본법 제정
- 1997년 국민의료보험법 제정, 사회복지공동모금법 제정

3) 사회복지의 확장기

(1) 김대중 국민의 정부(1998~2002)

- 1999년 국민기초생활보장법 제정(2000년 실시, 생활보호법 폐지)
- 1999년 국민건강보험법 제정(국민의료보험법 폐지)
- 1999년 국민연금의 전 국민 개보험
- 2000년 아동복지법 개정(아동복지지도원을 별정직 공무원에서 사회복지전담공무원으로 변경, 아동학대에 대한 신고를 의무화, 긴급전화 설치 및 학대아동에 대한 보호체계 구축)
- 2001년 의료보호법이 의료급여법으로 개정

(2) 노무현 참여정부(2003~2007)

- 2003년 사회복지사업법 개정(시.군.구에 지역사회복지협의체 설치, 지역사회복지계획 수립.시행)
- 2003년 건강가정기본법 제정
- 2005년 긴급복지지원법 제정, 저출산·고령사회기본법 제정
- 2007년 기초노령연금법 제정(2008년 1월 1일 시행), 노인장기요양보험법 제정(2008년 7월 시행)

(3) 이명박 정부(2008~2012)

- 2008년 노인장기요양보험법 시행
- 2010년 장애인연금법 제정

- 2011년 장애인활동지원에 관한 법률 제정

(4) 박근혜 정부(2013~2017)

- 2014년 기초연금법 제정(기초노령연금법 폐지), 5월에 제정해서 7월에 시행
- 2014년 국민기초생활보장법 개정 : 생애주기별 맞춤형 통합복지 구현했다(선정기준을 최저생계비 기준에서 중위소득기준으로 변경).
- 2015년 국민연금법 개정(18세 미만 사업자 동의없이 가입, 구직급여기간의 실업크레딧 제공)

(5) 문재인 정부(2017~현재)

문재인 정부의 복지정책은 고령사회에 대비한 건강하고 품위있는 노후생활보장, 건강보험 보장성 강화 및 예방 중심 건강관리 지원, 의료공공성 확보 및 환자 중심 의료서비스 제공, 서민이 안심하고 사는 주거환경 조성, 청년과 신혼부부 주거 부담 경감 등에 정책적 비중을 두고 있다. 우선 모든 개인들이 전체 생애주기를 통해 빈곤과 건강문제를 비롯한 사회적 위험에서 벗어나고, 기본적인 소득을 확보할 수 있도록 전반적인 사회보장을 강화하는 데에 초점을 두고 있다. 이에 따라 정부의 국정과제는 이러한 정책과제들의 집행을 통해 빈곤율을 2015년 12.8%에서 2022년 11.1%로 낮추고, 빈곤격차 비율도 2015년 4.6%에서 2022년 3.9%로 떨어뜨릴 수 있을 것으로 정부는 기대하고 있다. 이를 실천하기 위한 구체적인 제도로는 다음과 같은 정책들이 계획되었다.

- 2018년부터 0~5세 아동수당으로 월 10만원 지급 후 단계적 인상 및 내상 확내

- 2018년 기초연금과 장애인연금(기초연금)을 25만원으로 인상 후 단계적으로 인상
- 2019년 미취업 청년에게 청년구직촉진수당 30만원을 3개월간 지급

모두가 누리는 '포용적 복지국가'를 구현하기 위해서는 2022년까지 건강보험 보장률을 70%까지 끌어올려 보장성을 강화하고, 예방 중심의 건강관리 체계구축을 추진해 선택진료 폐지, 상급병실 단계적 급여화, 간호·간병통합서비스 확대 등 3개 지급여 항목에 대한 부담 경감을 추진한다. 또한 15세 이하 아동 입원진료비 본인부담률을 5%로 내리고 민간실손보험 관리 강화를 통해 건강보험 재정건전성을 제고한다. 그리고 의료공공성 확보 및 환자 중심 의료서비스 제공을 위해 2020년까지 1차 의료기관과 대형병원의 역할 개선을 유도할 수 있도록 건강보험 수가구조 개편방안을 마련키로 했다. 또한 치매에 대한 국가책임을 강화해 2017년부터 전국 252개 치매안심센터를 확충하고 치매안심병원 확충을 추진한다. 그리고 의료 공공성 강화를 위해 2022년까지 응급의료전용헬기, 소아 전문응급센터 및 재활병원 확대, 전국에 권역외상센터 확대 및 심혈관센터 지정.설립 등 환자 중심 응급의료체계를 구축할 계획이다.

저출산 극복을 위해 국가가 책임지는 보육과 교육을 강화한다. 우선 사회시스템을 결혼·출산·양육 친화적으로 개선하고 저출산 대책을 추진하기 위한 컨트롤타워 기능을 강화하며, 2022년까지 공공임대주택의 30%, 신호부부 우선 공급, 2017년부터 난임시술비 등 건강보험 적용 등을 추진한다.

〈표 3-1〉 역대 정부의 주요 복지정책

종류 / 공화국	사회보험	공공부조, 보훈	사회서비스
3,4공화국 박정희 (1960～1980)	산재보험(1964) 건강보험(1977) 공무원연금(1960) 군인연금(1963) 사학연금(1975)	생활보호제도(1962) 국가보훈(1962) 의료보호제도(1977)	가족계획사업(1962) 심신장애자종합대책(1978)
5공화국 전두환 (1981～1987)	건보확대	영세민종합대책(1982) 사회복지전문요원(1987)	노인복지기반마련(1981) 재가노인복지사업(1987)
6공화국 노태우 (1988～1922)	전국민 건강보험(1989) 국민연금(1988)	저소득층 영구임대주택 (1989)	장애인복지대책위원회 (1981) 장애인등록제(1988)
문민정부 김영삼 (1993～1997)	고용보험(1995) 국민연금 확대		공중보건, 건강증진확대 (1995) 보육시설확충계획(1995)
국민의 정부 김대중 (1998～2002) 생산적복지	산재/고용보험 확대 (2000～05) 의약분업(2000), 건보통합 (조직 2000, 재정 2003) 전국민 국민연금 기반구축 (1999)	경로연금(1998), 국민기초 생활보장제도(2000)	장애인복지5개년계획 (1998)
참여정부 노무현 (2003～2007) 참여복지	국민연금법 개정(급여인하 등, 2007)	기초노령연금법(2007), 차상위계층지원(2004), 장애수당확대(2005)	보육확대(2004), 저출산·고령화사회본격대응(2005), 사회서비스일자리(2004), 다문화가족센터(2006), 퇴직연금제도 도입(2005)
이명박정부 이명박 (2008～2012) 능동적복지	노인장기요양보험(2008) 공무원연금법 개정(2009)	기초노령연금(2008), 장애인연금(2010)	5세아 누리과정, 0～2세아 무상보육(2012), 적극노동시장정책(2008)
박근혜복지 (2013～2017) 맞춤형고용, 복지	의료보장성 강화(2013～), 장기요양치매 특별등급 신설	기초연금(2014), 기초보장 맞춤형 급여(2014), 일을 통한 빈곤탈출(2013)	무상보육, 부상교육 실현과 내실화(2013～), 보편적 주거복지 경력단절여성 지원 등

※ 자료 : 최병호(2014), 우리나라 복지정책의 변천과 과제, 예산정책연구 제3권 제1호, 2014.05, 92면 재구성.

심화학습문제

1. 영국, 독일, 미국의 사회복지정책의 기원에 대해 설명하고, 현재 정책의 어떤 부분과 연관되는지 설명해 보자.

◈ 사회복지사 1급 국가시험 기출문제

1. 신민법(new poor law)에 관한 설명으로 옳지 않은 것은? (19회)
   ① 1832년 왕립위원회의 조사를 토대로 1834년에 제정되었다.
   ② 국가의 도움을 받는 사람의 처우는 스스로 벌어서 생활하는 최하위 노동자의 생활수준보다 높지 않아야 한다는 원칙을 내용으로 하고 있다.
   ③ 원외구제를 인정하였다.
   ④ 구빈행정체계를 통일시키고자 하였다.
   ⑤ 빈민을 가치 있는 빈민과 가치 없는 빈민으로 분류하였다.

〈답〉 ③

2. 사회복지역사에 관한 내용 중 연결이 옳은 것은? (18회)
   ① 엘리자베스 구빈법(1601) - 열등처우의 원칙
   ② 길버트법(1782) - 원외구제 허용
   ③ 비스마르크 3대 사회보험 - 질병보험, 실업보험, 노령폐질보험
   ④ 미국 사회보장법(1935) - 보편적 의료보험제도 도입
   ⑤ 베버리지 보고서(1942) - 소득비례방식의 사회보험 도입

〈답〉 ②

제 2 부

사회복지정책 분석

4
chapter

사회복지정책의 분석틀

1. 사회복지정책 분석의 차원

제1장에서 살펴봤듯이 사회복지정책의 개념과 영역은 광범위하여 사회복지정책을 분석하려고 할 때 어디서부터 어디까지 분석해야 하는지 난감해진다. 사회복지정책학자인 길버트와 테렐(Gilbert & Terrell, 2014)은 사회복지정책의 3가지 분석차원 - 과정(process), 산출(product), 성과(performance), 이른바 3p - 를 제시하였다. 사실상 이 3가지 정책요소가 분절적이라기보다는 서로 밀접하게 연관되어 있기는 하지만 각 차원에서 분석할 때 고려해야 할 요소들은 조금씩 다르다.

1) 과정 분석

과정 분석(process)은 정치사회적, 기술적 요인들이 정책형성 과정에서 어떻게 영향을 미치는지에 초점을 맞추는 것이다. 정책과정 분석에서는 정치집단, 관료집단, 이익집단 등 여러 행위자들이 정책형성과정에 어떤 영향을 미치는지, 서로 어떤 관계를 맺고 있는지를 분석하는 것이다. 대개 의사결정 과정에 정치적, 기술적으로 어떤 요소들이 투입되는지에 대한 사례연구의 형태로 정책 사정이 이루어지는 시점에서 활용된다. 과정 분석은 사회복지정책이나 프로그램 발달에 대한 장기적이고 전체적인 관점의 분석이다(Gilbert & Terrell, 2014).

길버트와 테렐(Gilbert & Terrell, 2014)에 의하면 대표적인 과정 분석의 전통은 복지국가를 계급, 문화, 억압의 관점에서 분석하는 것으로 마르크시스트 관점의 분석이 많고, 최근에는 사회복지정책 과정을 억압적인 가부장제와 성차별주의의 용어로 해석하는 페미니스트 관점의 과정 분석 연구들이 많아졌다. 피븐과 클라워드(Piven & Cloward, 1971)의 『Regulating the Poort : The Functions of Public Welfare』는 통치계급, 가부장주의, 경제 엘리트의 관점에서 묘사된 지배계급과 이익집단에 의해 형성된 복지정책 과정분석 연구이다(Gilbert & Terrel, 2014에서 재인용).

이와 달리 대안적인 '다원주의' 관점의 과정 분석은 정책 결정이 경제적 엘리트집단뿐만 아니라 시민단체, 테크노크러시(technocracy), 정치인, 투표자 등 다양한 집단의 이해관계가 반영된 것으로 해석하는 것이다(Gilbert & Terrel, 2014).

본서에서는 정책 과정의 단계들과 각 정책 과정 단계에 영향을 미칠 수 있는 다양한 이해집단과 분석 기법, 정책결정 이론을 소개할 것이다.

2) 산출 분석

정책 산물 분석(product)은 다양한 형태의 정책 산출(정책제안서,

법령, 계획 등과 이에 기반하여 실제 실행되는 정책 및 프로그램)을 분석하는 것이다. 정책 연구의 분석 초점은 '선택'의 문제이다. '정책 산물을 구성하는 다양한 선택의 본질이나 형식은 무엇인가 ?' '어떤 선택은 배제되었는가?' '정책 산물로 이끈 가치, 이론, 전제조건은 무엇인가 ?' 등의 질문을 던지는 것이다(Gilbert & Terrell, 2014). 정책 산물 분석은 정책 내용 분석이라고 할 수 있으며 정책 산물 분석의 분석틀은 정책 대상, 급여, 전달체계, 재원이다.

〈표 4-1〉 길버트와 테렐에 의한 산출분석

선택차원	의 미	선택의 대안
할당	수급자격 : 대상체계	귀속적 욕구, 사회적 공헌, 사회적으로 부당하게 당한 손실에 대한 보상, 전문가 판단에 의한 진단적 차별, 개인 또는 가족의 자산상태에 따른 욕구
급여	급여종류 : 급여체계	현금, 사회서비스 물품, 신용, 물품교환권, 기회, 권력 등
전달	전달방법 : 전달체계	중앙집권 또는 지방분권, 복수 서비스 또는 단독 서비스 동일, 전문가 의존 또는 소비자 및 준전문가 의존, 공공행정가 또는 민간행정가
재정	재정마련 : 재정체계	공공재원(사회보험, 과세), 민간재원(사용자 부담, 민간모금 등), 공공과 민간재원의 혼합

3) 성과 분석

정책 성과 분석(performance)은 정책 결과에 대한 분석이다. 정책 성과는 다양한 방법론을 도입하여 정책 결과의 양적, 질적 자료를 수집하여 측정한다. 정책 성과 분석에서는 크게 두 가지 질문을 던질 수 있다(Gilbert & Terrel, 2014). 첫째, 정책이 잘 수행되었는가? 둘째, 정책의 영향은 무엇인가 ?

첫 번째 질문에서는 정책이 목표 집단에게 잘 전달이 되었는지, 정책의 비용은 얼마인지 등을 분석할 수 있다. 두 번째 질문인 정책의 영향은 정책(프로그램) 수행 전후의 대상 변화가 정책(프로그램) 개입의 영향인지를 파악하는 것이다. 정책 내용 분석이나 성과 분석은 정책 과정 분석만큼 논쟁적이진 않지만, 전혀 논쟁적이지 않은 것도 아니다(Gilbert & Terrell, 2014).

정책 내용 분석에서는 예를 들면 사회서비스를 유료로 제공함으로써 그만큼의 효용 가치가 있었는지, 급여를 현금이나 현물로 제공할 때 장단점이 무엇인지 등을 분석한다. 정책 성과 분석에서는 정책 또는 프로그램의 영향, 효과성, 효율성 등을 분석한다. 이 책에서는 정책 성과 분석의 자세한 내용을 다루지는 않고 사회복지정책의 거시적인 성과지표로 측정할 수 있는 지표들에 대해 10장에서 소개한다.

2. 사회복지정책 산출 분석틀

길버트와 테렐(Gilbert & Terrell, 2014)은 사회복지정책에서 자원의 할당을 시장 영역 외부에서 이루어지는 사회적 이전으로 파악하고 사회복지정책 분석 차원이란 어떤 형태의 급여를, 누구에게, 어떤 방법으로, 무슨 재원에서 제공하는가를 결정하는 원칙을 선택하는 것으로 파악하였다. 주요한 분석의 차원은 다음과 같은 4가지 질문으로 표현된다. 첫째, 사회적 급여 할당의 기반은 무엇인가? 둘째, 사회적 급여의 형태는 무엇인가? 셋째, 사회적 급여의 전달 전략은 무엇인가? 넷째, 사회적 급여의 재원 조달 방법은 무엇인가?

1) 대상

사회복지정책 산물(내용) 분석 차원의 첫 번째 질문은 사회복지정책의 '대상'을 선택하는 기준을 묻는 것이다. 사회복지정책을 통해 어떤 사람들이 혜택을 받도록 설계되었는지, 정책 실행을 통해 누구의 복지가 증진되는지에 대한 질문이다. 사회복지정책이 사회 전체에 이익이 되는 공공정책이라 하더라도 정책을 통해 보다 직접적이고 즉각적인 혜택을 받는 인구집단이 구분되게 마련이다. 정책결정자들은 특정 사회복지정책을 통해 어떤 집단이 주요한 혜택을 받을 것인지를 결정할 때 일반 국민들이 이 정책의 혜택이 어떤 대상에게 주어지는 것을 지지한지에 대한 정치적 고려도 해야 한다.

보다 구체적이고 기술적으로는 급여의 수급자격을 어떻게 결정할 것인가를 결정하는 데에 연령, 성별, 결혼 여부, 거주지, 취업 여부, 교육수준, 건강, 소득 수준 등의 다양한 요소들을 고려해야 한다. 다양한 정책 대상 선정 기준과 요소에 대해서는 6장에서 보다 자세히 설명한다.

2) 급여

사회복지정책 산물(내용) 분석 차원의 두 번째 질문은 사회복지정책의 '급여'가 어떤 형태인가에 대한 것이다. 급여의 전통적인 형태는 '현금' 또는 '현물'이었다. 현물은 다시 물질적인 현물 급여와 비물질적인 서비스 급여로 구분되기도 한다. 현물과 현물 형태의 급여 외에도 권력, 증서(바우처), 기회 등의 여러 요소들이 급여의 형태를 구성한다. 다양한 급여 형태에 대해서는 7장에서 구체적으로 살펴볼 것이다.

3) 전달체계

사회복지정책 분석의 첫 번째, 두 번째 차원이 '누구에게' '무엇을' 제공하는가에 대한 것이었다면 사회복지정책 산물(내용) 분석의 세 번째 차원은 사회복지정책을 '어떻게' 전달하는가에 대한 것이다. 사회복지정책에서 제공되는 급여를 정책 대상에게 전달하는 체계가 잘 구성되어 있어야 사회복지정책의 급여가 대상자에게 정확하게 전달될 수 있기 때문에 정책 분석의 세 번째 요소인 전달체계는 매우 중요하다.

사회복지정책 급여가 어떤 기관을 통해서 전달되어야 하는지, 정책 급여의 전달에 필요한 지역 단위는 시·군·구가 되어야 할지 시·도가 되어야 할지 등이 전달체계 선택에 대한 내용이다. 예를 들어 직업상담 서비스를 제공한다고 할 때 서비스가 광역 자치단체나 기초자치단체 단위로 이루어져야 할지, 직업상담사의 기술적인 자격 수준이 중요한지 지역의 거주자인 것이 중요한지, 이미 유사한 서비스가 제공되고 있다면 새로운 서비스는 어떤 위치에서 제공되어야 할지, 정부기관, 비영리조직, 영리조직 중 어떤 조직에서 제공해야 할지 등을 결정하는 것이다.

4) 재원

사회복지정책이 시장 외부의 자원 할당 기제로 파악된다면 제공되는 자원의 재정 원천은 어떤 형태인지에 대한 질문도 중요하다. 사회복지정책 재원에 대한 질문은 다음의 요소들을 고려하도록 구체화되어야 한다. 재정의 원천을 공공으로 할 것인지 민간으로 할 것인지, 공공과 민간 재원을 합해서 할 것인지, 공공과 민간의 재원을 모두 사용한다면 정부 부문 재원은 어느 정도 비율로 할 것인지, 정부 재원 중에서도 어떤 종류의 조세를 활용할 것인지, 정부 재원은 보조금 형태로 지급할 것인지, 보조금 지급 조건을 구체적으로 어떻게 정할 것인지 등을 함께 고려해야 한다.

일반적으로 공공부문의 재원은 조세(세금)과 관련된 재원을 말한다. 조세는 강제성을 띄고, 조세는 정부수준에서 부과된다. 조세는 개인과 기업에 공적으로 부과된다. 조세는 공적 사회복지활동을 위한 일차적인 재원이 된다.

심화학습문제

1. 정책 분석의 3가지 차원(Process, Product, Performance)의 주요한 내용을 설명하여 보자.

2. 정책 산출 분석의 4가지 차원을 설명하고 각 차원이 실제 사회복지 정책의 어떤 부분인지, 정책에서 왜 중요한지를 토론하여 보자.

◈ 사회복지사 1급 국가시험 기출문제

1. 사회복지정책을 분석하는 접근방법에 관한 설명으로 옳은 것은? (18회)
   ① 산물분석은 특정 정책이 실행된 이후 그 결과를 분석·평가하는 데 관심을 둔다.
   ② 산물분석은 정책이 형성되는 사회정치적 맥락을 고찰한다.
   ③ 성과분석은 정책결정이라는 정책활동의 결과물에 대한 내용을 분석하는 것이다.
   ④ 과정분석은 정책기획과정을 거쳐 이끌어 낸 여러 정책 대안을 분석한다.
   ⑤ 과정분석은 정책사정이 어떻게 이루어지는지를 이해하기 위한 목적에서 이루어진다.

〈답〉 ⑤

2. 사회복지급여의 하나인 증서에 관한 설명으로 옳지 않은 것은? (16회)
   ① 현금급여에 비해 목표달성에 효과적이다.
   ② 현물급여에 비해 소비자의 선택권이 낮다.
   ③ 현물급여에 비해 공급자 간 경쟁을 유도하는 데 유리하다.
   ④ 공급자가 소비자를 자의적으로 선택하는 현상이 발생할 수 있다.
   ⑤ 현물급여에 비해 서비스에 대한 충분한 정보접근이 이루어져야 한다.

〈답〉 ②

5
chapter

사회복지정책의 형성 과정

사회복지정책의 형성 과정은 사회적 문제와 취약 계층의 요구에 대응하여 점진적으로 발전해온다. 먼저, 고대와 중세 시기에는 종교적, 가족 기반의 자선과 보살핌이 주로 이루어졌다. 이후 산업화와 도시화로 인해 사회문제가 증가하면서 정부와 사회기관의 개입이 강화되었다. 19세기 말부터 20세기 초에는 사회복지운동과 개혁에 의해 복지 제도가 구축되고, 뉴딜 정책과 사회보장제도 등이 발전하였다. 현대에는 다양한 사회복지정책과 국제적 협력을 통해 사회적 문제 해결과 개인의 복지 증진을 위한 지속적인 노력이 이루어지고 있다(CHAT GPT).

사회복지정책 형성 과정은 의사결정 과정이다. 사회복지정책은 사회문제 해결 방법과 관련이 있으며 사회문제의 인식에서부터 정책 형성이 시작된다고 볼 수 있다. 많은 학자들이 정책 형성 과정에 대해 다양한 단계를 제시한다. 디니토와 다이(DiNitto & Dye, 1987)는 정책 문제의 확인 → 공공정책의 입법화 → 공공정책의 집행 → 정책평가의 단계를 제시하였고, 앤더슨(Anderson, 1975)은 정책아젠다 → 정책형성 → 정책채택 → 정책집행 → 정책평가의 단계를 제시하였다. 스몰우드와 나카무라(Smallwood & Nakamura, 1980)는 정책형성 → 정책집행 → 정책평가로 정책 형성 과정을 단순화하였다.

본서에서는 여러 학자들의 논의를 종합하여 우리 사회복지정책 현실에 가장 적합하다고 평가되는 '문제 확인 → 의제 설정 → 대안의 형성과 비교 → 정책 결정 → 정책 집행 → 정책 평가'의 6단계로 나누어 각 단계에서 고려해야 할 요소, 개념, 이론 등에 대해 설명하고자 한다.

1. 정책 문제 확인

1) 사회문제와 요구

사회복지정책은 사회문제를 해결하기 위한 정책이다. 일부 정책과정론에서는 정책 문제 확인의 과정을 생략하기도 하지만, 사회문제는 사회복지정책 형성의 시작점이라고 보는 것이 타당하다. 이 사회에 '**문제**'라고 불리는 것들은 많지만 모두 '**사회문제**'라고 할 수는 없다. 어떤 문제가 사회문제로 인식되려면 많은 사람에게 영향을 주고, 사회에 바람직하지 않은 영향을 미치며, 이런 문제에 대한 행동을 요구하고, 이 행동에 따른 개입이 존재해야 한다(Horton & Lesllie, 1955).

다른 한편으로 사회문제는 그 사회의 성격을 반영하고 있기 때문에(embedded) 상대적으로 인식되기도 한다. A라는 사회에서는 특정 문제가 사회문제라고 규정되어도 B라는 사회에서는 사회문제가 아닐 수도 있다는 것이다. 사회문제는 관점에 따라서도 다르게 인식될 수 있다. 기능주의 관점, 갈등주의 관점, 상징적 상호작용주의 관점 등 사회를 해석하는 관점[1]에 따라 다르게 인식될 수도 있고, 신

1) 기능주의적 관점에서는 사회문제가 존재하는 이유는 사회가 계속 변화하고 사회 구성원은 새로운 상황에 적응해야 하는데 성공적으로 적응을 하지 못할 때에 사회문제가 발생한다고 본다. 갈등주의적 관점에서는 사회문제는 계급, 인종, 성별, 연령별 등 다양한 집단간의 경쟁에서 자원의 불평등한 분배가 발생함으로써 생겨난다고 보고 있다. 상호작용주의적 관점에서는 사람들이 서로 상호작용하는 과정에서 나타난 어떤 현상이나 사람들의 행동을 사회가 동의할 수 없는 것으로

자유주의, 사회민주주의 등 사회 체계 혹은 이데올로기에 따라 다르게 인식될 수도 있다.

문제가 해결되기를 바라는 경우 나타나는 구체적 행위를 요구라고 한다. 어떤 조건이 문제로 성숙되려면 그 조건에 대한 문제로서의 인식 및 해석이 존재해야 하며, 여기에 바램이 가미되어 구체적인 행동으로 나타나는 경우 그 문제는 요구로 전환된다(송근원, 2004).

2) 이슈와 없이슈

이슈(issue)란 정치적 논점으로 부각된 문제나 요구로서 정치의 연료이다(Eyestone, 1978). 넓은 의미에서 이슈의 개념은 어떤 문제나 요구가 '공공의 관심을 끌어' '공공 정책상의 논점'으로 제시되는 경우를 의미한다. 예컨대 아무개 장관의 스캔들은 대중의 관심을 끌지는 모르나 공공정책상 논점으로 제시되지 않는 이상 이슈는 아니다. 그런데 대통령이 그 장관을 해직하지 않아 그를 해직시켜야 한다는 여론이 형성되고 공직과 사생활의 관계정립에 관한 정책상의 논점이 제시된다면, 이 문제는 공직자 윤리에 관한 이슈로 바뀌게 된다(송근원, 2004).

어떤 문제나 요구가 공공의 관심을 끌긴 하지만 요구가 '공공의 관심을 끌어' '공공 정책상의 논점'으로 제시되는 경우를 의미한다. 예컨대 아무개 장관의 스캔들은 대중의 관심을 끌지는 모르나 공공정책상 논점으로 제시되지 않는 이상 이슈는 아니다. 그런데 대통령이 그 장관을 해직하지 않아 그를 해직시켜야 한다는 여론이 형성되고 공직과 사생활의 관계정립에 관한 정책상의 논점이 제시된다면, 이 문제는 공직자 윤리에 관한 이슈로 바뀌게 된다(송근원, 2004).

어떤 문제나 요구가 공공의 관심을 끌긴 하지만 정치 체제나 정책꾼들에 의해 통제되어 공공정책상의 논점으로 제시되지 않고 무시되

규정하거나 바람직하지 않은 현상 또는 행동으로 낙인을 찍음으로써 사회문제가 발생한다고 본다.

는 경우 그것은 **억압된 이슈** 또는 **없이슈**라고 부른다. 제5공화국 시절 통일, 노동, 민주화 등의 이슈가 없이슈의 예이다. 없이슈의 경우 이슈 갈등이 잠재화하면서 계속 억압됨으로써 언젠가는 체제가 허용하는 범위를 넘어선 요구 표명 행위를 통해 분출된다(송근원, 2004).

3) 이슈제기자와 이슈유발장치

이슈제기자(issue entrepreneur)란 어떤 문제를 해결하기 위해 그 문제를 제기하고 공론화하는 역할을 담당하는 사람을 의미하고, 이슈유발장치란 문제나 요구가 이슈화되는 과정에 도움을 주는 예기치 못한 사건을 의미한다. 이슈제기자의 의도적인 노력이나 이슈유발장치에 의해 문제가 이슈화된다(이진숙 외, 2014).

사회복지와 관련된 문제에서 이슈제기자는 클라이언트 자신, 사회복지전문가, 언론, 정치인 등이 될 수 있다. 클라이언트는 사회문제로 인해 고통을 받는 사람들이고 사회문제의 해결을 누구보다도 원하는 사람들이기 때문에 이슈제기자가 될 수 있다. 그러나 다른 한편으로 클라이언트는 고통받는 사회문제를 이슈화하는 지식이나 권력 자원이 부족할 수 있기 때문에 간헐적이고 비의도적인 이슈제기자가 되는 경우가 많다(이진숙 외, 2014).

오히려 사회복지전문가는 클라이언트의 문제에 대해 잘 알고 있고, 문제의 해결 방법, 정부개입의 필요성 등을 잘 알고 있어서 클라이언트의 문제를 이슈화하는 중요한 이슈제기자의 역할을 할 수 있다. 언론은 사회복지 문제에 대한 전문성이 있는 것은 아니지만, 파급력이 있는 이슈제기자이다. 언론을 통해 일반 대중이 관심이 없었던 사회문제가 이슈로 드러나는 일들이 많이 있고, 이는 사회문제에서뿐만 아니라 정치경제 전반에서 확인할 수 있는 이슈제기자로서의 언론 역할이다.

정치인도 중요한 이슈제기자가 될 수 있다. 선출직 정치인의 경우

선거기간 동안 해당 지역, 국가의 사회문제를 제기하고 이를 해결하기 위한 공약을 제시함으로써 이슈를 제기한다. 정치인들은 이슈제기자로서뿐만 아니라 정책꾼으로서 이슈가 정책 의제에 포함되도록 하는 데에 큰 역할을 하기 때문에 이슈가 정책으로 발전할 수 있는 중요한 수단이기도 하다. 사회복지전문가들은 파급효과가 큰 언론이나 정책화가 가능한 정치인을 통해 이슈를 제기할 수도 있다.

이슈유발장치는 정치적 과정 속에서 일상적인 문제를 국민들에게 널리 인식시켜 국민적 반응을 끌어내는 데 작용하는 기제이다(Gerston, 1983 : 송근원, 2004에서 재인용). 문제가 환경 속에 방치되어 있는 것을 정치적으로 인식시켜 줄 때 중요한 구실을 하며, 궁극적으로는 공공정책 형성에 대한 압력을 가한 촉매 역할을 한다(송근원, 2004).

2. 정책 의제 설정

아젠다(agenda)란 공공정책으로 전환되기 위하여 정책결정자들의 관심을 불러일으키고 논의될 상태에 있는 문제나 이슈, 의제들의 목록을 의미한다(이진숙 외, 2014). 이슈는 이슈 확장 과정에서 공공 의제에서 정부 의제로 옮겨져 정책 의제가 되어 정책꾼들에 의하여 논의된다. 정책 의제로서 논의된다는 말은 정책 결정자들에 의해 적극적으로 그 해결 방법이 고려된다는 것을 의미한다. 정책꾼들에 의하여 논의된다는 것은 정치적 토론을 의미하고, 반드시 학자나 전문가의 논의를 포함하는 것은 아니다. 바바라 넬슨(Nelson, 1984)에 따르면 하나의 문제가 전문가나 학자에 의하여 다루어질 때, 그 문제는 **'전문 아젠다'**에 속하는 것으로 전문 아젠다에 수록된 문제가 항상 정치인들의 주목을 받지는 않는다고 주장한다(송근원, 2004에서 재인용).

정책 의제 설정은 정부가 정책적 해결을 위해 "사회문제를 정책문제로 채택하는 행동"을 뜻한다. 즉 정부가 다양한 사회문제 중 정책적으로 해결하기 위해 심각하게 검토하기로 결정하는 과정이다(권기헌, 2008 : 박경효, 2011에서 재인용). 수많은 사회문제와 이슈들 중에서 어떤 것은 정부의제로 선정되고 어떤 것은 정부의제로 선정되지 않는가, 정책의제가 누구에 의해 주도되는가 하는 문제가 주요 관심사로 등장한다(박경효, 2011). 콥 등(Cobb, Ross & Ross, 1976)은 정책의제설정과정을 다원화된 정치체제에서 나타나는 외부주도형과 후진국에서 주로 목격되는 동원형, 양자의 성격이 혼합된 내부접근형의 3가지 유형으로 유형화한 바 있다(박경효, 2011에서 재인용).

1) 외부주도 모형

외부주도 모형(outside initiative model)은 정부 밖에 있는 사회구성원들이 주도하여 사회문제를 해결해 줄 것을 정부에 요구하여 정부의제로 채택하는 유형이다. 이 유형은 '민간주도형'이라고도 하며, 다원화되고 민주화된 선진국 정치체제에서 많이 나타난다. 일반적으로 사회문제 → 공중의제 → 정부의제의 절차를 거친다. 공중의제는 사회문제가 일반 대중의 주목을 받게 된 의제를, 정부의제는 공중의제 중에서 정부가 해결하기로 공식적으로 밝힌 의제를 의미한다(박경효, 2011).

2) 동원 모형

동원 모형(mobilization model)은 정부의제가 국가의 최고정책결정자에 의해 주도되는 유형으로서, 주로 후진국에서 많이 볼 수 있다. 대통령 등 최고정책결정자가 사회문제를 인식하여 바로 정책의제화한 후, 이를 다시 국민들에게 홍보하여 공중의제화하고 국민적 인식을 확산시킨다(사회문제 → 정부의제 → 공중의제). 정부의 힘이 강하고 민간부문이 취약한 상황에서 주로 발생하는 동원형은 보통 정책결정이 진행되면서 함께 이뤄지거나 정책결정 후에 진행되기도 한다(박경효, 2011).

3) 내부접근 모형

내부접근 모형(inside access model)은 정부기관 내의 관료집단들이 사회문제를 정부의제화하는 경우를 말한다. 이처럼 정책담당자들에 의해 사회문제가 정책의제로 채택되는 한편, 공중의제화 과정은 생략 또는 억제되는 경향을 보인다(사회문제 → 정부의제). 이 유형은 흔히 정부가 신속하게 사회문제를 다루고자 하거나 일반 국민에게 알리는 것이 곤란한 경우, 또한 관료들이 주도하는 경제개발계획, 특수집단이 정부로부터 수혜를 입게 되는 분배정책, 외교 및 국방정책 등에서 나타난다(박경효, 2011).

3. 정책 대안 형성과 비교

정책대안의 형성 과정은 좁은 의미로는 주어진 목표 달성을 위해 여러 가지 정책 대안을 모색하고 개발하는 과정만을 뜻하지만, 넓은 의미로는 정책문제가 무엇인지 파악하고, 문제를 둘러싼 상황을 파악하여 정책 목표를 세우고, 그 목표를 달성할 수 있는 정책 수단으로서의 정책 대안들을 개발하여, 어떤 정책 대안이 가장 바람직한 것인가를 비교하고 분석하는 과정을 의미한다(송근원, 2004).

1) 사회복지 정책 대안 형성 과정

정책 대안 형성 과정은 넓은 의미로 파악한다면 **첫째, 정책 문제와 상황파악이 우선되어야 한다**. 사회복지 문제를 파악하기 위해서는 문제를 일으키는 조건과 그것을 문제로 인식하는 사람들의 욕구, 문제를 해결하는 데 필요한 비용이나 자원을 파악해야 한다. 이를 위해 정책 관련자와의 면담, 문헌조사, 설문조사 등이 필요할 수도 있다. 면담과 조사를 통해서는 문제나 욕구의 원인, 문제의 영향, 문제의 인식 범위와 정도, 문제 해결 가능성과 비용 및 자원, 문제의 정치사회적 의미 등을 파악한다(송근원, 2004).

둘째, 미래 예측과 목표 설정이 필요하다. 문제와 상황 파악이 현재 상태에 관한 파악이라고 한다면 바람직한 미래 상태인 목표를 설정하는 일은 미래지향적인 활동이다(송근원, 2004). 미래를 예측하는 방법은 유추(analogy), 경향성 분석(tendency analysis), 마르코프 모형(Markov model)[2], 회귀분석(regression analysis), 델파이기법(Delphi), 경로분석 등이 있다. 사회복지정책 목표 설정에서 고려해야 할 요인은 정책 대상 집단인 클라이언트, 비용 부담자, 지역 주민들의 이해관계, 정책 문제의 특성, 문제 해결 목표의 종류 및 성격(단일 목표 vs 복수 목표, 정기목표 vs 단기목표, 거시목표 vs 미시목표 등), 다른 정책 목표와의 관계, 목표가 기초하는 가치 등이다(송근원, 2004).

셋째, 대안을 개발하는 것이다. 사회복지정책 목표가 설정되면 정책 대안들을 만들어 내야 한다. 정책 대안을 만들기 위해서는 아젠다, 상황과 배경, 미래에 대한 정보를 수집하여 종합적으로 검토·분석해야 한다. 정책대안을 개발할 때에는 과거의 정책을 고려하거나, 외국의 정

2) 마르코프모형은 과거에 있었던 변화를 토대로 하여 앞으로 나타날 변화를 연속적으로 예측하는 데 사용되는 모형이다.

책 사례를 검토할 수 있으며, 사회과학적 지식을 사용하여 사회문제 해결을 위한 이론 모형을 구축할 수 있다. 과거 정책이나 외국 사례 등 정책 대안에 대한 전문지식 및 상황에 대한 정보가 부족할 때에는 직관적 방법을 통해서도 정책대안을 개발할 수 있다(송근원, 2004).

넷째, 개발한 정책 대안들을 비교 분석하는 것이다. 어떤 사회문제에 대한 해결책은 한 가지만 존재하지는 않는다. 다양한 해결 방법이 존재할 수 있으며, 그 정책 대안들이 현재의 사회경제적 상황에 적합한지, 문제 해결에 효과적인지는 각 대안을 비교 분석함으로써 정책 대안의 우선순위를 파악할 수 있다. 정책 대안을 비교 분석하는 기준으로는 기술적·정치적 실현 가능성, 효율성, 효과성, 사회통합, 형평성 등이 있을 수 있다. 대안 비교 분석 기법으로는 비용편익 분석(cost-benefit analysis), 비용효과 분석(cost-effectiveness analysis), 줄서기 분석기법(gueuing)[3], 모의실험기법(simulation), 결정분석기법(decision analysis)[4] 등이 있다(송근원, 2004).

2) 사회복지정책 대안 형성 과정에서 나타나는 문제점

사회복지정책 대안 형성 과정에서는 정책 시행 결과 나타날 것이라 예상되는 결과는 예측해서 대안을 설정해야 한다. 미래 상황에 대한 예측이 정확하지 않으면, 정책 대안의 결과를 비교 분석하기 어렵다. 또한 정책 결과를 분석할 때, 사회복지정책의 특성상 정책 결과를 계량화하는 데 한계가 있기 때문에 정책 대안의 목표가 정확하게 설정되지 않을 수도 있고, 정책 대안의 결과들을 상호 비교하기 어려울 수 있다(송근원, 2004).

---

3) 줄서기 분석기법은 서비스를 받기 위해 대기하는 시간과 사용할 수 있는 시설의 수준에 관한 정보를 제공해 주는 분석기법이다.

4) 결정분석기법은 정책대안의 결과를 예측하기 위하여 나타날 수 있는 확률적 사건을 나뭇가지처럼 그려 놓고 분석하는 기법이다.

기본적으로 사회복지정책은 '가치' 지향적인 정책이기 때문에 관점에 따라 사회복지정책 결과에 대한 해석이 다를 수 있다. 모든 사람들이 공통적으로 공유하는 척도가 없기 때문에 결과 예측이 부정확하거나, 관점이나 가치에 따라 다른 결과가 예측될 수 있다.

시간과 비용이 한정되어 있는 상황에서 가장 적합한 대안을 찾기란 쉽지 않다. 사회문제는 시급히 해결해야 할 문제들이 많고, 자원의 희소성으로 예산이 한정되어 있는 상황에서 모든 상황을 고려하면서 대안을 형성하기에는 자원과 시간의 부족이 한계로 드러난다.

사회복지정책은 국가 여러 분야의 정책 중 한 분야의 정책이다. 때로 국가의 다른 분야의 정책 목표와 상충될 수 있고, 재정 부족으로 정책 우선순위에서 밀릴 수도 있다. 사회복지 문제만을 고려하여 정책을 만들 때 다른 분야 정책 목표와 상충하는 경우도 있을 수 있다(송근원, 2004).

4. 정책 결정

정책 결정이란 다양한 사회문제를 해결하는 동시에 바람직한 사회로 나아가기 위해 정책 방향과 정책 내용을 결정하는 것이다(박경효, 2011). 권위를 가진 정책 결정자가 문제 해결을 위한 여러 정책대안들 가운데 하나를 선택하는 과정이다. 예를 들면, 정부 관계자들이 법률, 명령, 조례, 규칙 등을 제정하는 것, 국회에서 법률안을 통과시키는 것, 대통령이 통과된 법률안에 서명하는 것 등이다(송근원, 2004).

1) 정책 결정 모형

정책 결정 형태에 관하여 개발된 이론 모형은 현실에서 나타나는 정책 결정의 모습을 이해하고 설명하는 데 유용한 틀을 제공하는 동시에 때로는 바람직한 정책 결정을 하기 위한 지침으로서의 역할을 한다(유민봉, 2012 : 박경효, 2011에서 재인용).

(1) 합리모형 : 규범적이고 이상적인 접근방법

합리모형(rational model)은 기본적으로 정책의 합리적 측면, 즉 최소한의 비용으로 최대의 효과를 달성하는 것으로 접근한다. 의사결정자로서의 개인은 경제적 인간 혹은 가치극대자로 간주된다(박경효, 2011). 정책결정자나 정책분석가가 고도의 합리성을 가지고 있고, 주어진 목적 달성을 극대화하기 위하여 최선의 정책 대안을 찾아낼 수 있다는 전제하에 만들어진 정책결정모형이다(송근원, 2004).

합리모형의 정책 결정과정을 살펴보면 다음과 같다. 첫째, 해결해야 할 문제를 인식하고 목표를 설정한다. 둘째, 목표를 달성할 수 있는 모든 가능한 대안들을 수립한다. 셋째, 각 대안의 모든 가능한 편익과 비용을 계산한다. 넷째, 편익과 비용을 기준으로 최선의 정책 대안을 선택한다.

그러나 이 모형은 정책 결정의 목표를 주어진 것으로 가정한다는 점에서 한계가 있다. 정책 대안을 만들 때 모든 정보를 다 확보할 수 없고, 정책결정자의 능력을 과신한다는 것도 한계이다(박경효, 2011 : 송근원, 2004). 실제 이루어지는 정책결정과정에서 의사결정자는 인지능력, 정보 등에서 제한된 합리성만을 가진다. 합리모형의 한계에 대한 이러한 인식은 다음에 설명할 만족모형의 출발점이 된다(박경효, 2011). 또한 매몰비용(sunk cost)[5]의 관점에서 비판받기도 한다. 어느 정책 대안이 합리적으로 최선의 것이라 판단된다 하더라도 이미 현재 정책 시행에 많은 자원이 투입되었기 때문에 새 대안보다는 과거의 정책을 수정해서 사용할 가능성이 더 높다(송근원, 2004). 이는 점증모형의 출발점이기도 하다.

(2) 만족모형 : 현실적이고 심리적인 접근방법

만족모형(satisfying model)은 합리모형과는 달리 인간의 완전한 합리성을 전제로 하지 않는다. 인간은 제한된 합리성만 가지며, 조직에 참여함으로써 보다 높은 합리성을 추구하는 존재로 파악된다(박경효, 2011). 만족모형의 특징은 다음과 같다. 첫째, 의사결정자는 모든 대안을 탐색하지 않고 몇 개의 제한되고 가능한 대안만을 고려한다. 둘째, 정보의 제약, 미래의 불확실성 등으로 인해 복잡한 상황을 단순화시키고 중요한 요소만을 고려하여 대안의 결과를 예측한다. 셋째, 의사결정자는 결과의 극대화 대신 만족할 만한 수준에서 대안을 선택한다(박경효, 2011).

그러나 만족모형은 다음과 같은 한계를 지닌다. 첫째, 의사결정의 기준인 '만족할만한'수준이 지나치게 주관적이어서 그 정도를 구체적으로 파악하기 어렵다(박경효, 2011). 둘째, 검토되지 않은 대안들 중에서 더 나은 것이 있을 수도 있다는 것이다. 더 훌륭한 정책대안이 있음에도 불구하고 고려할 기회조차 없어서 사장된다고 볼 때 만족모형에 따른 의사결정은 창의적, 쇄신적 문제해결보다는 보수적 성향을 띠게 된다(송근원, 2004).

(3) 점증모형 : 현실적이고 정치적인 접근방법

점증모형(incremental model)은 인간의 제한된 합리성을 전제로 정책결정에 내재된 상황의 복잡성, 가치판단의 어려움, 정치적 요인 등을 추가로 고려하여 만들어진 정책결정 모형이다(박경효, 2011).

---

5) 매몰비용이란 다시 되돌릴 수 없는 비용이다. 즉 의사결정을 하고 실행을 한 이후에 발생하는 비용 중 회수할 수 없는 비용을 말하며 함몰비용이라고도 한다. R&D 비용 등이 이에 속한다.

이 모형은 다음과 같은 몇 가지 특징을 지닌다. 첫째, 목표는 미리 정해지는 것이 아니며, 가치와 대안의 선정은 밀접히 연계되어 있다. 즉, 정책결정과정은 합리모형에서 강조하는 것과 같이 목표와 수단이 명백히 분리되어 있지 않다(박경효, 2011). 둘째, 좋은 정책인지 여부는 합리적 수단이나 만족도가 아닌 정책 이해관계자들의 합의에 달려 있다. 셋째, 대안 분석은 고려되는 대안의 수, 과정상의 변수, 예상 결과 내용 등의 측면에서 제한적으로 이루어진다. 마지막으로 점증모형은 미래의 목표 달성보다는 현존 사회문제에 대한 개선을 중시하는 치료적 성격을 지닌다. 따라서 획기적인 정책이 아닌 기존 정책의 수정·보완에 중점을 둔다(박경효, 2011).

점증 모형은 기본적으로 다원주의적 사회를 바탕으로 한 다양한 이해관계들 사이의 상호 조정을 강조한다. 현대 사회와 같이 다원화된 사회에서 사회 전체의 합의된 목표나 가치가 존재하지 않으므로 정부가 기존 사업을 유지하면서 소폭의 변화를 추구하는 것이 현실에 더 적합하다. 새로운 대안을 검토할 시간, 정보, 비용이 한정되어 있는 상황에서 다양한 구성원들 간의 조정과 합의를 토대로 하기 때문에 정책의 정치적 실현 가능성이 높다(박경효, 2011). 점증모형은 합리모형과 달리 매몰비용도 고려한다.

점증모형은 다음과 같은 한계를 지닌다. 첫째, 기존 정책의 소폭 변화만을 고려하기 때문에 과거의 정책이 바람직하지 않을 경우 정책 결정의 결과 정책 개선을 이루기 어렵다. 둘째, 권력이 분석된 다원주의 체제에 입각한 점증모형은 실제 과정에서 사회적 약자의 목소리가 반영되지 않거나 다양한 집단 간의 갈등을 극복하기 어렵거나 기득권에 유리한 합의를 끌어낼 가능성이 높다(박경효, 2011).

(4) 혼합모형 : 합리모형과 점증모형의 혼합적인 접근방법

혼합모형(mixed-scanning model)은 합리모형과 점증모형의 절충이라 할 수 있는 정책 결정 모형이다. 에치오니(Etzioni, 1967)는 합리적 모형은 지나치게 엄격하고 이상적인 반면, 점증주의는 근시안적이고 보수적이라서 양자의 단점을 제거하고 장점만을 택하여 통합적인 모형을 구성하고자 하였다(박경효, 2011).

이 모형의 특징은 정책 결정 과정을 기본적 결정과 세부적 결정으로 나누어 기본적 거시적 결정은 정책결정자가 가능한 한 많은 대안들을 탐색하여 정책방향을 올바로 설정한 후, 세부적 미시적 결정은 기본적 결정의 범위 속에서 점증적으로 구체화한다는 것이다(박경효, 2011 : 송근원, 2004). 기본적 거시적 결정은 예산편성과 같은 정기적 결정이나 환경변화로 인해 상황이 크게 바뀌었을 경우 적용된다. 이러한 모형은 두 모형의 장점을 살리려는 긍정적 시도이긴 하나 두 단계의 구분이 모호하고, 통합적이기보다는 순차적 접근이라는 문제점을 지닌다(박경효, 2011).

(5) 최적모형

드로어(Dror, 1983)는 합리적 모형과 점증적 모형을 결합하면서 새로운 요소를 추가하였다. **최적모형**(potimal model)은 금전화할 수 없는 질적 부분에 대해서 정책결정자의 직관이나 판단과 같은 초합리성을 강조한다(박경효, 2011에서 재인용). 초합리성은 제한된 자원, 불확실한 상황 등으로 인해 합리적 결정이 어려운 경우나 대안개발에서 창조성이 필요한 경우에 유용하다고 지적한다. 최적모형은 초합리성을 강조했다는 긍정적 측면과 더불어 초합리성 달성을 위한 구체적 기준이 없어 비합리적 결정이 될 수 있다는 부정적 측면을 동시에 갖고 있다(박경효, 2011).

(6) 쓰레기통 모형

쓰레기통 모형(garbage can model)은 합리성이나 협상 등을 통해서 정책 결정이 이루어지는 것이 아니라 '조직화된 무정부상태' 속에서 나타나는 몇 가지 흐름에 의하여 **'우연히'** 정책 결정이 이루어진다고 보는, 과정 지향적이고 참여 지향적인 모형이다. 이 모형은 합리성을 제약하는 전제 조건하에서 정책 결정에 필요한 4가지 요소가 우연히 결합되어 정책 결정이 이루어진다고 본다(송근원, 2004).

코헨 등(Gohen, March, & Olsen, 1972)은 정책 결정에 필요한 4가지 요소로서 정책 결정이 이루어질 수 있는 기회를 뜻하는 선택기회, 해결되어야 할 문제, 문제에 대한 해답으로서의 해결방안, 정책결정에의 참여자를 들고 있는데, 이들 4가지 요소는 서로 다른 흐름 속에서 독립적으로 움직이지만 우연히 쓰레기통 속에서 이들이 만나게 되면 그때 정책 결정이 이루어진다고 보는 것이다(송근원, 2004에서 재인용).

정치인, 이익집단이 형성하는 정치의 흐름과 언론, 클라이언트가 형성되는 문제의 흐름이 아젠다를 형성하고, 관료, 연구자 집단이 형성하는 정책흐름이 대안 형성 과정을 이루어 아젠다 짜임과 대안 구체화 과정이 만나 정책결정을 한다는 것이다.

2) 정책네트워크

정책결정 과정에 참여하는 자들은 크게 공식적 참여와 비공식적 참여로 구분된다. 공식적 참여자에는 의회, 대통령, 행정기관(중앙정부 및 지자체 관료들, 사법부 등이다. 비공식적 참여자는 정당, 이익집단 또는 시민사회단체, 언론, 전문가 집단, 일반 국민들이다. 공식적 참여자는 법.제도적으로 정책 과정에 참여할 수 있는 권한을 지닌 기관 또는 사람들이고, 비공식적 참여자는 공식적 참여자의 정책 결정에 영향력을 미칠 수 있는 집단 또는 사람들이다.

최근 거버넌스(governance)[6]에 관한 논의가 활성화되면서 정책

6) 거버넌스(governance)이론은 사회복지정책과정에 관련되는 무수한 이해당사자들에게 정책에 대한 접근과 참여를 개방하고 있다는 특징이 있다. 매우 개방적이기 때문에 다양한 사회복지정책 이해당사자들을 정책과정에 참여시키는 장점이

네트워크가 재조명받고 있다. **정책네트워크**란 특정 정책 분야에 참여하는 관련 행위자들로 이뤄진 집합체를 의미한다(박경효, 2011). 이샤이(Yishai, 1992)는 정책네크워크가 신규참여자에 대한 배타성과 포용성, 지식과 자원에 대한 참여자의 상호의존성에 따라 다양하게 형성된다고 하면서 철의 삼각관계, 정책공동체, 이슈네트워크 등 여러 모형을 제시한다. 이러한 모형들 중 비교적 많이 알려진 철의 삼각관계와 하위정부모형, 정책공동체모형, 이슈네트워크모형에 대해 간략하게 설명한다.

철의 삼각관계와 하위정부모형의 관계에 대해서는 학자들마다 다소 다른 견해를 보이는데, 국내 학자들은 양자를 동일한 현상으로 파악한다. 철의 삼각관계[7]란 정책영역별로 이익집단, 의회의 관련 상임위원회, 해당 관료조직이 연계하여 상당히 독자적인 협력체계를 구축한 상태로서 그들 간의 관계가 견고하여 붙여진 명칭이다. 이들 삼자는 상호간 협조를 통해 각자의 정치적 지지와 이익을 확보한다. 이처럼 그들만의 제한된 참여 속에서 안정적인 호혜의 고리를 형성하여 해당 정책 분야를 독점적으로 지배하는 철의 삼각관계(하위정부모형)는 소수의 정책 참여자들 간에 이루어지는 안정적인 정책 네트워크에 해당한다. 그러나 철의 삼각관계는 이익을 독점적으로 대표하고, 국민들의 다수 이익에 반할 수 있다는 위험성도 내포한다(박경효, 2011).

정책공동체에서는 소수의 특권적인 참여자들만이 네트워크에 참여하고, 이들 간에는 안정적이고 지속적인 관계가 유지된다. 일단 정책공동체가 형성되고 나면, 외부의 신구 참여는 엄격히 제한되고 비판

있지만, 정부와 정책결정층의 입장에서 이해당사자들 사이의 의견을 조율하거나 일률적인 정책추진을 위한 통제의 기능이 크게 약화되는 문제가 있다. 예컨대 최근 시민사회의 발전과 공익단체로서의 NGO(Non Governmental Organization)의 역할이 공식적인 정책과정에서도 인정을 받고 있다는 추세를 반영해 주고 있다.

7) 철의 삼각(iron triangle)은 정책형성과정시 관료조직, 이익집단, 의회위원회가 상호간 이해관계 보호를 위해 밀접한 동맹관계를 갖는 것을 지칭한다. 이는 하위정부(subgovernment), 하위체계(subsystem)와 동일한 의미이다.

적인 의견의 투입과 생산도 막히게 되어 정책 환경에서 나타나는 변화에 적절히 대응하기 어렵다. 따라서 정책공동체는 네트워크의 폐쇄성으로 인해 여러 문제점이 노출될 수 있다(박경효, 2011).

이슈네트워크는 철의 삼각관계보다 더 개방적이고 다양한 집단이 복합적으로 작용하는 정책네트워크를 뜻한다. 다양하고 이질적인 집단이 특정 정책분야에 진입할 수 있는 여지가 커졌고 과거에 우세했던 집단이나 세력간의 연합이 점차 어려워지고 있는 상태를 의미한다. 이러한 구도를 제대로 이해하려면 다양한 집단들 간에 거미줄처럼 얽힌 수많은 유동적인 관계를 분석해야 한다(박경효, 2011).

5. 정책 집행

정책 집행이란 기본적으로 정책을 시행하는 과정 내지는 일련의 활동을 의미한다. 일반적으로 정책효과가 나타나지 않는 경우 원인은 2가지로 구분될 수 있다. 하나는 정책 내용의 문제로서 정책 목표와 정책 수단 사이의 인과관계 설정에 오류가 있는 경우이다. 이는 정책 과정 중 첫 번째 단계인 문제 확인부터 정책 집행 이전 단계인 정책 결정까지의 과정에서 나타날 수 있는 오류이다. 다른 하나는 바로 정책 집행 과정에서 나타나는 문제이다. 합리적이고 타당한 정책 내용에도 불구하고 그 집행이 비교과적인 경우 정책 실패가 나타날 수 있다(박경효, 2011).

정책 집행 과정이 지니는 의의는 다음과 같다. 첫째, 아무리 잘 결정된 정책도 현실에서 실현되지 않으면 의미가 없으며 상징적 정책에 불과하다. 둘째, 정책 집행은 정책 결정 과정에서 일반적이고 추상적으로 정해진 내용이 구체화되는 과정이다. 정책 결정에서 관련된 모든 변수나 상황을 미리 정하기 어렵고, 결정 이후에 상황이 바뀔 수도 있고, 결정 과정에서 나타난 정치적 갈등이 집행으로 이어지기도 한다. 따라서 정책 집행은 정책 결정 못지 않게 성공적 정책 수행에 중요한 것이다. 마지막으로 정책 집행은 클라이언트와 직접 접촉하는 단계이다(박경효, 2011).

정책 집행의 성공 여부에 영향을 미치는 요인들은 다양하다. 정책 내용이 일관성 있고 명확한지, 집행기관의 능력이 전문적·헌신적이며 집행기관 간 협조가 잘 되고 집행기관장이 지지적인지 등도 정책의 성공적 집행에 영향을 미친다.

정책 집행에서 특히 중요한 것은 일선 관료이다. 립스키(Lipsky, 1980)는 일반시민과 직접적으로 접촉하고 업무수행에서 상당한 재량권을 행사하는 관료인 일선관료가 일반 시민이나 클라이언트를 대상으로 상당한 재량권을 행사하기 때문에 국민생활에 지대한 영향을 미친다고 설명하였다. 사회복지 전담공무원도 일선 관료에 해당한다. 일선관료가 정책 집행에서 높은 재량권을 가지는 이유는 첫째, 업무상황이 너무 다양하고 복잡하고, 둘째, 국민과 직접 접촉하기 때문에 기계적으로가 아니라 인간적으로 업무를 수행해야 하며, 셋째, 재량권을 가짐으로써 국민을 위해 봉사한다는 자부심을 갖기 때문이다(박경효, 2011에서 재인용).

6. 정책 평가

정책 평가란 좁은 의미에서 보면 정책의 결과인 효과를 평가하는 것으로 정책의 성공 여부와 직결된다. 그러나 정책 평가의 대상은 정책 결과에 국한되지 않고 정책 형성 및 정책 집행까지를 모두 포함한다(박경효, 2011). **정책 평가**란 정책과 관련된 활동에 대한 정보를 수집하고 분석함으로써 그 가치를 판다는 것을 뜻한다.

사회복지정책 평가는 문제해결을 위한 정책 결정에 필요한 정보를 얻기 위해, 기존 프로그램을 개선하기 위해, 정책 프로그램에 대한 감독.통제를 위한 정보를 제공하기 위해, 정책 이론의 형성을 위해 필요하다(박경일, 2021).

사회복지정책 평가에 영향을 미치는 요인들을 살펴보면 가장 먼저 인적 요인을 들 수 있다. 정책평가자, 정책담당자, 클라이언트, 일반 시민이 각각의 입장에서 정책 평가 내용의 부정확성을 초래할 수도 있다. 두 번째 요인은 기술적 요인으로 정책 평가를 위한 분석 기법이 적절한지, 평가를 위한 기술적 요인으로 정책 평가를 위한 분석 기법이 적절한지, 평가를 위한 조사설계가 적절한지 등에 따라 평가 결과가 달라질 수 있다. 셋째, 제도적 요인이다. 사회복지정책의 평가가 이루어지려면 평가에 필요한 정보나 자료가 확보되고 행정적인 뒷받침이 되어야 한다. 마지막으로 정책 자체 요인이다. 정책 평가가 잘 이루어지려면 평가 대상 정책 목표가 뚜렷하고 그 목표를 달성하는 연계 수단이 명확해야 한다(이진숙 외, 2014).

정책 평가 단계에서 평가 결과는 정책 과정의 다른 단계로 환류되며, 많은 경우에 의제 설정 단계로 되돌아간다. 따라서 정책 과정은 반복적으로 순환된다. 정책 평가의 결과는 정책 환류를 통해 정책 학습과 정책 변동의 토대가 된다(김기원, 2003).

심화학습문제

1. 한국의 바람직한 사회복지정책 결정 방향은 무엇인가?

2. 정책 대안을 형성할 때 필요한 작업이 무엇인지 설명하여 보자.

3. 정책 집행과 정책 평가 단계의 의의를 파악하여 보자.

◈ 사회복지사 1급 국가시험 기출문제

1. 사회복지정책의 아젠다 형성과정에 관한 설명으로 옳은 것은? (9회)
   ① 아젠다 형성과정은 대안구체화 과정보다 상대적으로 정치적 성격이 약하다.
   ② 콤, 로스와 로스의 외부주도형 아젠더 형성모형은 후진국에서 자주 볼 수 있다.
   ③ 아젠다 형성과정에서 초기의 이슈는 변화될 가능성이 없다.
   ④ 정책과정에서 등장한 모든 아젠다가 법이나 제도로 만들어지는 것은 아니다.
   ⑤ 어떤 정치제체든지 체제의 편향성을 가지며, 이는 아젠다 형성을 활성화시킨다.

〈답〉 ④

2. 사회복지정책의 과정에 관한 설명으로 옳은 것은? (11회)
   ① 의제 형성 - 정책입안 - 정책결정 - 정책평가 - 정책집행
   ② 의제 형성 - 정책결정 - 정책입안 - 정책평가 - 정책집행
   ③ 정책입안 - 의제 형성 - 정책결정 - 정책집행 - 정책평가
   ④ 정책입안 - 정책결정 - 정책집행 - 정책평가 - 의제 형성
   ⑤ 의제 형성 - 정책입안 - 정책결정 - 정책집행 - 정책평가

〈답〉 ⑤

3. 사회복지 정책결정 모형에 관한 설명으로 옳은 것은? (12회)
   ① 합리모형 - 인간의 제한적 합리성을 전제로 하여 정책대안을 선택한다.
   ② 만족모형 - 주어진 상황에서 목표달성을 극대회하는 최선의 정책대안을 찾아낼 수 있다.
   ③ 점증모형 - 과거의 정책을 약간 수정한 정책결정이 이루어지고, 여론의 반응에 따라 정책 수정을 반복한다.
   ④ 최적모형 - '조직화된 무정부 상태' 속에서 정책이 우연히 결정된다.
   ⑤ 쓰레기통모형 - 합리적 요소와 초합리적 요소를 바탕으로 한 질적 모형

이다.

〈답〉 ③

4. 정책평가에 관한 설명으로 옳지 않은 것은? (15회)

① 정책평가는 정책 효과성 제고에 기여할 수 있다.

② 평가지표 선택에서 정책목표보다 측정 용이성을 우선한다.

③ 정책평가는 정책활동의 책임성을 높인다.

④ 산출과 영향에 대한 평가방법으로 양적 · 질적 평가를 병행할 수 있다.

⑤ 평가결과의 활용도를 높이는 기제를 마련하는 것이 바람직하다.

〈답〉 ②

6
chapter

사회복지정책의 대상

사회복지정책의 대상은 경제적, 사회적 어려움을 겪는 취약계층과 개인들이다. 이에는 빈곤층, 노인, 장애인, 신체적, 정신적 취약자, 노동자, 싱글맘 등이 포함된다. 또한, 노동시장에서 제외된 실직자, 저소득층, 복지 서비스 필요자, 아동 및 청소년 등도 대상에 속한다. 사회복지정책은 이러한 취약한 개인과 집단들의 복지 향상을 목표로 하며, 사회적 공정과 평등을 증진하여 모든 시민의 삶의 질 향상에 기여한다 (CHAT GPT).

1. 보편주의와 선별주의

사회복지 자원을 누구에게 할당할 것인가 사회복지정책에서 중요한 이슈이다. 사회복지정책에서 자원을 할당한다는 것은 사회복지정책의 대상을 누구로 할 것인가, 대상 선정 기준을 어떻게 설정해야 하는가의 문제이다. 크게 보편주의와 선별주의로 대별되는 사회복지정책 할당의 원칙은 복지정책이 시작된 시점부터 현재까지도 주요한 논쟁의 주제이다.

제도적 복지와 잔여적 복지의 주요한 구분 기준 중 하나가 대상의 보편성이라는 점에서도 알 수 있듯이 보편주의와 선별주의는 사회복지정책의 성과를 뚜렷이 드러내는 중요한 이슈이다. 가장 최근인 2017년 아동수당 지급 대상 결정시에도 아동수당의 대상을 전체 아동으로 할지 일부 상위 소득계층을 제외할지에 대한 여야의 의견 대립이 있었고, 2011년에는 서울시 무상급식 대상 아동을 저소득층에 한정하는지, 전체 아동을 대상으로 하는지에 대한 주민투표를 실시한 바 있다.

1) 보편주의

보편주의(universalism)에 따르면 사회의 모든 구성원에게 사회복지정책 급여 수급의 자격을 부여한다. 정책에 따라 모든 국민에게 급여를 지급할 수도 있지만 대개는 아동, 노인, 장애인 등 특정 인구학적.진단적 기준(연령, 장애 여부 등)만을 대상 선정 기준으로 삼고 소득·자산조사와 같은 경제적 조건을 대상 선정 기준으로 고려하지 않는다. 사회복지정책의 제도주의 모델에서는 보편주의를 선호한다.

영국 사회복지정책의 선구자였던 티트머스(Titmuss, 1907~1973)은 1968년 출간한 『복지에의 헌신(Commitment to Welfare)』에서 다음과 같이 보편적 복지를 정의내리고 있다.

> 보편적 복지란 사람들이 그의 지위나 존엄성, 그리고 자존감을 상실하는 굴욕적인 상황에 처하지 않게 하는 방법으로 모든 사람들이 사회복지를 이용하고 접근할 수 있도록 하는 것이다. 즉, 사람들이 공적으로 제공되는 사회복지를 이용함에 있어서 어떠한 열등감이나 낙인감도 느끼지 않고, 빌어먹는다는 의식도 갖지 않고, 어느 누구도 자신이 '공공의 부담(public burden)'이 되거나, 되어 가고 있다는 생각을 갖지 않도록 해야 한다는 것이다(Titmuss, 1968).

보편주의 원칙 하에서는 원칙적으로 경제적 계층에 따라 대상자를 구분하지 않기 때문에 급여 수급 대상자가 낙인(stigma)[1]을 받지 않고 사회통합에 효과적이다. 보편주의 원칙 하에 정책 급여를 할당하면 대상자 수가 많아지기 때문에 전체 비용이 증가하지만, 대상자 선별을 위한 행정절차가 까다롭지 않아 운영비용은 상대적으로 감소한다.

사회통합을 높일 수 있어 사회적 효과성은 크지만 전체 급여 지출 비용이 높기 때문에 비용 효과성은 작다. 또한 한정된 자원을 많은 수의 대상에게 할당하기 때문이 급여 수준을 높이기 어려워 급여 적절성을 감소시킬 수 있다.

노령수당, 아동수당, 장애수당 등의 사회수당 정책이나 NHS와 같은 보편적 의료서비스가 대표적인 보편주의 원리 사회복지정책이며, 우리나라에서는 아동수당, 보육료지원센터가 소득·자산조사 없이 보육서비스 욕구가 있는 영유아 연령에 해당하는 아동에게 제공되는 보편적 수당과 사회서비스이다.

2) 선별주의

선별주의(selectivism)는 소득·자산 조사를 통해 경제적 욕구가 있는 일부 계층에게 한정되어 사회복지정책 급여가 할당되어야 한다는 원리이다. 자원의 희소성을 인정한다면 사회복지정책 급여를 꼭 필요로 하는 사람들에게만 제공해야 한다는 것이다. 잔여주의 모델에서는 선별주의를 선호한다.

선별주의 원리에 따라 대상을 선정하면 사회복지정책 급여가 경제적으로 꼭 필요한 일부 계층에게만 한정되어 지급되기 때문에 목표

1) 낙인이란 일종의 심리사회적 현상으로서 사회복지급여를 받는 사람들이 무가치한 존재 혹은 사회적으로 인정받지 못하는 사람으로 간주되는 현상이다(현외성, 2020).

효율성이 증가하고 총비용은 감소시킬 수 있으나, 대상자 선정 기준을 정하고, 선정 기준에 따라 엄격하게 수급 자격 요건을 적용하여 행정 비용이 증가한다. 또한 소득·자산조사를 통해 빈곤한 사람들을 표적화하여 급여를 할당하기 때문에 수급자들의 낙인감과 열등감이 증대되어 사회통합을 저해한다.

공공부조제도는 대표적인 선별주의 복지정책이고, 유럽 복지국가들에서 보편적 정책으로 시행하는 노령수당, 장애수당 등이 우리나라에서는 선별주의 정책으로 시행되고 있다.

〈표 6-1〉 선별주의와 보편주의의 차이

구 분	선별주의	보편주의
대상	욕구가 있는 사람에게만 급여 제공	모든 사람에게 급여 확대
추구하는 가치	비용 효과 개인주의	시민권, 사회통합, 사회연대성, 사회적 효과, 집합주의
장점	복지에 대한 수요 경감 공공지출 억제	시민권과 사회통합의 증진 소득분배의 개선
단점	자산조사로 인한 낙인을 초래 행정절차의 복잡	복지의존성 초래 자원의 낭비
프로그램	공공부조, 공공주택	사회보험, 공공교육, 노인요양

2. 대상 선정의 기준

길버트와 테렐(Gilbert & Terrell, 2014)은 보편주의-선별주의가 자원 할당(대상 선정)의 유용한 개념일지라도 대상 선정의 기준은 보다 정교해야 하며 추상적인 기준은 그 자체로 실용적이지 않다고 하였다. 이에 따라 그들이 제시한 기준은 귀속적 욕구(atrributed need), 보상(compensation), 진단적 구분(diagnostic differentiation), 자산조사 욕구(means-test need)이다. 송근원·김태성(1995)은 대상 선정 기준으로 거주여부·거주기간·시민권, 인구학적 조건, 기여, 근로능력, 소득·자산조사, 전문적·행정적 판단의 6가지로 세분화하였다. 길버트와 테렐(2014), 송근원·김태성(1995)의 대상선정기준 중 유사하게 분류될 수 있는 귀속적 욕구와 인구학적 기준, 보상과 기여, 진단적 구분과 행정적 판단을 함께 설명하고, 소득·자산조사, 근로능력, 거주여부와 시민권의 총 6가지 대상 선정 기준을 설명하기로 한다.

1) 귀속적 욕구와 인구학적 기준

귀속적 욕구에 기반한 수급자격은 현존하는 사회·경제체제에 의해 충족되지 않은 공통된 욕구를 지닌 집단에게 부여되는 것이다. 예를 들어 자본주의 경제체제에서는 시장에서 노동을 공급함으로써 생계를 영위할 수 있는 데, 경제활동 가능 연령은 만 15세 이상이고 은퇴연령은 사정에 따라 다르지만, 일반적으로 노인이 되면 경제활동에서 물러나게 된다. 이때 만 15세 미만이나 만 65세 이상 연령은 현재의 경제체제에서 경제적 욕구를 충족시킬 수 없는 연령 집단에 속하기 때문에 귀속적 욕구를 지닌 것으로 이해할 수 있다. '집단'에 수급자격이 부여된다는 것은 집단 내 구성원들의 욕구가 개별적으로 다르지 않다는 의미이다. 보편적 노령수당이나 아동수당이 귀속적 욕구에 기반하여 대상자 선정 기준을 적용한 예이다.

그 밖에 피부양자(자녀, 노인 등)를 양육·부양해야 하는 노동자도 양육이나 부양의 의무 때문에 충분한 소득을 벌지 못한다면 이 또한 현 사회·경제 체제에 의해 충족되지 않는 욕구를 지녔다고 볼 수 있으므로 귀속적 욕구에 해당한다. 이러한 기준은 다분히 그 사회의 가치와 규칙을 반영하는 규범적 욕구에 근거한 것이다. 육아휴직급여나 육아기근로시간단축 대상 선정 기준은 바로 이러한 귀속적 욕구에 따른 것이다. 우리나라의 육아휴직급여는 고용보험 급여이기 때문에 귀속적 욕구 외에 보상 또는 기여 욕구도 충족해야 급여가 주어진다.

길버트와 테렐이 **'귀속적 욕구'**로 표현한 대상 선정 기준을 보다 객관적이고 경험적인 용어로 표현하자면 **'인구학적 기준'**이다. 연령, 결혼 여부, 자녀 수, 성별 등이 이 기준에 해당한다. 유럽 복지국가들에서 실시하는 보편적 노령수당, 아동수당은 인구학적 기준만 적용한 정책이라면, 우리나라의 한부모 가족에게 지급하는 아동양육비는 인구학적 기준과 소득·자산조사 기준이 모두 적용된 정책이다.

2) 보상과 기여

보상에 근거한 급여 수급 자격이란, 퇴직 군인, 의사상자, 독립유공자 등 국가·사회적으로 기여를 한 집단, 인종차별주의나 성차별주의 등의 이유로 사회적으로 부당하게 차별받거나 희생당한 집단에게 주어지는 것이다. 사회적 기여와 희생에 대한 보상으로서 사회복지정책 급여가 할당된다. 이러한 급여 자격은 귀속적 욕구와 마찬가지로 개별적 욕구가 아닌 집단적 욕구이고, 형평성 가치에 근거한 규범적 기준이다.

보상에 근거한 수급자격을 부여하는 대표적인 정책은 사회경제적 기여를 한 퇴직 군인에게 제공되는 보훈정책이나 군인연금, 사회경제적 희생에 대한 보상으로 주어지는 적극적 조치이다. 오랫동안 사회경제적 차별을 받아 왔기 때문에 보다 평등한 기회 제공을 위해 진학이나 취업에서 가산점을 부여하거나 고용 할당제와 같은 제도를 실시하는 것이다. 미국은 인종차별을 시정하기 위해 흑인들에 대한 적극적 조치를 실시하는 것이 가장 대표적인 제도이고, 우리나라는 인종에 따른 적극적 조치보다는 여성, 장애인 등에 대한 적극적 조치가 대표적이다.

미국에서는 성차별주의나 인종차별주의 외에도 가정폭력이나 아동학대 희생자들에게 임대보조주택의 입주 우선순위를 부여하는 제도가 있는데 이 또한 보상에 의한 할당의 예라고 볼 수 있다(Baker, 2009 : Gilbert & Terrell, 1998에서 재인용). 인도는 카스트 제도의 하층 계급 출신(Tripathi, 2006 : Gilbert & Terrell, 1998에서 재인용)에게 공무원 임용 우선 선발 기회를 부여하거나 대학 입학 할당제를 실시하기도 한다.

김태성과 송근원(1995)은 급여 수급 자격으로 조금 다른 의미의 '기여'를 제시하였다. 일정 기간 노령, 실업, 산재, 질병 등의 사회적 위험에 대비하기 위해 보험료를 갹출하는 것을 '기여'라고도 한다. 소득활동을 하는 동안 소득의 일정 비율을 고용주 또는 국가와 함께 갹출하여 소득활동을 중단했을 때 생계를 보장하거나 사회서비스 비용을 지불할 수 있도록 하는 것이다. 사회보험제도의 할달 기준은 대부분 이러한 '기여'를 기반으로 한다.

3) 진단적 구분과 행정적 판단

진단적 구분에 의한 수급자격은 신체적·정신적 장애와 같이 특정 재화나 서비스를 필요로 하는 개별적 욕구에 대한 전문가의 판단에 근거하여 주어진다. 귀속적 욕구, 보상과 같은 집단적 할당과는 달리 개별적 할당이며 욕구에 대한 기술적 진단을 기준으로 한다. 장애에 대한 판단뿐만 아니라 기아나 질병을 앓고 있는 아동을 위한 구호단체에서는 아동의 영양상태에 대한 전문적 진단에 의해 대상자의 욕구를 정확히 파악하고 아동의 개별적 영양 욕구에 따라 필요한 식품 섭취 우선순위를 처방할 수 있다.

장애인연금, 장애수당, 장애아동부양수당과 같이 장애 여부를 근거로 지급되는 급여는 전문가로부터 (중증) 장애 판정을 받아야 수급자격이 부여되고, 노인장기요양보험의 급여 자격 조건은 기여 외에도 전문가로부터 노인성 질환에 따른 장기요양인정 등급 판정을 받아야 급여를 할당받을 수 있다.

행정적 판단은 급여 수급 자격에 대한 법령이 구체적이지 않아 행정적 재량에 따라 대상자를 선정해야 할 때 필요하다. 최대한 법령에 제시된 대상자 선정 기준을 따르되 대상자 선정의 기준이 되는 근거자료가 부족하거나 근거자료만으로는 명확하게 선정 기준을 적용하기 어려운 경우 근로능력, 부양의무자 유무 등에 대해 행정적 판단을 할 필요가 있다.

4) 소득 · 자산조사

소득 · 자산조사는 대상자 선정 기준 등 경제력 즉 재화 · 서비스 구매력을 측정하기 위한 것이다. 소득 · 자산조사를 통해 사회복지정책 대상자가 기본적 욕구를 충족할 수 있는지, 다른 사회구성원에 비해 경제적 수준이 상대적으로 어떤 수준인지를 파악한다. 이는 욕구의 경제적 차원에 따른 개별적 할당이다.

사회복지정책 중에서는 공공부조제도가 소득 · 자산조사를 통한 급여 할당의 대표적인 예이다. 공공부조제도에서는 소득 · 자산조사를 통해 사회복지정책 대상을 선정할 때 기준을 절대적 빈곤선으로 정해 놓고 빈곤선 이하의 소득 · 자산을 가진 사람들에게만 급여를 할당할 수 있다. 또한 대상 선정 기준을 상대적 빈곤선(예를 들면 전체 대상 중 하위 몇 % 또는 중위소득의 몇 % 등)으로 정해 놓을 수도 있다. 소득 · 자산조사를 통해 빈곤층의 범위를 설정하고 빈곤층에게 급여를 제공하는 공공부조제도에서는 급여 수급자들이 스티그마

(stigma)를 받을 수 있고, 사회통합을 저해할 수 있다.

보편적 수당 형태로 시행되어야 할 일부 제도들 중에서 인구학적 기준만으로 전체 대상에게 급여를 제공하지 않고 소득 상위 10~30%를 제외한 집단으로 선정하는 경우에도 소득·자산조사를 실시하기도 한다. 소득·자산조사에 의해 급여 할당 기준을 정하는 것은 빈곤층을 대상으로 하는 정책에서만 활용되는 것은 아니다.

5) 근로능력

근로능력 역시 대상자 선정 기준에서 많이 활용되는 요소이다. 경우에 따라 근로능력이 없어야 급여를 받을 수 있는 정책이 있고, 근로능력이 있어야 급여를 받을 수 있는 정책이 있다. 사회복지정책의 기원이라고 할 수 있는 엘리자베스 빈민법에서는 근로능력 여부에 따라 빈민에 대한 조치가 달라졌고, 신빈민법에서는 근로능력이 없어야만 원외 구제를 받을 수 있었다.

국민기초생활보장제도의 전신인 생활보호제도에서는 근로능력이 없어야만 현금 급여에 해당하는 생계보호를 받을 수 있었고, 국민기초생활보장제도의 생계급여는 근로능력 여부에 관계없이 생계급여를 받을 수 있다. 반면 국민기초생활보장제도의 자활급여나 고용보험 실업급여, 직업훈련, 고용서비스 등은 근로능력이 있어야 급여를 받을 수 있다.

근로능력이 있다는 것은 근로 가능한 육체적 능력을 실제로 측정하기보다는 인구학적 기준(연령, 부양가족, 임신.출산여부 등)이나 건강상태 및 장애정도 등으로 판정하기 때문에 길버트와 테렐(Gilbert & Terrell, 1998)의 급여할당 기준 중 귀속적 욕구 또는 진단적 구분에 해당된다고 볼 수도 있다.

6) 거주여부와 시민권

이민자 혹은 외국인 근로자가 많아지고 다문화 사회가 될수록 거주 여부와 시민권(영주권)은 사회복지정책 급여 자격조건에서 중요한 기준이 된다. 우리나라의 사회복지정책 중에서도 결혼이주민 여성(외국인)을 위한 특례 제도를 많이 마련하고 있다. 가령 국민기초생활보장제도는 "국내에 체류하고 있는 외국인 중 대한민국 국민과 혼인하여 본인 또는 배우자가 임신 중이거나 대한민국 국적의 미성년 자녀를 양육하고 있거나 배우자의 대한민국 국적인 직계존속과 생계나 주거를 같이하고 있는 사람"으로서 국민기초생활보장제도 급여를 받을 수 있는 자격을 가진 경우에는 기초생활보장제도 수급권자가 될 수 있도록 하였다. 본인이 외국인일지라도 배우자나 미성년 자녀가 우리나라 국적이 있는 정책 대상이 될 수 있다. 지방정부의 복지정책 중에서도 해당 지자체 거주자에게만 수급 자격을 부여하는 정책도 있어서 복지정책이 분권화·지역화될수록 지역 거주 여부는 중요한 대상 선정기준이 될 수 있다.

거주여부와 시민권은 급여 자격 조건의 필요조건이 되는 경우가 많고 거주여부와 시민권만으로 급여 수급 자격이 되는 정책은 거의 없다. 영국의 NHS(National Health Service)[2]는 영국 거주 여부만으로 수급자격을 부여하였는데, 최근 NHS 현물 급여 수급을 위해 유학생 등 이주자에 대해 분담금 일정액을 지불하도록 하였다. 캐나

2) 영국의 복지국가의 특징은 주택정책에 있는데, 주택정책 역시 제2차 세계대전이 없었다면 존재하지 않았을 것이다. 나치의 무차별 폭격은 영국 주택시장에 대한 정부의 대규모 개입을 가져왔다. 전쟁 직전인 1939년, 영국의 주택 수는 1천2백5십만 채였는데, 제2차 세계대전 중의 폭격으로 75만채가 파괴된 반면에 6년의 전쟁기간 동안 주택 신축은 없었다. 그리고 전쟁기간 동안 약 2백만 쌍이 결혼하였으며, 전쟁으로 헤어졌던 젊은 부부들이 종전 후 세 집에서 새 삶을 시작해야만 했다. 전후 가장 시급한 과제 중 하나가 주택 부족 문제의 해결이었고, 이는 1945년 총선의 주요 쟁점으로 부상하였다(원석조, 2021).

다의 기초연금은 10년 이상 거주자에게 수급자격을 부여한다.

심화학습문제

1. 사회복지정책 대상 선정과 관련하여 보편주의와 선별주의의 차이점을 이해하고 설명하여 보자.

2. 최근 기본소득 찬반 논쟁시의 상황에 대하여 살펴보고, 기본소득 제도를 도입하는 것의 장단점을 설명하여 보자.

◈ 사회복지사 1급 국가시험 기출문제

1. 선별주의 정책과 보편주의 정책의 특징을 옳게 연결한 것은? (13회)
   ① 선별주의 - 모든 국민 대상
   ② 선별주의 - 간편한 행정업무
   ③ 보편주의 - 빈곤의 덫 유발
   ④ 보편주의 - 사회적 통합 효과
   ⑤ 보편주의 - 사회적 낙인 유발

〈답〉 ④

7 chapter

사회복지정책의 급여

사회복지정책의 급여는 사회복지 서비스를 제공하는 데 필요한 재원을 지원하는 수단 중 하나이다. 정부나 사회 기관은 사회복지 서비스를 제공하고 지원하는데 필요한 자금을 조달하기 위해 급여를 책정하며, 이는 일반적으로 세금, 정부 예산 등에서 출처된다. 급여는 사회복지 서비스를 받는 개인 또는 가정에 직접 지급되거나, 사회복지 시설과 프로그램 운영에 사용될 수 있다. 이를 통해 사회복지정책은 취약계층과 어려운 이들에게 필요한 지원을 제공하고 사회적 안전망을 형성하는 데 도움을 준다 (CHAT GPT).

1930년대 스웨덴 최고의 경제학자 **미르달**(Gunnar Myrdal)[1)]이 아동에게 제공되는 급여형태에 대한 논의에서 "현물 형태의 급여가 '규모의 경제(economy of scale)' 측면에서 아동수당과 같은 현금 급여보다 훨씬 낫다"라고 주장한 바 있다(Gilbert & Terrell, 2014

1) 스웨덴 경제학자인 미르달은 1934년 스웨덴이 저출산 문제에 직면하게 될 것임을 예고했다. 저출산이 국가발전에 심각한 위기요인이 될 것이라며 대안을 촉구했다. 미르달이 내놓은 해법은 젊은 세대에 대한 과감한 투자, 교육을 통한 미래 세대 역량 강화였다. 일본과 비슷한 시기에 부동산 버블 붕괴를 겪었던 스웨덴은 경제 위기에도 불구하고, 미래 세대에 GDP의 1%가 넘는 과감한 투자를 결정했다. 이러한 정책은 스웨덴이 짧은 기간 내에 경기 침체에서 벗어나 재도약하는 발판이 되었다.

에서 재인용). 재화나 서비스를 대량 생산.분배하면 옷이나 신발 등은 저비용으로 구매할 수 있으며, 똑같은 물품을 시장에서 개인이 구매하면 더 비싼 가격에 구매할 수도 있으며, 똑같은 물품을 시장에서 개인이 구매하면 더 비싼 가격에 구매할 수도 있다는 것이다. 빈곤 가족에게 생필품을 구매할 현금 급여를 제공할 것인가, 아니면 생필품을 직접 제공할 것인가의 문제는 오래된 현금 급여 대 현물 급여 논쟁이다(Gilbert & Terrell, 1998).

그렇다면 1930년대 이후 100년이 채 안 된 현재 시점에서 현금 대 현물논쟁은 여전히 유효한가? 급여 형태가 정책 내용에 따라 어떻게 달라져야 하는가? 현금과 현물 외에 새로운 형태의 사회복지정책 급여는 없는가? 이러한 이슈들에 대해 답할 수 있으려면 각 급여 형태에 대한 이해가 필요하다. 이에 현금과 현물(물질적 급여와 서비스 모두 포함)의 특징에 대한 설명뿐만 아니라 바우처, 기회, 권력 등의 급여 형태에 대해서도 설명할 것이다.

1. 현 금

현금 급여(cash benefit)는 생활을 영위하기 위해 필요한 재화와 서비스를 구매할 수 있는 구매력을 제공하는 것이다. 현금을 급여로 지급하는 것은 다음과 같은 측면에서 장점으로 인식된다.

첫째, 소비자 효용을 극대화할 수 있다(김태성, 2012). 사회복지급여 수급권자들은 합리적이고 경제적인 의사결정을 할 수 있는 소비자라면 필요한 재화와 서비스 자체를 직접 받는 것보다 그 재화와 서비스를 살 수 있는 돈을 받아 자신이 원하는 상품이나 서비스를 직접 선택하여 구매하는 것에서 더 만족감을 느낀다는 것이다.

둘째, 낙인감을 최소화하고 소비자 주권과 자기결정권을 극대화할 수 있다는 것이다(구인회 외, 2017). 특히 공공부조를 통해 빈곤 계층에게 현물의 형태로 급여를 지급한다면, 빈곤 계층은 시장에서 판매되는 다양한 재화들 중에서 자신이 원하는 품목을 스스로 선택할 수 있는 자유를 박탈당한다. 특히 빈곤층의 경우 지급되는 물품을 생계를 위해 선택권 없이 사용해야 한다는 점에서 낙인감을 느낄 수도 있다.

셋째, 행정비용을 낮출 수 있다(김태성, 2012). 물품 형태로 급여가 지급된다면 물품의 보관, 운반, 전달에 필요한 인력과 장비에 드는 비용을 선정해야 한다.

넷째, 현금 급여는 직접적으로 소득을 증가시켜 빈곤 탈비율을 높일 수 있다. 빈곤 여부를 측정하는 기준은 가구 소득이다. 현물 급여는 수급자가 받았을 때 바로 현금화하여 소득에 가산하기 어렵지만, 현금 급여는 공적 이전소득의 형태로 개인 또는 가구의 소득 증가시킬 수 있다. 이는 빈곤율을 감소시킬 수 있는 가장 직접적인 정책이다.

현대 사회의 복지국가에서는 소득보장정책에서 대부분 현금 급여를 지급한다. 노령연금(수당), 휴업급여, 상병수당, 실업급여(부조), 생계급여, 장애연금(수당) 등과 같이 은퇴, 산재, 질병, 실업, 빈곤, 장애 등의 사회적 위험으로 소득이 중단되었을 때 지급되는 소득보장정책의 현금 급여뿐만 아니라 아동수당, 장애아동부양수당, 양육수당, 주거급여, 출산보조금, 장제비 등 물품이나 서비스 형태로 지급될 수 있는 급여도 현금으로 지급되는 급여들이 많다.

2. 현 물

현물 급여(kind benefit)는 크게 재화와 서비스로 구분된다. 사회복지정책에서는 재화를 직접 급여로 제공하거나 서비스를 제공할 때 현물 급여를 지급한다고 본다. 현물 급여는 현금 급여와 대비되는 성격을 지닌다.

첫째, 현물 급여는 수급권자의 생활에 꼭 필요한 재화와 서비스를 공급할 수 있다. 질병 치료가 필요한 수급권자에게는 의료서비스를 제공하고, 생계를 영위하기 어려워 필수적인 영양 공급이 필요한 수급권자에게는 식품을 직접 공급하며, 난방에 필요한 연료를 직접 제공할 수도 있다. 이러한 현물급여가 현금 급여로 제공된다면 현금 지급 이후 수급권자의 소비 시점까지 관리할 수 없기 때문에 수급권자에게 꼭 필요한 물품이나 재화가 현금 급여로 구매되는지 확인할 수 없다.

둘째, 현물 급여는 급여의 오남용을 예방할 수 있다. 생계비가 부족한 빈곤 가구나 아동이 있는 한부모가족에게는 기본적인 생활에 필요한 생필품, 아동의 영양 결핍과 보건 위생을 재화·서비스가 지급되어야 한다. 만일 현물이 아닌 현금으로 지급되었을 때 현금 급여 수급자인 부모나 가구주가 가구원의 생계에 필요한 물품이나 서비스를 구매하기보다 마약, 술, 담배 등 건강에 안 좋은 물품을 구매하거나 생계에 꼭 필요하지 않은 물품을 소비할 수도 있어 사회복지정책 급여의 오남용이 우려된다.

셋째, 현금 급여가 지급된다면 시장에서 마케팅, 광고 등에 의존하여 비합리적 소비를 할 수도 있는 가능성을 낮출 수 있다. 때로 소비자는 자신의 실제적인 욕구에 맞는 합리적 소비를 하지 못하고 생산자가 만들어내고 유도하는 수요에 반응하여 소비를 하는 경우가 많다. 합리적 소비나 구매의 경험이 드문 빈곤층이나 취약계층에게는 생산자가 광고를 통해 만들어낸 허위 수요에 반응할 가능성이 높다.

넷째, 현물 급여는 현금 급여보다 "복지"개념에 더 충실한 급여이다. 영양이 부족한 사람에게 '식품'을 지급하고, 추운 집에 거주하는 사람에게 '연료'를 지급하고, 아픈 사람에게 '의료서비스'를 제공하고, 돌봄이 필요한 사람에게 '돌봄서비스'를 제공하는 것은 그 사람들의 결핍을 충족시켜 주는 진정한 복지라는 것이다. 합리적 선택이란 소비할 재화나 서비스에 대한 객관적인 정보를 필요로 하는데, 그러한 정보는 특히 빈곤층이나 학력이 낮은 사람들에게 쉽게 얻어질 수 있는 것이다(Gilbert & Terrell, 1998). 충분한 정보가 없는 상태에서 선택의 자유를 주는 것보다는 정보의 부족으로 실수할 위험을 감소시키는 것이 더 바람직하다는 것이다(Gilbert & Terrell, 1998).

사회복지정책에서 재화와 서비스를 직접 제공하는 현물 급여는 매우 핵심적인 급여 형태이다. 현대 사회복지정책에서 재화를 직접 전달하는 현물 급여로는 경로식당이나 학교에서 급식을 제공하거나 밑반찬 등 도시락, 쌀, 연탄 등을 직접 제공하고, 장애인보장구를 무료로 제공하는 등 많이 찾아볼 수 있다. 사회복지정책에는 서비스 형태 급여도 매우 많다. 국민기초생활보장제도의 자활급여, 고용보험의 고용서비스, 노인장기요양보험의 재가급여, 국민연금의 노후설계서비스, 건강보험의 요양급여, 보육서비스, 장애인활동지원제도 등 많은 사회서비스정책뿐만 아니라 사회보험, 공공부조 정책 중에서도 서비스 형태의 급여를 쉽게 찾아볼 수 있다.

〈표 7-1〉 사회보험에서 급여 형태

구 분	현금급여	현물급여
국민연금	노령연금, 장애연금, 유족연금, 반환일시금, 사망일시금	
건강보험	요양비, 장애인보장구구입비	요양급여, 건강검진
산업재해보상보험	휴업급여, 장해급여, 상병보상연금, 유족급여	요양급여
고용보험	실업급여(구직급여, 취업촉진수당)	
노인장기요양보험	특별현금급여(가족요양비, 특례요양비, 요양병원간병비)	재가급여(방문요양, 주·야간보호, 방문목욕, 방문간호, 단기보호, 시설급여)

※ 출처 : 박차상 외 (2020), 『사회복지정책론』, 양성원, 168면 참조.

3. 바우처

사회복지정책에서 **바우처**(vouchers)란 정부가 사회복지 수혜자(이용자)를 대상으로 지원하는 재정보증서를 말한다. 즉 특정 사회서비스 및 재화를 구매할 수 있도록 사회서비스 수혜자격을 가진 대상자에게 제공하는 구매증서이다(정광호.김진, 2011). 바우처 급여는 위에서 설명한 현금 급여와 현물 급여의 중간적 특성을 지닌다. 소비자 주권을 어느 정도 보장하면서도 소비를 관리할 수도 있는 두 가지 장점을 지닌다. 미국은 식품권이 가장 많이 알려진 바우처 급여이다. 쿠폰 형태로 지급되다가 2004년부터는 전자급부방식(Electronic Benefit Transfer : EBT)을 도입. 체크카드 형태로 지급되어 쿠폰 사용으로 인한 스티그마(stigma)를 줄이고 효율성을 높였다(Gilbert & Terrell, 1998). 그 밖에도 교육바우처, 주택바우처 등이 있다.

읽을거리

스티그마(Stigma)는 낙인을 뜻하는 말로 급여 대상에게 부정적 편견이나 고정관념을 갖는 것을 말한다. 선별주의에 근거한 할당의 최대의 결점은 낙인이다. 수급자격이 있다는 것이 빈곤층 혹은 저소득층이라는 것의 증명이 되고, 급여 신청시에 개인의 프라이버시에 관한 사항을 밝혀야 하는 상황에서 좌절감이나 굴욕감이 발생하기도 한다(정성배 외, 2023).

우리나라는 2007년 보건복지부에서 노인돌봄종합, 장애인활동보조, 지역사회서비스투자 등 3개 사회서비스 분야에 바우처 제도를 도입하였다. 2018년 현재는 노인돌봄종합서비스, 노인단가가사서비스, 치매환자가족휴가지원서비스, 장애인활동종합서비스, 노인단기가사서비스, 치매환자가족휴가지원서비스, 장애인활동지원, 시.도 장애인활동추가지원, 지역사회서비스투자, 산모신생아건강관리지원, 발달재활서비스, 언어발달지원, 발달장애인부모상담서비스, 임신출산진료비지원, 청소년산모 임신출산진료비지원, 기저귀·조제분유 지원, 에너지바우처 등 14개 사업을 실시하고 있다.

보건복지부에서 운영하는 사회서비스 전자바우처 외에도 교육부.산업통상자원부, 문화체육관광부, 지방자치단체 등에서 바우처 형태로 서비스를 제공하여 바우처 급여는 이전보다 더욱 확대되었다.

이상에서 살펴본 현금 급여, 현물 급여, 바우처 급여의 특징을 비교해 보면, 우선 경제적 효율성과 수혜자 효율성의 측면에서 소비에 따른 효용이 높은 현금 급여가 가장 높고, 바우처, 현물 급여 순으로 효율성이 낮아진다. 현물 급여는 관리비용이 많이 들기 때문에 관리적 효율성도 낮다.

급여가 정책 목표를 정확히 달성하는 정도는 해당 욕구를 직접적으로 충족시켜 주기 때문에 현물 급여의 효율성이 가장 높다. 반면 통장으로 지급되는 현금 급여에 비해 현물 급여의 가시성이 뚜렷하여 낙인효과는 현금이나 바우처에 비해 높을 수 있다. 현물 급여는 수급자의 소비 패턴을 통제할 수 있어 정책 고유의 실질 가치 보전 효과도 높고 정치적 실현가능성도 높은 반면 현금 급여는 소비 패턴 통제가 어렵고, 급여의 재원을 제공하는 납세자에게도 정치적 호응이 낮아질 수 있다. 모든 측면에서 바우처는 현금급여와 현물 급여의 중간적 성격을 띤다.

4. 기 회

사회복지정책 급여 형태 중에서 '기회(opportunity)'란 기대하는 목표를 성취하기 위해 사용되는 유인과 제재를 의미한다(Gilbert & Terell, 1998). 현금, 현물, 바우처 같은 직접적인 급여보다는 모호한 형태이지만, 현대 사회에서 교육과 취업은 사회적으로 적절한 생활수준을 영위하기 위해 필수적이라고 할 만하다. 그런데 가정 형편이 안 좋거나, 사회적 불평등 때문에 교육이나 취업의 기회조차 박탈당하면 교육이나 취업 이후의 혜택으로부터도 원천적으로 배제된다. 예를 들어 근로소득이 사회보험 가입의 전제 조건인데, 근로의 기회조차 갖지 못한다면, 사회보험을 통한 다양한 혜택으로부터도 배제된다.

소수 인종 및 사회적 소수자에게 적극적 조치를 실시하는 것, 빈곤층이나 농어촌 자녀들이 고등교육을 받을 기회가 부족하다고 판단되어 대학 입시에서 사회배려자 전형 또는 국가유공자 자녀 전형을 실시하는 것 등이 모두 기회 급여에 해당한다.

5. 권 력

사회복지정책 급여로서 권력(power)이란 재화나 자원에 대한 통제력이나 영향력을 재분배하는 것을 의미한다(Gilbert & Terrell, 1998). 특정 집단에게 사회복지정책 결정 과정에 참여할 권리를 부여하고 실제로 그 정책의 의사 결정에 영향력을 행사하도록 하는 것이 대표적인 '권력' 급여 형태이다. 국민연금 사업에 대한 사항을 심의하는 국민연금심의위원회에 근로자를 대표하는 위원이나 지역가입자를 대표하는 위원을 위촉하고, 사회복지과 등 사회복지기관의 운영위원회에 클라이언트 대표가 참여하며, 지역사회보장에 관한 계획을 수립할 때 지역주민 등 이해관계인의 의견을 들어 지역사회보장계획을 수립하는 것 등이 권력 급여의 예라고 할 수 있다.

권력은 재화나 서비스와 같이 사용가치가 있는 것도 아니고 현금과 같은 직접적인 교환가치가 있는 재화도 아니지만, 폭넓은 사회경제적 선택을 제공한다(이진숙 외, 2014). 그러나 정책결정에 참여하는 참여자들이 실질적으로 자신의 목소리를 내지 못하고 머릿수를 채우는 데 그치는 명목적 참여를 하거나, 참여자 대표가 실질적인 클라이언트나 가입자의 이익을 대변하지 않고 기득권의 이익을 대변하는 수준에 머무르면 유명무실한 급여가 되기 쉽다는 한계가 있다(이진숙 외, 2014).

심화학습문제

1. 사회복지정책의 급여 형태별 대표적인 정책의 예를 들어 보자.

2. 사회복지정책 급여 중 권력을 제공하는 것의 필요성과 중요성에 대하여 토론하여 보자.

8
chapter

사회복지정책의 전달체계

사회복지정책의 전달체계는 사회복지 서비스와 혜택을 실제로 제공하는 구조와 방법을 의미한다. 이는 일반적으로 정부, 지자체, 비영리 기관, 사회적 기업 등이 협력하여 구성된다. 정부는 정책 수립과 예산 배정을 담당하며, 지자체와 협력하여 지역적인 사회복지 서비스를 제공한다. 비영리 기관과 사회적 기업은 사회복지 서비스를 운영하고 제공하는 중요한 주체로서 정부와 협력하여 사회적 문제 해결에 기여한다. 이렇게 전달체계를 조화롭게 운영하여 사회복지정책의 효율성과 효과를 극대화하는 것이 중요하다(CHAT GPT).

1. 사회복지 재화와 서비스의 특징과 전달체계

전달체계란 다양한 급여 또는 서비스를 효과적으로 전달하기 위해 선택하는 조직적 장치라고 할 수 있다(Gilbert & Terrell, 1998). 경우에 따라 전달체계를 조직 전략과 공급 주체로 구분하는 경우도 있으나, 본서에서는 공급주체에 초점을 맞추어 설명하려고 한다. 조직 전략은 사회복지행정론에서 충분히 다루어지리라 생각한다.

자본주의 경제체제에서 재화와 서비스는 민간부문의 시장을 통해 공급되는 것이 가장 효율적인 자원배분이라고 알려져 있다. 사회복지정책에서 제공하는 급여와 서비스는 특성에 따라 공공부문에서 제공할 수도 있고 민간부문에서 제공할 수도 있다. 사회복지정책의 재화나 서비스가 공공부문을 통해 제공되는 이유는 시장 실패 때문이다. 시장에서 가격에 의한 자원 배분이 효율적이지 못한 현상을 시장 실패라고 한다. 보통 시장실패의 원인은 불완전경쟁, 공공재(public goods), 외부효과, 정보의 비대칭 때문이라고 알려져 있다(김기원, 2003).

그렇다면 사회복지 재화와 서비스의 어떤 특성이 시장 실패를 일으키고 정부의 개입을 필요로 하는가? 여기에서는 사회복지 재화와 서비스의 공급에서 정부의 개입을 필요로 하는가? 여기에서는 사회복지 재화와 서비스의 공급에서 정부의 개입을 필요로 하는 이유로서 '공공재'적 특성, '외부성', '불완전 정보', '역의 선택(adverse selection)[1]', '가입자 선별', '위험분산' 등의 특징에 대해 설명한다.

공공재란 비경합성과 비배제성이 있는 재화로 사적 재화와 대비된다. 사적 재화는 돈을 지불한 사람만 소비할 수 있다(배제성)는 것과 나의 소비는 다른 사람의 소비를 줄인다(경합성)는 것을 특징으로 한다. 그에 비해 공공재는 구매자와 비구매자를 구별할 수 없고 구매자가 소비 혜택을 독점할 수 없다. 그런 상황에서 공공재는 시장에서 사회적으로 적절한 만큼의 충분한 양이 제공되지 않는다. 돈을 지불하지 않아도 사용할 수 있고, 돈을 지불한다고 해도 혜택이 다른 사람들과 동일하다면 누가 시장에서 돈을 주고 공공재를 사겠는가? 시

1) 역의 선택이란 시장 참가자들에 대한 정보가 불완전한 것을 이용하여 자신의 건강상태를 속이거나 위장사고를 일으켜 보험금을 타내려는 의도로 보험에 가입하는 행위 등을 말한다. 위험이 발생할 가능성이 높은 사람만 보험에 집중적으로 가입하게 되어 위험확률이 높아지고 보험료가 인상되는 악순환이 발생되어 위험이 분산되지 않게 되는 것이다. 이러한 역의 선택의 문제를 해결하기 위해서 국가가 나서서 국가구성원 전부를 강제로 가입시키게 되면 역의 선택의 문제를 해결할 수 있으므로 사회보험의 형태로 실시된다(홍봉수 외, 2020).

장에서 돈을 주고 살 구매자가 없다면 공급자 역시 충분한 양을 공급할 유인이 없다.

사회복지의 재화와 서비스는 공공재적 특성을 지닌다는 의견도 있고(박경일, 2021), 사적 재화의 특징이 있다는 의견도 존재한다(김기원, 2003). 사회복지가 공공재라는 이유는 사회복지의 제공이 다른 사람에게 아무런 영향을 주지 않으면서 모든 사람에게 혜택을 줄 수 있기 때문이라는 것이다(박경일, 2021). 사회복지 재화와 서비스의 생산을 시장에 맡겨 두면 공공재적 특성을 지닌 사회복지 재화와 서비스는 충분히 공급되지 않는다. 정부가 생산 비용을 보조하는 방식으로 공급자의 생산을 지원하지 않으면 안 된다는 것이다. 반면 사회복지가 공공재가 아니라 할지라도 정부가 공적 재원을 사용하여 개입하는 것은 공공의 유익이 있기 때문이라고 한다. 머스그레이브(Musgrave)는 이러한 재화를 **'가치재'**라고 부르며 때로는 **'준공공재'**라고도 한다(김기원, 2003).

외부성이란 어떤 시장 참여자의 경제적 행위가 사람들에게 의도하지 않은 편익이나 손해를 가져다주는데도, 아무런 대가를 받지도 지불하지도 않는 현상을 말한다. 아무런 대가를 받지도 지불하지도 않는다는 것은 가격 기능이 완벽히 작동하지 않는 것이다. 이때 손해를 가져다주는 경우 부정적 외부성(부정적 외부효과[2]), 외부불경제, 음의 외부성)이 발생했다고 하며, 편익을 가져다 주는 경우 긍정적 외부성(긍정적 외부효과[3]), 외부경제, 양의 외부성)이 발생했다고 한다.

부정적 외부성이 있는 재화가 끼친 외부자의 손해(피해)에 대해 생산자가 비용을 지불하지 않아 실제 사회적 비용보다 적다고 인식

2) 부정적 외부효과는 한 사람의 행위로 다른 사람에게 손해를 입히고도 이에 대한 대가를 지불하지 않는 것을 말한다. 예컨대, 폐수방류나 매연에 의한 공기오염 등이 이에 해당한다.

3) 긍정적 외부효과란 주변에 공장이 철거되고 공원이나 도서관이 들어서면 이 주변에 거주하는 사람들은 쾌적한 주거권을 보장받고 집값 상승의 이득을 볼 수 있는 효과를 말한다.

한다면 그 재화는 사회적 적정량보다 많이 생산된다. 긍정적 외부성이 있는 재화가 끼친 외부자의 편익에 대해 생산자가 대가를 충분히 보상받지 못하여 실제 발생하는 사회적 편익보다 적다고 인식한다면 그 재화는 사회적 적정량보다 적게 생산된다. 사회복지 재화와 서비스는 가치재로서 긍정적 외부성을 지닌다. 사회복지 재화와 서비스의 생산은 생산자가 가격을 지불받고 얻는 편익보다 사회적 편익이 크기 때문에 더 많이 생산되어야 하는 것이다. 따라서 정부가 개입하여 사회적 편익에 대한 가격을 지불하고 적정량이 생산되도록 하여야 한다.

시장에서 효율적으로 자원이 배분되려면 생산자와 소비자가 판매하거나 구매하려는 재화와 서비스에 대해 완전한 정보를 가지고 합리적인 선택을 해야 한다. 그런데 생산자와 소비자가 상품에 대해 비대칭적인 정보를 가지고 있거나 불완전한 정보를 가지고 있는 상태에서 거래되면 비효율적인 자원 배분이 되어 시장실패가 발생한다. 가장 대표적인 상품이 의료서비스이다. 의료서비스는 일반적으로 생산자가 판매하고자 하는 재화·서비스에 대해 소비자보다 더 많은 정보를 가지고 있다.

한편, 보험시장에서는 불완전한 정보로 인해 역선택이 발생할 수 있다. 보험회사는 사고발생 위험이 낮은 사람이 보험에 많이 가입해 주기를 희망하지만 보험 회사가 보험가입자의 사고발생률을 완전히 파악하지 못하기 때문에 실제로는 사고발생 가능성이 높은 사람들이 보험에 많이 가입하게 되는 역선택의 문제가 나타난다. 또한 보험가입자는 일반 보험에 가입하면 위험에 대한 안전망이 있다는 생각에 이전에 비해 사고 예방을 게을리할 수 있다. 이를 '도덕적 해이'라고 한다. 이로 인하여 보험회사의 수익이 줄어들거나 심지어는 적자를 보게 되는 경우도 있다.

보험회사는 이러한 손해나 적자의 위험을 줄이기 위해 보험료를 높게 책정하거나 보험가입자를 선별하여 가입시키게 된다. 사회적 위험에 대한 보험까지도 민간 보험회사에서 판매한다면 질병, 실업, 은퇴 등 사회적 위험 발생 가능성이 더 높아 이런 종류의 상품이 더욱 필요한 저소득층, 노인 등은 오히려 사회적 위험에 대한 적절한 사회안전망 없이 살게 될 수도 있다.

사회보험은 사회적 위험에 대해 적절한 사회안전망을 제공하기 위하여 민간 보험 상품의 기술을 이용하여 사회적 위험에 대응하는 기제이다. 사회보험은 정부가 개입하여 전국민 또는 전체 노동자들을 대상으로 강제적으로 가입하게 함으로써 보험가입자를 늘려 위험분산 기능을 극대화시키기 때문에 시장에서 보험 상품으로 제공되는 것보다는 훨씬 효과적이다.

이러한 공공재(가치재)적 특성, 긍정적 외부효과, 비대칭 정보, 역선택과 가입자의 선별, 위험분산의 극대화 등의 성격 때문에 사회복지 재화와 서비스는 완전히 민간부문(시장)에서 공급되기보다는 공공부문(정부)의 개입이 일정 정도 필요하다. 다음 절에서는 사회복지 공급주체로서 공공부문의 특성과 민간부문의 특성에 대해 살펴보기로 한다.

2. 전달체계의 형태

1) 공공부문

(1) 중앙정부

사회복지 재화와 서비스는 위에서 설명한 시장 실패로 인해 정부가 공급주체가 되는 경우가 많았다. 제2차 세계대전 이후 복지국가가 확대되는 시기 많은 국가들에서 정부가 복지의 주된 공급주체가 되었다. 특히 수급자 수나 지출액이 큰 사회복지 재화나 서비스들은 대개 중앙정부에서 재원의 부담, 조정, 급여방법 등을 결정하여 제공한다. 대표적인 예가 사회보험으로 공적연금, 의료보험, 실업보험, 산재보험 등은 중앙정부가 주도적으로 급여와 서비스를 전달한다(김태성, 2012). 가입자가 전국민 또는 전체 노동자가 되어야 위험 분산이 효과적으로 이루어지기 때문에 중앙정부가 운영하는 것이 더 효율적이다.

전국적으로 통일성이 있는 정책, 집행보다는 기획이 강조되는 정책, 서비스 접근성이 중요하지 않은 정책(예 : 보편적 수당)도 중앙정부가 주요한 전달체계가 되는 경우가 많다. 중앙정부가 주요한 전달체계라고 해서 각 지역에 정책을 기구가 없는 것은 아니다. 우리나라 사회보험 제도들은 보건복지부나 고용노동부가 사회보험의 집행을 공공 기관에 위탁 운영하고 있다. 국민연금, 건강보험, 고용보험, 산재보험, 노인장기요양보험 등은 국민연금공단, 근로복지공단, 국민건강보험공단 등 공단을 집행 기구로 두고 국민들의 사회보험 정책 수급이나 기여에 불편함이 없도록 지역마다 지역사무소를 두고 있다.

타 지역으로의 파급효과가 큰 정책, 규모의 경제(economy of scale)[4)]가 발생하는 정책, 기획 관리 기능이 강한 정책, 전국적 통일이 필요한 정책은 중앙정부가 지방정부나 민간부문에 비해 전달체계로서 유리하다(박경일, 2021).

(2) 지방정부

사회복지정책 전달체계에서 지방정부가 차지하는 역할은 매우 크다. 지방자치제가 도입되고 지방분권화가 강화되면서 주요한 공공부

4) 규모의 경제란 대규모 경영에 따른 관리비 절감의 이익 등을 포괄하는 일반적인 의미이다. 사회복지정책에서는 재화나 서비스를 국가가 직접 제공하는 것이 단위당 비용이 적게 들고, 또한 이러한 재화나 서비스가 민간부문의 여러 공급자들에 의하여 제공되는 것보다 거래비용을 줄일 수 있다고 보아 국가가 개입한다고 한다(홍봉수 외, 2020).

조 정책의 전달체계는 지방정부이다. 대표적인 공공부조제도인 국민기초생활보장제도는 재원을 중앙정부가 일부 부담하고 정책 내용도 중앙정부에서 결정하지만, 정책 집행은 지방정부가 책임지고 재원의 일부도 부담한다.

사회서비스 정책에서도 공공부조 소득보장정책과 마찬가지로 지방정부의 역할이 크다. 사회서비스정책은 수급자에게 직접적으로 서비스를 제공하여야 하기 때문에 지리적 접근성이 매우 중요하다. 우리나라에서 사회복지서비스를 정부가 직접 제공하는 경우는 많지 않다. 지방정부는 사회서비스 공급에서 민간 서비스 제공자에게 위탁 공급계약을 하는 방식으로 개입한다. 이때 지방정부는 민간 기관에 정부재정으로부터 나오는 보조금을 지급하고, 위탁 계약을 맺은 사회복지기관은 정부와의 계약 조건에 맞게 서비스를 공급한다. 지방정부는 서비스 공급기관이 사회서비스를 계약 조건에 맞게 공급하는지 관리하고 규제하는 역할을 하게 된다.

지방정부는 지역 특수적인 욕구에 대한 대응이라는 측면에서 효율적으로 정책을 집행할 수 있다. 예를 들어 노인이 많은 농어촌 지역에는 노인에게 필요한 복지정책이 더 많이 필요하고(김태성, 2012), 아동에 대한 정책은 다른 지역보다 욕구가 작을 수 있다. 대규모 공단이 들어선 지역은 근로자를 대상으로 하는 정책이 더 정교하게 집행되어야 한다.

지방정부 단위로 자체적으로 복지정책을 제공할 때 지방정부들 사이의 전쟁을 유발시켜 경쟁원리에 의해 재화와 서비스의 질이 좋아질 수 있다(김태성, 2012). 일부 지자체에서 도입한 **'청년 수당'**과 같은 정책은 논란의 여지도 있지만, 해당 지방자치단체의 복지정책에 대한 인식이 좋아지는 계기가 될 수 있다.

반면 지방정부에서 주도적으로 복지정책을 실시할 때에는 지역 간의 불평등이 커질 수 있어 사회통합이 저해될 수 있다(김태성, 2012). 또한 일부 지방자치단체는 재정 자립도가 낮아 지속적이고 안정적인 급여 제공이 어렵기도 하다. 이에 중앙정부는 지방재정조정제도를 통해 수평적, 수직적 불균형을 해소하려고 하는 것이다. 지방재정조정제도에 대해서는 9장에서 더 자세히 설명할 것이다.

2) 민간부문

(1) 비영리조직

비영리조직은 민간 부문 공급주체로 분류된다는 점에서 공공 부문과 다르고 이윤을 추구하지 않는다는 점에서 영리부문(기업)과 다르다. 복지국가 체제 이전, 즉 국가가 재화와 서비스의 공급에 개입하기 이전에 민간비영리부문은 사회서비스 공급의 핵심적인 공급주체였다(박경일, 2021). 서구에서는 복지국가 확대 이후 공급부문의 역할 증대로 민간 비영리조직의 상대적 중요성이 감소되는 듯했으나, 공공부문의 사회서비스 공급 기관이 거의 없는 우리나라에서 비영리 사회복지기관은 예나 지금이나 중요한 사회서비스 공급 주체이다.

민간 비영리조직은 공공부문에 비해 지역 주민의 욕구에 더 신속히 대응할 수 있고, 공공정책으로 대응하지 못하는 서비스를 제공할 수 있다. 민간 비영리기관은 정부와 대립되는 입장에서 수급자들의 입장을 대변할 수도 있다.

민간 비영리조직은 이윤 창출을 목적으로 하는 기관이 아니기 때문에 자원봉사활동이나 자발적 기부에 의존하는 경향이 있다. 우리나라의 민간 비영리조직은 사회복지서비스 공급에서 주도적인 역할을 담당해 왔으며, 정부는 이들 민간 비영리기관의 사회복지서비스 공급비용의 일부에 대해 공급자 보조금을 지급하는 방식으로 개입하였다(양난주, 2010). 2007년부터는 사회서비스 바우처 제도를 통해 공급자가 아닌 수요자에게 비용을 지원함으로써 서비스 공급자들 간의 경쟁을 유발하고 시장 원리를 도입하기도 하였다.

민간 비영리조직이 정부에 비해 전달체계로서 갖는 장점은 관료제 조직인 정부보다는 신속하고 융통성이 있는 서비스를 제공하고, 효율적인 운영에 대한 동기부여를 높일 수 있다는 것이다. 또한 필요한 서비스를 민간부문에서 제공함으로써 불필요한 공공부문의 확대를 막을 수 있다. 다양한 욕구에 대응하여 창의적이고 선구적인 서비스를 개발할 수 있는 것도 정부보다는 민간 비영리조직이 더 유리하다(박경일, 2021).

(2) 영리조직

대표적인 영리조직은 기업이다. 우리나라 기업들이 사회복지 재화나 서비스 공급에 참여하는 방식은 크게 2가지로, 기업복지와 사회공헌활동이다.

먼저, 기업복지란 기업이 근로자를 대상으로 근로자와 그 가족의 복지 향상을 위해 실시하는 각종 정책, 보상, 복지서비스의 종합적 체계를 말한다(박길태, 2015). 송호근(2001)에 따르면 기업복지는 실시의 주체가 기업이라는 점에서 기업의 생존과 밀접한 관계를 가져 자본주의 논리에 더 종속적이며 국가 복지와 비교할 때 상대적으로 기업의 사적 이익의 증대에 더 비중을 두게 된다. 급여혜택의 근거가 '기본적 욕구' 보다는 **'특정 기업의 고용'** 자격이라는 점에서 보편주의보다는 선별주의 원리에 기반한다고 볼 수 있으며 국가복지에 비해 사회적 불평등을 확대시키는 효과가 있다고 지적하였다(조상미·박은주, 2011에서 재인용). 근로자에게 제공되는 기업복지는 임금으로 지급되는 급여 이외의 비용에 속하며 보다 명확하게 구분하고자 할 때에는 법정 외 복지비를 가리킨다. 이를 세부적으로 다시 구분하면 주거, 의료보건, 식사, 문화·체육·오락, 보험료지원, 경조비용, 금융.재형저축("재산형성저축"의 줄임말임), 학비보조, 사내근로복지기금 출연금, 보육비지원금, 근로자 휴양에 관한 비용, 종업원지주제도 지원금, 기다 법정 외 복리비로 구분하고 있다(조상미·박은주, 2011).

이에 비해 사회공헌활동은 기업이 자기 회사 근로자가 아닌 전체 시민을 대상으로 사회복지 공급자 역할을 하는 것이다. 오늘날 기업은 이윤추구 활동을 하는 것 외에 기업의 사회적 책임을 다해야 한다는 의식이 확산되었다. 사회공헌활동은 접근방식에 따라서 기업자산, 공익관련 마케팅, 소외계층 지원 활동, 직원의 자원봉사 등 다양한 이름으로 통용되고 있다(Lantos, 2002 : 이철한·권선희, 2011에서 재인용). 전국경제인연합회(2020)의 조사에 따르면, 주요 기업 220개사의 사회공헌 지출 비용이 2019년 2조 9,927억여 원에 이르며, 분야별로는 취약계층 지원이 33.5%, 교육·학교·학술 지원이 10.6%, 문화예술·체육 지원이 9.2%, 지역경제 활성화 5.7%, 창업 지원 1.6%, 해외 지원 1.2%, 환경보전 1.2%, 의료보건 0.3%, 기타 36.7%인 것으로 나타났다. 사업 대상별로는 아동청소년 분야가 36.0%로 가장 높았고 지역사회가 12.9%로 다음을 차지했다.

3) 공급주체의 민영화

서구 복지국가에서는 사회보험이나 공공부조의 현금 급여와 달리 사회서비스 급여의 공급주체가 공공부문에서 민간부문으로 민영화, 다원화되는 추세에 있다고 한다. 우리나라는 공공부문의 사회서비스 공급자 역할이 거의 없는 상태에서 공급주체의 '민영화'보다는 민간 비영리법인만이 아니라 개인, 민간영리법인까지 **'다양화'**되는 추세라고 볼 수 있다. 공급주체가 개인이든 법인이든 영리 부문이 확대되는 것은 '상업화'라고도 할 수 있다. 도니슨(David Donnison)에 의하면, 민영화하는 용어는 정치가가 생각해낸 정치적인 저널리스트들에 의해 보급된 용어이다. 스웨덴, 영국 등과 같은 복지국가는 사회서비스의 주요한 공급주체가 (지방) 정부였는데, 1970년대 경제 위기와 불황에 따라 정부 복지 공급에 대한 비판이 제기되면서 민간부문 서비스 공급자가 증가하였다. 이렇게 서비스 공급주체가 정부 중심 공급에서 민간 공급으로 변화되는 과정을 **민영화**(privatisation)[5)]라고 한다. 스웨덴은 여전히 주된 서비스 공급주체가 지방정부임에 반해 영국은 민간부문(비영리민간, 영리민간)의 공급 비중이 증가하였다(김은정, 2014).

우리나라의 경우 1980년대 이후 재정은 정부가, 운영은 민간법인이 담당하는 구조 하에, 사회서비스가 확대되면서 새로운 서비스 기관들을 법인 산하에 증설해 왔으며, 서비스에 소요되는 재정의 대부분을 정부로부터 공급자 지원방식으로 보조받아 왔다(이봉주 · 김문근 · 김용득, 2008).

우리나라의 사회서비스 공급에서 공공부문과 민간부문의 위탁계약은 시설의 관리운영 위탁계약과 사회서비스 위탁계약의 두 유형이 발전되어 왔다. 사회복지시설의 관리운영 위탁은 지방자치단체가 설치한 시설의 관리 · 운영을 민간 비영리부문에 계약을 통해 위탁하고 이에 필요한 재원을 지원하는 형태로 이루어진다. 사회서비스 위탁계약은 정부가 생산하여 공급하던 공공서비스를 정부 대신 민간기관이 소비주체인 주민에게 공급하는 형태를 의미한다(박경일, 2021).

공공과 민간 공급주체 역할 분담에서 서비스의 실제 전달자가 누구이며 비용을 누가 부담하는가는 중요한 요소이다. 최근의 사회복지 공급주체 다원화 추세에서는 공공 또는 민간 어느 한쪽이 전적으로 비용 부담과 서비스 전달을 모두 맡지는 않는다. 국가나 지자체가 서비스를 직접 제공하는 경우는 많지 않고, 민간기관들이 서비스를 제

5) 사회복지와 관련지어 볼 때에는 국가급여의 질과 양을 줄이거나, 어떤 제도에 대한 국가의 지원과 보조를 축소시키는 것, 혹은 국가가 운영하던 제도를 시장기능(민간부문)에 맡기는 방안 등 사회복지제도가 가지는 '사회성'을 부분적 또는 전면적으로 부정하고, 적극적인 국가개입에 의해 행해진 사회복지체제에 대하여 국가개입의 정도나 범위를 줄이고 그만큼 사적시장경제의 원리를 도입하는 일련의 과정을 뜻하는 용어이다(박광준, 2007).

공하지만 이에 필요한 비용은 정부가 전적으로 부담하거나 정부와 민간부문(이용료 포함)이 분담하는 경우가 많다.

3. 바람직한 전달체계의 특성

사회복지정책의 특성에 따라 적절한 전달체계를 통해 사회복지 급여가 전달되어야 하지만, 사회복지정책이 어떤 형태이든 사회복지정책의 전달체계는 공통적으로 다음과 같은 특성을 지녀야 한다.

첫째, 전달체계는 통합적이어야 한다. 사회복지정책의 급여는 다양한 전달체계들을 통해 다양한 욕구를 지닌 사람들에게 전달된다. 이때 전달체계들 사이의 조정이 이루어지지 않아 단편적으로 운영되면, 수급자들에게 필요한 서비스가 중복되거나 누락될 수 있다(김태성, 2012).

둘째, 전달체계는 지속적이여야 한다. 사회복지 수급자들의 욕구는 다양할 뿐만 아니라 시간에 따라 변화한다. 그래서 전달체계는 변화하는 수급자들의 욕구에 따라 지속적으로 대응할 수 있어야 한다(김태성, 2012). 지속적으로 변화하는 욕구를 파악하는 것과 재원의 확보가 그만큼 중요하다.

셋째, 전달체계는 효율적이어야 한다. 효율적인 전달체계는 적은 비용으로 가능한 한 최대한의 효과를 달성하는 전달체계이다. 비용뿐만 아니라 시간적인 효율성도 중요하기 때문에 불필요한 절차, 물적.인적 자원의 낭비를 줄이고 꼭 필요한 수급자에게 적절한 재화와 서비스가 제공되도록 해야 한다(김태성, 2012.

넷째, 전달체계는 접근성이 좋아야 한다. 욕구가 있음에도불구하고, 지리적, 시간적 접근성뿐만 아니라 정보의 접근성이 낮아서 서비스를 이용하지 못하는 수급자가 없도록 해야 한다. 정책에 대한 안내를 충분히 할 수 있도록 하고, 교통편, 인력, 운영시간 면에서 접근성을 높일 수 있는 방법을 마련해야 한다(최성재.남기민, 2006).

다섯째, 전달체계는 책임성이 보장되어야 한다. 사회복지 전달체계는 국가가 시민의 권리로 인정한 사회복지 급여 및 서비스를 전달하도록 위임받은 조직이므로(최성재 · 남기민, 2006 : 108에서 재인용), 사회복지 급여 및 서비스 전달에 책임을 져야 한다. 이는 정책 집행 결과에 대한 책임감과 함께 과정에 있어서도 정당성을 갖추어야 함을 의미한다. 수급자의 욕구에 적절히 대응하는가, 절차가 정당한가, 급여 및 서비스의 내용이 효과적이고 효율적인가, 전달 과정에서 생기는 불편이나 불만에 대한 수렴장치는 적합한가 등의 내용을 확인해야 한다(최성재 · 남기민, 2006).

마지막으로 **전달체계는 전문성이 높아야 한다.** 사회복지정책의 급여를 적절하게 적합한 대상자에게 전달하는 것은 고도의 전문성이 필요한 업무이다. 사회복지 조직의 종사자는 "전문성의 자격이 객관적으로 인정된 사람"이어야 한다. 또한 사회복지 전달체계를 통해 제공되는 서비스의 질은 전문성이 담보되어야 한다(최성재 · 남기민, 2006).

심화학습문제

1. 사회복지정책 전달체계에 대한 마인드맵을 그려보자.

2. 졸업 후 사회복지분야에서 취업하고 싶은 곳이 어디인지 이야기를 나누어보고, 그곳이 공공부문인지, 민간부문인지, 비영리부문인지, 영리부문인지 확인하여 보자. 왜 취업하고 싶은지 어떤 장단점이 있을지 이야기하고 토론하여 보자.

9
chapter

사회복지정책의 재원

사회복지정책의 재원은 사회복지 서비스와 프로그램을 지원하는데 필요한 자금을 의미한다. 이러한 재원은 다양한 출처에서 조달된다. 주요 재원은 정부 예산으로부터 배정되며, 세금 수입과 사회보장 기금 등이 이에 포함된다. 또한, 기업, 개인, 비영리 기관, 기타 기부자로부터의 자발적 기부나 기부금도 재원에 기여한다. 이러한 재원을 적절하게 활용하여 사회복지정책은 취약계층과 어려운 이들에게 필요한 지원과 서비스를 제공하고 사회적 안전망을 구축하는데 기여한다(CHAT GPT).

시장에서는 재화와 서비스에 대해 구매자가 비용을 지불하는데, 사회복지정책은 많은 영역에서 재화와 서비스의 이용자가 비용을 부담하지 않거나 실질 가치보다 적은 비용을 지불하는 경우가 많다. 그래서 사회복지정책은 **'대상'**과 **'급여'**를 설명하면 사회복지정책의 내용을 다 분석한 것처럼 여겨지기도 한다. 그러나 사회복지정책은 그 이면에 **'공급자'**와 **'비용(재원)'**이 분명히 존재한다. 수급권자(이용자)가 사회복지 재화나 서비스에 대해 비용을 지불하지 않는다고 해도 누군가는 비용을 지불해야 하고 그 비용의 원천이 무엇인지 아는 것은 매우 중요하다. 재원이 지속적, 안정적으로 공급되지 않으면 사회복지정책의 보편성, 포괄성, 적절성은 위협받을 것이기 때문이다. 사회복지정책 재원은 크게 공공부문과 민간부문으로 구분되고, 공공부문은 조세와 사회보험료, 민간부문은 자발적 기여와 이용료(사용자 부담)로 구분된다.

1. 공공재원

오늘날 사회복지정책의 공급주체는 다양할지라도 사회복지정책의 책임이 가장 큰 공급주체는 정부이다. 정부가 운영하는 사회복지정책의 재원뿐만 아니라 민간에서 운영할지라도 정책의 재원은 정부로부터 공급되는 경우가 많다.

우리나라 중앙정부의 사회복지정책 공공부문 재원은 크게 예산과 기금으로 구분되고 예산은 주로 국제 수입을 통해 충당된다. 기금 중에서도 사회보험 관련 기금은 사회보험료 수입을 통해 충당된다.

지방분권화로 사회복지정책에서 지방정부가 차지하는 역할이 커짐에 따라 지방정부는 국고보조금을 통해 국가 사무를 시행하는 역할을 함과 동시에 지방세 수입인 자체 재원으로 지방정부의 자체적인 복지 사무를 시행하기도 한다.

본서에서는 정부 재정 수입의 원천으로 조세, 지방재정조정제도, 사회보험료의 특징에 대해 살펴보고, 사회복지 재정이 정부 재정에서 차지하는 비중에 대해서도 별도로 설명할 것이다.

1) 조세

조세를 통해 사회복지정책 재원을 충당하는 이유는 크게 3가지로 구분할 수 있다. 첫째, 복지국가는 국가가 국민의 생존권을 보장하도록 되어 있어 저소득층의 생존권 보장을 위해 국가는 국민들이 납부한 세금을 통하여 사회복지정책을 수행할 필요가 있다(이진숙 외, 2014). 둘째, 사회복지정책의 주요한 기능 중 하나는 소득재분배 기능으로. 일반조세의 소득세, 상속.증여세 등은 조세를 거두어들이는 것만으로 소득재분배 효과를 꾀할 수 있다. 특히 소득세율은 누진율을 적용하여 소득재분배 효과를 더욱 증가시킨다. 셋째, 사회복지 재화·서비스는 (준) 공공재적 성격이 강한데, 공공재의 생산은 시장을 통해서보다는 공공부문이 개입해야 사회적으로 적정한 양이 생산될 수 있다. 공공부문이 개입하려면 정부의 재정부조 등이 뒷받침되어야 하며, 정부 재정은 조세 수입을 통해 충당된다.

조세제도는 국가 또는 지방자치단체가 재정수입을 조달할 목적으로 법률에 규정된 과세 요건을 충족한 모든 자에게 직접적인 반대급부없이 국민에게 부과.징수하는 금전급부인 조세를 규율하는 규범의 총체이다.

우리나라의 조세체계는 과세 주체에 따라 국세와 지방세로 분류되고, 세수의 용도에 따라 보통세와 목적세로 분류된다. **국세**는 국가가 부과하는 조세이고, **지방세**는 지방자치단체가 부과하는 조세이다. **보통세**는 세수의 용도를 특정하지 않고 일반 경비에 충당하는 조세이고, **목적세**는 세수의 용도를 특정하여 경비에만 지출하는 조세이다. 대표적인 목적세로는 교육세, 농어촌특별세, 교통세가 있다. OECD 조세 분류체계에 따라 우리나라 국세를 분류하면 소득과세, 재산과세, 소비과세로 구분된다.

이렇게 우리나라 조세제도의 세목을 자세히 소개하는 이유는 복지증세 방법에 대한 다양한 논의 때문이다. 복지지출이 증가하면서 복지 재원을 어떻게 확대할 수 있는가에 대해 다양한 주장이 제기된다. 복지 재원 확대를 위해서는 증세가 불가피하다는 입장과 증세 없이 복지를 확대할 수 있다는 입장이 대립하고, 복지 증세가 필요하다는 측에서도 어떤 방식의 증세가 적절한지에 대한 일치된 의견이 없다.

'증세'는 정치적으로 불리한 주장이다. 선거 때마다 복지정책 확대가 공약으로 제안되지만 지출 증가에 대응하는 재원 확대에 대해서는 쉽게 '증세' 방안을 내지 않는다. 2013년 박근혜 정부는 '공약 가계부'를 발표하였다. 공약 가계부에서 복지 분야 90조원을 포함한 공약 정책 시행을 위해 의무지출을 제외한 재량 지출 감소, 경제개발 예산 등 축소와 같은 '세출 절감'과 지하경제 양성화, 비과세감면 정비, 금융소득 과세강화, 세외수입 확대 등 '세입 확충'을 통해 재원을 확대하겠다고 발표했다(오건호, 2014). 박근혜 정부의 공약가계부는 '증세 없는 복지 확대' 정책의 대표적인 예이다.

국민들이 증세에 대한 거부반응을 보이는 이유는 우리나라 과세체계가 공평하지 않고, 세수가 적절하게 사용되지 않는다고 생각하기 때문이다(오건호, 2015). 탈세와 부정, 기득권층 이득을 위한 정책 시행 등으로 조세제도와 재정지출에 대한 국민의 불신이 확대되었고, 다른 한편으로는 이미 세금을 너무 많이 내고 있다고 생각하는 국민들도 많다.

그러나 증세를 통한 재정의 확충 없이는 기하급수적으로 증가하는 복지지출의 재원을 충당할 수 없다. 증세가 불가피한 상황에서 '어떤 방식으로의 증세가 필요한가'는 또 다른 쟁점이다. 일부에서는 이른바 '부자 증세(누진구조 강화)'를 주장하고 일부에서는 '보편 증세(세원 확대)'를 주장한다. 또 다른 한편에서는 사회복지 목적세 신설을 주장하기도 한다.

문재인 정부는 2017년 8월 소득세 및 법인세 최소세율 구간을 신설하고, 대주주 주식 양도소득세율을 인상하는 등 부자 증세를 단행했다. 이에 대해 우리나라 근로소득자의 46.5%가 근로소득세 면제자일 정도로 면세계층 비중이 높은 상황에서 부자 증세를 하는 것은 증세 효과가 낮을 것이라는 비판도 만만치 않다. 즉 면세자 비율을 낮춰 세원을 확대시키는 것(보편증세)이 재정 확충에 더 효과적이라는 것이다. 보편증세 방안의 하나로 부가가치세 인상을 주장하기도 한다. 보편증세를 위해서는 비효율적인 세액공제 등 조세지출을 줄이고 과세대상을 넓혀야 한다. 보편증세 원칙은 보편적인 복지혜택을 위해서는 조세부담도 보편적이어야 한다는 원칙이다.

목적세 신설과 확대를 통해 증세하자는 입장은 사회보험을 제외한 공공부조, 기초연금, 아동수당, 사회서비스 정책들을 위한 사회복지세를 신설하고 사회보험료를 인상하자는 것이다(오건호, 2015). 사회보험료는 사회보험 급여로만 지출이 되기 때문에 일종의 목적세로 볼 수 있다. 목적세는 세수의 용도를 특정하여 특정 경비에만 충당하기 때문에 재원의 안정적 확보가 용이하다는 장점이 있는 반면, 탄력적인 재정정책을 수행하기 어렵고, 급여 자체가 목적세 재원 변동에 의해 좌우될 위험이 있다는 단점이 있다(박경일, 2021).

2) 지방재정조정제도

사회복지정책의 지역화, 분권화 성격이 강해지면서 지방자치단체는 복지정책의 중요한 주체로 자리 잡았다. 이에 따라 지방자치단체의 재정 역시 공공부문 사회복지 재정에서 중요하게 다뤄져야 한다.[1)] 지방정부가 중앙정부에 비해 재정력이 취약하고(수직적 불균형), 지방정부간 재정력의 불균형(수평적 불균형)이 존재하기 때문에(박경일, 2021) 지방제정조정제도를 시행하고 있다. 지방재정조정제도는 지방정부가 최소한의 행정 수준을 유지하는 데 필요한 재원을 보장함과 동시에 지방정부 간의 재정력 격차를 완화시키기 위해 국세 수입의 일부를 일정 기준에 따라 지방정부에 배분해 주는 제도이다(박경일, 2021).

우리나라에서는 지방교부세와 국고보조금 제도를 통해 중앙정부가

1) 위와 같이 지방자치단체도 지역 주민에게 세금을 부과한다. 그런데 우리나라의 국세와 지방세 수입 비율은 3:1 수준으로 지방세 비중이 낮은 편이다. 다른 국가들과 비교했을 때 지방세 비중이 연방제 국가인 미국(5.5 : 4.5), 독일 (5:5)에 비해서는 매우 낮은 편이고, 비연방제 국가들 중에서도 일본(6:4)에 비해서 지방세 비중이 낮다(OECD Revenue Statistics, 2021).

지방정부에 재정을 지원하고 있다. 먼저, **지방교부세**는 지방교부세법에 의해 중앙정부가 광역 및 기초자치단체(자치구 제외)에 교부하는 재원으로 내국세의 일정 비율(현행 19.24%)을 이전한다. 교부세 종류로는 보통교부세, 특별교부세, 부동산교부세, 소방안전교부세가 있다. 보통교부세는 지방정부의 제정부족액(기준재정수요액-기준재정수입액)을 자치단체별로 산출하고, 이를 토대로 교부액을 확정하며 이 과정에서 재정여건이 불리한 자치단체 더 교부되도록 여러 가지 장치를 운용하고 있다, 특별교부세는 재해복구, 현안사업의 적기 추진 등을 목적으로 운용한다(지방재정 365 지방재정용어사전 참조). 2000년대 후반부터는 보통교부세의 기준재정수요에서 사회복지지출 요소들이 강화되어 2016년도에는 사회복지비 비중이 30.0% 수준이다(이재원, 2017).

지방재정조정제도의 **두 번째 요소는 국고보조금**이다. 국고보조금이란 국가적으로 중요한 사업을 장려하거나 국가가 지방자치단체에 위임한 사무의 경비를 보전하기 위하여 사업비의 일부, 혹은 전부를 지원하는 보조금을 말한다(지방재정 365 재정용어사전 참조). 지방교부세와는 달리 지방자치단체는 국가에서 지정한 용도에만 국고보조금을 집행할 수 있으며 최근에는 지방비부담을 조건으로 보조하는 경향이 높아지고 있다. 보조금의 비율은 정책별로 조금씩 다른데, 사회복지정책과 관련해서는 대부분 정률보조사업으로 운영되고 있다(박경일, 2021). 예를 들면, 기초생활보장제도는 서울특별시는 국고 50%, 서울시비 50%이고, 서울시 외 광역자치단체는 국고 80%, 지방비 20%(도비 10%, 시비 10%)로 정해져 있다. 영유아보육료지원사업과 양육수당은 국고 35% 서울시비 65%, 광역자치단체는 국고 65% 지방비 35%로 되어 있다. 기초연금제도는 국고보조율이 정해져 있지 않고 지방자치단체의 재정자주도와 노인인구비율에 따라 40~90%로 달라진다.

지방재정에서는 중앙정부의 복지지출을 뒷받침할 성노의 세입구조가 구축되지 못하고 최근에는 취약성이 더욱 악화되었다. 최근 5년 동안 복지 분야 국고보조금 증가추세는 지방세입 일반재원(지방세, 세외수입, 지방교부세) 증가율보다 높은 연평균 14.5% 수준이었다 (김우림, 2021).

3) 사회보험료

대부분의 선진 복지국가들에서 운영하고 있는 사회보험 제도는 사회 구성원 모두가 경험할 수 있는 사회적 위험(노령, 실업, 질병, 산재 등)에 대해 '보험'이라는 금융 시장의 기술을 적용하여 대비하기 위하여 모든 국민 또는 근로자가 강제적으로 가입하게 되는 제도이다.

사회보험제도의 주요 재원은 보험가입자가 일정 기간 정기적으로 기금에 적립하는 법정 기여금인 **사회보험료**이다. 사회보험료는 사회보험이 갖는 사회성과 보험성이라는 두 가지 성격을 내포하고 있다 (홍봉수 외, 2020). 사회보험료는 일종의 목적세 기능을 하여 일반예산에 편성되지 않고 기금 예산으로 편성되어 사회보험이 보장하고자 하는 사회적 위험의 예방 및 대응에만 지출된다. 많은 사람들은 사회보장세를 납부함으로써 일반조세와는 달리 미래에 받을 수 있는 급여액에 대한 권리를 갖는다고 생각하는 경향이 있다.

사회보험제도 유형에 따라 소득의 일정 비율로 보험료를 정한다. 사회보험제도는 가입자의 일정 기간 보험료 기여를 조건으로 하기 때문에 급여 지급시 공공부조처럼 낙인을 느끼지 않을 수 있다. 사회보험제도는 피용자 보험의 경우 사용자와 함께 보험료를 부담하기 때문에 가입자에게 유리한 제도가 될 수 있다. 피용자와 사용자의 부담 비율은 국가에 따라 조금씩 다른데, 우리나라의 피용자 보험은 50:50을 부담하기도 하고(국민연금의 사업장 가입자, 국민건강보험의 직장가입자, 고용보험 실업급여), 산업재해보상보험과 고용보험의 직업능력개발사업, 고용안정사업은 사업자가 보험료를 100% 부담하기도 한다. 보험제도별로 지역가입자는 사용자 없이 보험료를 부담해야 하기 때문에 피용자 보험료율의 2배를 부담해야 한다.[2)]

사회보험료의 소득재분배효과를 살펴보면, 사회보험료는 정률로 부과하기 때문에, 소득에 따라 세율이 높아지고 조세감면제도가 있는 소득세에 비하면 소득재분배효과가 낮다. 또한 일부 사회보험료는 소득세와 달리 기준소득의 상한선을 설정하고 있기 때문에 초고소득층의 보험료 부담이 상대적으로 작을 수 있다. 그러나 사회보험 급여에서는 급여공식을 통해 **소득재분배효과**를 꾀할 수 있고, 사회보험제도에서 보장하는 사회적 위험(질병, 실업, 산재 등)이 저소득층에게 더 많이 발생하는 경우가 많아 급여를 통해 재원의 낮은 소득재분배효과를 상쇄할 수 있다.

일반적으로 사회보험료는 소득세에 비해 조세 저항이 작은데, 재원의 사용처가 분명하고 사회보험료 납부가 본인의 급여와 직접적으로 연결되기 때문이다. 반대로 급여 수급자가 다른 유형의 제도(예를 들어 공공부조제도)에 비해 사회보험 급여 확대를 요구하기 어려운 이유도 사회보험 급여 확대는 바로 사회보험료 인상으로 연결되어 피보험자의 부담이 늘어나기 때문이다.

2) 우리나라 사회보험료는 2019년 기준 GDP대비 7.2%로 OECD 평균치인 8.9%에 비해 80% 정도로 낮은 수준이다. 특히 근로자와 사용자의 부담 비중을 살펴보면 근로자 부담분은 GDP 대비 2.7%, 사용자 부담분 5.6%로 사용자 부담분이 더 높다(정해식 외, 2015). 다시 말하면 우리나라 사회보험료 수준은 다른 국가에 비하여 낮은 수준이지만, 사회보험료에서 근로자가 사용자에 비해 많이 부담하는 편이다.

4) 사회복지정책 재정 현황

지금까지 공공부문 재원 중에서 사회복지정책에 사용될 주요한 재원에 대해 살펴보았다. 조세, 사회보험료 등을 통해 거둔 예산 수입이 정부 정책의 각 분야에서 지출되는데, 재정 지출에서 사회복지정책이 차지하는 비중이 점점 높아지고 있다. 2021년 총 재정 지출은 558조 원이며, 이 중 복지지출이 185조원이었다(국회예산정책처, 2021). 2016년부터 2021년까지 연도별 정부 분야별 재원배분 현황을 살펴보면, 이미 2016년 전체 정부 예산에서 사회복지 분야 예산의 비중이 가장 컸고, 2018년 예산에서는 30%를 넘어섰다. 2021년 보건복지부 소관 분야별 지출 예산을 살펴보면, 사회복지 분야 예산은 185조 원 정도로 전체 예산 대비 33.2% 정도이다. 사회복지 예산 중 세부 항목별 예산을 살펴보면, 공적연금 예산 비중이 가장 크고, 노인복지 예산, 기초생활보장 예산 순으로 큰 비중을 차지하고 있다.

2. 민간재원

사회복지정책에서 민간부문 재원이 차지하는 비중은 공공부문 재원보다는 낮지만, 민간 사회복지기관에서는 정부 보조금 외에 민간부문의 재원을 많이 활용한다. 최근 종합사회복지관 사업비에서 민간부문 재원이 차지하는 비중은 점차 증가하고 있다. 노인장기요양보험사업과 같이 사회보험료를 주요 재원으로 하는 사회보험도 이용자 부담이 있기 때문에 사회복지정책을 운영할 때 수익자 부담의 형태로 재원이 충당되는 비중도 점차 커지고 있다. 아래에서는 사회복지정책에서 큰 비중을 차지하는 민간재원 유형 중 자발적 기여(후원금, 기부금, 회비), 이용료(사용자 부담, 수익자 부담)의 특성에 대해 설명한다.

1) 자발적 기여

자발적 기여(voluntary contribution)란, 민간부문의 자발적인 기부금, 후원금, 회비 등을 의미한다. 기부금이란, 타인을 원조할 목적으로 대가 없이 재산을 무상으로 주는 것을 의미하며 후원금은 기관, 단체의 활동을 원조하기 위해 제공하는 금품을 의미하고, 회비는 모임 회원의 자격으로 모임의 활동을 위해 제공하는 비용을 의미한다(박경일, 2021). 민간 사회복지기관에서는 이 3가지 형태의 자발적 기여가 민간부문의 재원으로 활용되고 있다.

자발적 기여의 주체는 개인, 기업, 단체 등 다양하다. 자발적 기여는 역사적으로 사회복지정책의 공공부문 재원보다도 오랫동안 사회복지활동에 사용되어 왔으며, 주요한 자발적 기여의 동기는 자선(charity)과 박애(philanthropy)로 알려져 있다. 그러나 다른 한편에서는 기여 주체에 따라 자발적 기여의 동기가 조세감면 정책 혜택을 받기 위한 것일 수도 있다. 김진욱 외(2017)의 연구에 따르면 개인 기부가 2014년까지 꾸준히 증가하다가 2014년 소폭 감소하였는데, 2014년 기부금 세액공제 전환으로 기부에 대한 세제지원이 축소되었기 때문에 기부금 감소에 영향을 미쳤을 것이라 추론한다(김진욱 외, 2017).

사회복지공동모금회에서 발표한 한 조사연구(한창근 외, 2016)에 따르면 2015년 민간나눔자원 총량을 추계해 봤을 때, 자원봉사의 금전 가치를 포함하여 약 8조 5,935억 원이라고 집계하였다. 자원봉사 금전가치를 제외하면 약 7조 2,700여억원에 달한다.

자발적 기여에는 자선과 박애라는 선한 의도가 있고, 민간 부문 사회복지활동의 주요한 재원으로 활용되고 있다는 점에서 장점이 있다. 또한 정부재정 압박으로 민간 부문에 대한 정부 보조금이 충분하지 않은 상황에서 자발적 기여는 민간 부문 사회복지서비스 공급에 큰 도움이 된다. 이렇게 자발적 기여금은 장점이 많은 자원이지만, 다른 한편으로는 후원자나 기부자의 경제적 여건에 따라 재원이 안정적이고 지속적으로 확보되지 못할 수도 있다는 점에서 한계가 있다.

기부금 공제 자료를 통하여 우리나라 개인과 기업의 기부 실태 추이를 살펴보면, 개인 기부를 2006년 5조 3,452억에서 2015년 7조 9,328억원으로 최근 10년간 약 1.5배 가까이 증가했다(김진욱 외, 2017). 기업의 사회공헌 지출 현황을 살펴보면, 주요 기업의 사회공헌 지출 규모가 약 2조 9,927억원 정도를 차지한다(전국경제인연합회, 2020).

2) 이용료(사용자 부담)

사회복지정책의 서비스가 모두 무료로 제공되지는 않는다. 저소득계층에게는 무료로 제공될 수도 있으나 일정 소득 수준 이상의 소비자들에게는 이용료를 받을 수 있다. 우리나라 **사회보장기본법 제27조 4항**에는 "부담 능력이 있는 국민에 대한 사회복지서비스에 드는 비용은 그 수익자가 부담함을 원칙으로 하되, 관계 법령에서 정하는 바에 따라 국가와 지방자치단체가 그 비용의 일부를 부담할 수 있다"고 규정하고 있다.

노인장기요양보험의 경우 이용자가 재가급여 비용의 15%, 시설급여 비용의 20%를 본인이 부담하여야 하며, 건강보험 급여에서도 본인 일부 부담금이 존재한다. 저소득층을 대상으로 하는 의료급여에서도 2종 수급자들에게는 입원비 등에 대해 본인일부부담금을 받는다.

그 밖에 사회복지서비스를 이용할 때에도 일정 소득 계층 이상의 부담 능력이 있는 이용자들은 이용료를 내고 서비스를 이용한다. 이렇게 사회복지정책 서비스에서 이용자가 부담하는 비용이 분명히 존재한다.

그렇다면 시장에서 제공하는 재화·서비스가 아님에도 수익자가 이용료를 부담하는 이유는 무엇인가 ? 우선, 건강보험 등에서 의료서비스에 대해 본인 부담금을 마련하는 이유는 일종의 도덕적 해이 문제를 해결하고자 하는데 있다(김태성, 2012). 의료급여제도는 저소득층에게 보험료 등의 부담 없이 일반 조세로 의료서비스를 제공하는 제도이다. 의료서비스를 무료로 이용할 수 있다고 해서 꼭 필요하지 않은 의료서비스를 받으려는 불필요한 수요가 생길 수도 있고, 적정량보다 많이 소비할 수도 있다. 사회복지정책의 재원은 가입자의 보험료, 국민의 세금 부담으로 이루어진 재원인데 불필요한 서비스 이용에까지 재정을 충당할 수는 없다.

둘째, 사회보험 가입자들 간의 형평성 문제를 들 수 있다. 예를 들어, 우리나라 국민건강보험제도는 소득 능력에 따라 보험료를 부담하고 욕구에 따라 의료서비스를 이용하는 제도이다. 소득 능력에 비례하여 매달 건강보험료를 납부함에도 불구하고, 의료서비스를 이용할 일이 없이 건강한 가입자들은 의료서비스를 거의 이용하지 않아 건강보험의 혜택을 전혀 받을 수 없다. 물론 최근에는 정기적인 건강검진 등 건강한 사람들도 이용할 수 있는 의료서비스의 종류가 많아졌지만, 상대적으로 건강하지 않아 의료서비스를 자주 이용하는 가입자와 의료서비스를 자주 이용하지 않는 가입자들 간의 형평성 문제가 생긴다.

세 번째, 이용료를 지불함으로써 '공짜' 이용자가 아니라는 점에서 스티그마를 없앨 수 있다. 흔히 사회복지정책 급여의 수급자들은 빈곤층이고, 지불 능력이 없어서 사회복지 급여를 무료로 이용한다는 낙인감을 느낄 수 있다. 또한 이용료를 지불함으로써 보나 양질의 서비스를 이용할 수도 있다.

네 번째, 효율적인 자원 배분을 할 수 있다. 무료로 제공되는 서비스 중에서는 불필요함에도불구하고 비용 부담이 없기 때문에 이용할 수도 있다. 그런데 무료서비스가 유료로 전환되면, 무료로 이용할 수 있던 사회복지서비스를 비용을 부담하면서까지 이용한다는 것은 그 서비스가 꼭 필요한 서비스라는 것을 나타내는 것이므로, 공급자 입장에서는 서비스 제공의 우선 순위를 파악할 수 있다.

마지막으로 사회복지서비스의 수익자 부담은 정부 재정 지출을 감소시킬 수 있는 방법의 하나이다. 경제성장률이 둔화되고 조세 수입이 감소하는 현실에서 부담능력이 있는 이용자에게까지 무료로 사회복지정책을 제공하는 것은 국가의 재정 부담으로 작용할 수 있다.

이러한 장점에도 불구하고 사회복지서비스 이용료에 대한 비판도 만만치 않다. 이용료를 부담하게 되면 고소득층에 비해 저소득층이 상대적으로 부담을 느끼게 되어 서비스 이용이 제한될 수 있다. 일부 사회복지서비스는 이용 시간이 길어짐에 따라 이용료를 부담하는 경우가 생기는데, 실질적으로 서비스 이용을 꼭 해야 함에도 불구하고 어쩔 수 없이 이용료 부담 때문에 짧은 시간만 이용함으로써 꼭 필요한 서비스 수요자가 사회복지서비스를 받지 못할 수도 있다.

심화학습문제

1. 공공부문의 재원을 확대하는 것이 필요한가, 민간부문의 재원을 확대하는 것이 필요한가에 대하여 토론하여 보자.

2. 공공부문의 재원을 확대하여야 한다면 증세의 방안을 논의하여 보자.

◈ 사회복지사 1급 국가시험 기출문제

1. 사회복지정책의 재원에 관한 설명으로 옳지 않은 것은? (10회)
   ① 조세지출은 사회복지 공공재원의 하나이다.
   ② 소득세의 누진성이 높을수록 재분배효과가 크다.
   ③ 우리나라 건강보험료는 조세가 아니다.
   ④ 목적세는 사회복지정책의 재원에 포함되지 않는다.
   ⑤ 사회복지 확대를 위해 조세수업을 늘리는 것은 조세부담을 높이는 결과를 가져온다.

〈답〉 ④

2. 사회복지제도의 재원에 관한 설명으로 옳은 것은? (11회)
   ① 간접세 인상은 물가상승의 요인이 된다.
   ② 직접세는 크게 소득세, 법인세와 소비세로 대별된다.
   ③ 간접세는 비례적이기 때문에 일반적으로 소득재분배에 중립적이다.
   ④ 조세감면은 일부 소득항목에 대한 소득공제로 인해 재분배 효과가 대체로 누진적(progressive)이다.
   ⑤ 조세는 모두가 부담하기 때문에 도덕적 해이가 적게 발생한다.

〈답〉 ①

3. 우리나라 사회복지 재원에 관한 설명으로 옳은 것은 ? (14회)
   ① 사회보장의 주된 재원은 사회보장세이다.
   ② 국민연금기금은 특별회계에 해당하는 예산이다.
   ③ 공공부조 시행에 필요한 모든 비용은 중앙정부가 부담한다.
   ④ 국고보조금은 중앙정부 각 부처가 지방자치단체에 지원하는 재원이다.
   ⑤ 일반회계예산은 기금에 비해 운영의 신축성은 높으나 재원의 범위는 좁다.

〈답〉 ②

4. 현재의 우리나라 복지전달체계에 관한 설명으로 옳은 것을 모두 고른 것은? (13회)

> ㄱ. 사회보험 관리 · 감독은 중앙집권적이다.
> ㄴ. 지방자치단체는 사회복지시설 위탁 및 지도 · 감독의 주체가 될 수 있다.
> ㄷ. 분권화 이후 지방자치단체의 역할이 과거에 비해 확대되고 있다.
> ㄹ. 사회보장정보시스템에는 보건복지부 외타 부차 복지사업도 포함되어 있다.

① ㄱ ㄴ ㄷ
② ㄱ ㄷ
③ ㄴ ㄹ
④ ㄹ
⑤ ㄱ ㄴ ㄷ ㄹ

〈답〉 ⑤

10
chapter

사회복지정책의 성과

사회복지정책의 성과는 취약계층과 어려운 이들에게 지원과 보호를 제공하여 생활의 질을 향상시킨다. 이를 통해 빈곤 감소와 사회적 불평등 완화를 이루며, 사회적 통합과 안정을 촉진한다. 또한, 사회복지 서비스의 제공으로 노동 시장 진입을 촉진하고 노동자의 생산성을 향상시킬 수 있다. 또한, 질병 예방, 교육 지원 등으로 인해 건강하고 교육적으로 능력을 향상시키는 데 기여한다. 사회복지정책의 성과는 사회적 안정과 경제적 발전을 촉진하여 국가와 시민의 전반적인 번영에 기여한다(CHAT GPT)

사회복지정책의 유형이 다양한 만큼 사회복지정책의 성과도 다양하다. 사회복지정책의 대상, 급여 내용, 전달체계, 재원 등에 따라 정책 목표도 다양하고, 정책 성과도 미시적·거시적 성과, 양적·질적 성과 등 다양하다. 개별 정책의 성과는 정책 대상 집단의 변화 혹은 개선으로 측정될 수 있지만, 사회복지정책의 전반적 성과 중에는 그 사회의 빈곤율 완화, 불평등 완화, 출산율 증가, 여성경제활동률의 증가, 실업률의 감소, 자살률의 감소 등 사회 거시 지표의 변화도 포함된다. 사회 거시지표는 사회복지정책뿐만 아니라 사회의 전반적인 사회문화적 상황, 인구 변화, 경기 변동 등에 의해 영향을 받기도 하므로 사회복지정책만의 성과로 파악할 수는 없다.

1. 소득재분배

1) 빈곤율

빈곤율(poverty rate)은 빈곤 규모를 측정하는 가장 대표적인 지수로서 전체 인구 중 빈곤한 인구의 비율을 의미한다. '빈곤'하다고 하는 기준은 사회마다 조금씩 다르다. 빈곤한 인구를 정하는 기준은 '빈곤선'이라는 빈곤 여부를 판단하는 소득을 정하는 기준에 따라 다르다.

빈곤율(%) = (빈곤선 이하의 인구 / 전체 인구) X 100

빈곤선을 정하는 기준은 크게 **절대적 빈곤선**(absolute poverty line)과 **상대적 빈곤선**(relative poverty line)으로 구분할 수 있다. 먼저, **절대적 빈곤선**은 사람이 생계를 유지하는 데 필요한 최소한의 기준인 최저생계비로 정한다. 최저생계비를 정하는 방식에는 **전물량 방식**과 **반물량 방식**이 있다. 전물량 방식('라운트리(Rowntree)' 방식이라고도 함)은 생활에 필요한 생필품의 목록을 정하고 그 목록에 해당하는 전체 생필품의 목록을 정하고 그 목록에 해당하는 전체 생필품의 시장 가격을 합하여 최소한의 생계비를 산출하는 방식이다. 반물량방식('오샨스키(Orshansky)' 방식이라고도 함)은 생계에 필요한 최소한의 영양 기준을 정하고 정해진 영양을 섭취하는 데 필요한 최저식품비를 산출하여 최저식품비에 엥겔계수[3]의 역수를 곱하는 방

3) 엥겔계수는 경제학의 용어로서, 총지출에서 식료품비지출이 차지하는 비율을 계

식이다.

다음으로 **상대적 빈곤선**은 그 사회의 전반적인 생활수준과 불평등이 내포된 개념이다. 절대적으로 소득 수준이 높아지더라도 상대적인 소득수준이 높아지지 않았다면 소득 지위에는 변함이 없는 것이다. 상대적 빈곤은 상대적 박탈감을 측정하는 방식이나 소득분배 분포상의 가장 낮은 하위 10%나 20%를 기준으로 하는 방식이나 소득분배 분포상의 가장 낮은 하위 10%나 20%를 기준으로 하는 방식을 사용하기도 하지만 대체로는 중위소득 또는 평균소득의 30~60%를 상대적 빈곤선으로 사용한다.

국민기초생활보장제도는 전물량 방식으로 정한 최저생계비를 빈곤선으로 정하는 절대적 빈곤 개념의 빈곤선을 15년간 유지하다가 2015년부터 개별급여로 전환하면서 중위소득 기준 상대적 개념을 빈곤선에 적용하였다. 2017년 기준 생계급여는 중위고득의 30%, 의료급여는 중위소득의 40%, 주거급여는 중위소득의 43%, 교육급여는 중위소득의 50%를 국민기초생활보장제도 수급자 선정 기준으로 하고 있다.

2) 소득분배율

불평등 지표 중에서 소득 하위 20%, 상위 10%라고 하는 것은 소득의 크기대로 사람들의 서열을 매긴다고 가정했을 때 최저소득으로부터 20% 비율을 끊는다든가 최고소득층으로부터 10%를 끊어서 그 집단이 가지는 소득비중이 전체 소득의 몇 퍼센트인가를 보는 것이다.

10분위 분배율이란 상위 소득 20% 사람들의 소득 총합에 대한 하위 소득 40% 사람들의 소득 비율이다(이정우, 2011). 10분위 분배율이 높다는 것은 그 사회의 소득 분포가 상대적으로 평등하다는 것

산한 값이며, 이 값이 저소득가계에서 높고 고소득가계에서 낮다는 통계법칙을 의한다.

이고 10분위 분배율이 낮다는 것은 반대로 소득분포가 불평등하다는 것이다.

10분위 분배율 = (하위 40% 소득분배율 / 상위 20% 소득분배율)

이에 비해 **5분위 분배율**은 계층별 소득분포를 5개 구간으로 구분하고 상위 20%의 소득이 하위 20%의 소득에 비해 몇 배나 높은가를 가리키는 값이다(이정우, 2011). 5분위 분배율이 높을수록 소득분포가 불평등하고 낮을수록 평등하다는 것을 의미한다.

5분위 분배율 = (상위 20% 소득분배율 / 하위 20% 소득분배율)

3) 지니계수

소득불평등을 나타내는 지표로서 가장 대표적인 불평등 지표는 **지니계수**(Gini coefficient)이다(이정우, 2011). 지니계수를 수학 산식으로 표현하면 복잡하지만 로렌츠 곡선을 통해 이해하면 보다 직관적으로 이해할 수 있다. 로렌츠 곡선은 사람들을 소득 크기대로 순서를 매긴 뒤 낮은 소득을 가진 사람부터 시작해서 가로축에서 인구를 누적해 가고, 세로축에서는 그들의 소득을 누적해 감으로써 그려진 곡선이다. 로렌츠곡선이 대각선에 가까울수록 소득분배는 평등하고 대각선에서 멀리 떨어져 있을수록 불평등하다(이정우, 2011). 로렌츠 곡선이 대각선일 경우 소득분배가 완전히 평등하다는 것을 나타내고, 직각선일 경우 한 사람만 모든 소득을 독식하는 완전히 불평등한 것으로 이해할 수 있다. 현실에서는 로렌츠곡선이 대각선과 직각선 사이의 곡선의 모양을 나타내는데, 초승달 모형 면적이 작을수록 소득분포가 평등하고 초승달 모형 면적이 클수록 소득분포가 불평등한 것을 나타낸다. 지니계수는 대각선부터 곡선 사이의 초승달 모형의 면적을 직각 삼각형 면적으로 나눈 값으로, 지니계수 값이 클수록 소득분포는 불평등하고 지니계수 값이 작을수록 소득분포가 평등하다.

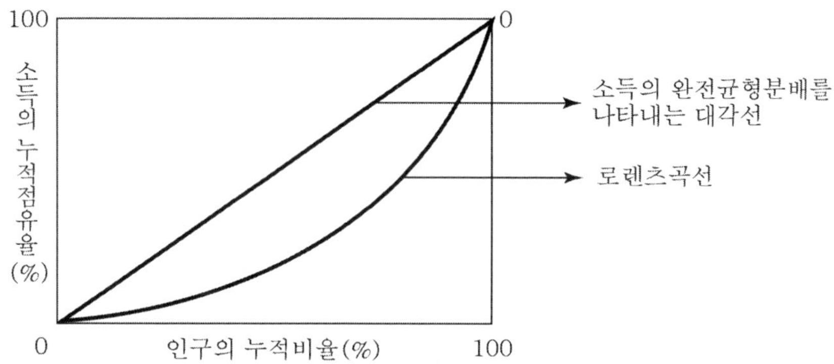

[그림 10-1] 로렌츠곡선의 모형

2. 노동시장

1) 경제활동참가율

경제활동참가율(labor force participation rate)은 만 15세 이상 인구 중 경제활동인구(취업자 + 실업자)가 차지하는 비율을 말한다. 경제활동인구란 만 15세 이상 인구 중 조사대상 기간에 상품이나 서비스를 생산하기 위하여 실제로 수입이 있는 일을 한 취업자와 일을 하지 않았으나 그 일을 즉시 하려고 구직활동을 하는 실업자를 합한 인구를 말한다(통계청, 2015). 여성경제활동참가율은 만 15세 이상 전체 여성인구 중 여성경제활동인구가 차지하는 비율을 의미한다.

경제활동참가율(%) = (경제활동인구 / 15세 이상 인구) × 100
여성경제활동참가율(%) = (여성경제활동인구/15세 이상 여성 인구) × 100

2) 실업률

실업률(unemployment)은 경제활동인구 중 실업자가 차지하는 비율을 말한다. 실업자는 개인적으로도 큰 고통이지만 국가 전체로도 큰 경제적 손실이므로, 실업률은 국가정책적으로 매우 중요한 고용지표에 해당한다(통계청, 2015). 우리나라의 2020년 기준 실업률은 4.0%로 다른 국가들에 비해 상대적으로 낮다. 우리나라는 실업발생 가능성이 낮은 농림어업부문 취업자 비중이 상대적으로 높고, 자영업주 및 무급가족종사자가 상대적으로 많으며, 취업준비자 등 비경제활동인구의 비중이 상대적으로 높다는 점 등 취업구조나 고용 관행이 다른 국가와 다른 데에서 주로 기인하는 것으로 볼 수 있다(통계청, 2015).

실업률(%) = (실업자 수 / 경제활동인구(실업자 수 + 취업자 수)) × 100

비경제활동인구 중 취업준비자나 구직단념자의 경우 실업자로 인식하는 경우가 많지만 조사 대상 기간 중에 구직활동을 하지 않아 통계상으로는 비경제활동인구로 분류된다. 따라서 취업준비자나 구직단념자가 증가하는 경우 오히려 실업률이 낮아지기도 한다(통계청, 2015).

최근 실업률만큼 사회적 관심이 큰 지표가 바로 청년 실업률이다. 청년실업률이란 15세부터 29세에 해당하는 청년층의 실업률을 의미한다(통계청, 2015). 2020년 기준 우리나라 청년 실업률은 9.0%로 최근 10년간 가장 높은 수치를 기록하였다.

청년실업률(%) = (15~29세 실업자 / 15~29세 경제활동인구) × 100

3) 고용률

고용률이란 15세 이상 인구 중 취업자의 비율을 말한다. 실업률만으로는 노동시장 동향을 파악하는 데 한계가 있을 수 있다. 실업자가 장기간 구직활동을 하다가 구직 단념자가 되어 비경제활동인구로 분류되면 실업률은 오히려 낮아질 수 있기 때문이다. 따라서 고용 동향을 파악할 때는 실업률뿐만 아니라 고용률을 함께 살펴볼 필요가 있다(통계청, 2015). 경기가 계속 안 좋은데 실업률은 변화가 없거나 오히려 줄어도 고용률이 감소한 것으로 나타나면 고용률이 노동시장 상황을 더 잘 드러내는 지표가 된다.

고용률(%) = (취업자 / 15세 이상 인구) × 100

3. 인구현상

1) 합계출산율

합계출산율(total fertility rate)은 가임 여성(15~49세) 1명이 평생 동안 낳을 것으로 예상되는 평균 출생아 수를 나타낸 지표이다. 연령별 출산율의 합계가 합계출산율이라고 보면 된다. 우리나라의 2020년 합계출산율은 0.84명으로 2019년보다 0.08명 감소하였다. 통계청은 1970년 출생통계 작성 이래 최저치라고 발표하였다(통계청, 2018). 합계출산율과 유사하다고 인식하는 개념으로 조출생률과 일반출산율이 있는데 조출생률은 인구 1,000명당 출생아 수를 의미하고, 일반출산율은 가임여성 1,000명당 출생아 수를 의미한다.

2) 혼인율과 이혼율

혼인율은 조혼인율(crude marriage rate)로 표시하는 것이 가장 일반적이다. 조혼인율은 혼인에 관한 가장 기본적인 지표이다. 조혼인율은 1년간에 발생한 총 혼인건수를 당해 연도의 주민등록 연앙(7월 1일)인구로 나눈 수치를 1,000분비로 나타낸 것으로 인구 1천명당 혼인건 수를 의미한다(통계청, 2015). 이에 비해 일반혼인율(general marrige rate)은 특정 1년간 신고한 총 혼인건수를 당해 연도 15세 이상 남성(여성) 수치로 나눈 수치를 1,000분율로 나타낸 것이다(통계청, 2015).

조혼인율(CMR) = (특정 1년간의 총 혼인건수/당해 연도의 연앙 인구) × 100
일반혼인율(GMR) = (특정 1년간의 총 혼인건수/당해 연도의 15세 이상 남성(여성) 인구) × 100

이혼율을 나타내는 지표에는 조이혼율과 유배우 이혼율이 있다. 조이혼율은 이혼에 관한 가장 기본적인 지표로서, 1년간에 발생한 총 이혼 건수를 당해 연도의 총 인구로 나눈 수치를 1,000분비로 나타낸 것으로 인구 1,000명당 이혼건수를 의미한다. 조이혼율은 산출방법이 간편하여 국제비교에 널리 이용되고 있다. 이에 비해 유배우 이혼율은 혼인상태에 있는 유배우 인구 1,000명당 이혼 건수를 의미한다. 유배우 이혼율은 이혼이 가능한 유배우 인구를 분모로 한정하여 설명력이 높은 지표이다. 특정 1년간의 총 이혼건수를 당해 연도의 유배우 인구로 나눈 수치를 1,000분비로 나타난 것이다.

조이혼율(CDR) = (특정 1년간의 총 이혼건수 / 당해 연도의 연앙 인구) × 1,000 유배우 이혼율 = (특정 1년간의 총 이혼건수 / 당해 연도의 유배우 인구) × 1,000

3) 부양비

인구 고령화에 따라 노인인구비율이 높아지는 것도 노후소득보장정책, 장기요양정책, 의료정책 등 정책 개입의 요인이 되지만 사회복지정책 측면에서 또한 문제가 되는 것은 노년부양비의 증가이다. 노인인구만큼 생산가능인구가 증가하면 인구 고령화의 부담이 낮아질 수 있지만, 우리나라는 저출산이 심화되면서 노년부양비도 증가하고 있다. 노년부양비란 생산가능인구(15~64세) 100명에 대한 고령(65세 이상)인구의 비를 말한다. 즉, 생산가능인구(15~64세) 100명이 부양해야 할 65세 이상의 인구의 수를 의미하는 것이다.

노년부양비 = (65세 이상 인구 / 15~64세 인구) × 100

노년부양비는 고령인구에 대한 생산가능인구의 경제적 부담을 나타내는 지표로서 사회의 고령화 추세를 파악하고 이에 대한 정책기초 및 노후생활 안정대책과 젊은 세대의 부담 완화 방안 마련을 위한 자료로 활용된다(통계청, 2015). 노년부양비는 전국 단위로 작성된 추계인구자료를 기초로 시도별 향후 인구변동요인(출생, 사망, 이동)을 가정하여 인구추계방법인 코호트 요인법[4])에 의해 작성되는 가공

통계로서, 5년 주기로 통계청 장래인구추계에서 발표한다(통계청, 2015). 우리나라 노년부양비는 선진국에 비해 아직은 낮은 수준이나 급격히 높아질 것으로 예상된다.

노년부양비와 유사해 보이지만 확실히 다른 개념으로 노령화지수가 있다. 노령화지수는 유소년(0～14세) 인구 100명에 대한 고령(65세 이상) 인구의 비로서 인구의 고령화가 진행되면 노령화지수도 증가한다.

노령화지수 = (65세 이상 인구 / 0~14세 인구) × 100

4) 자살률

자살률은 인구 10만 명당 자살 건수를 의미한다. WHO가 2017년에 발표한 세계 각국의 인구 10만 명당 자살자 수 통계에 따르면 우리나라의 자살률은 25.6명으로 OECD 국가들 중 가장 높다.

4. 삶의 질 지수

사회복지정책의 주요한 목표 중 하나는 삶의 질을 높이는 것이다. 그런데 삶의 질이 얼만큼 나아졌는지, 이전에 비해 삶의 질이 하락했다면 무엇을 근거로 그런 평가를 하는지를 평가하려면 계량화된 지표가 필요하다. 사회복지정책을 통해 그 사회가 얼마나 나아졌는가는

4) 코호트요인법(Cohort Component Method)은 대다수 국가 또는 국제기구에서 적용하고 있는 인구추계 작성방법으로, 인구추계시 인구변동을 유발하는 직접적인 요인들을 고려하는 요인법의 특수한 형태로 이해하는데, 출생·사망·인구이동(전입·전출)을 핵심적인 요인으로 고려한다.

소득 측면에서나 노동시장 측면에서 일면적 평가를 할 수도 있지만, 사회의 전반적인 발전 수준, 삶의 질의 종합적인 측면을 평가하는 지표는 보다 다양한 요소를 포함하는 복합적인 지수로 표현될 수 있다. 여기에서는 사회복지정책의 성과로서 그 사회의 전반적인 발전 수준을 측정할 수 있는 지표들을 소개하고자 한다. 대표적으로 인간개발지수(HDI), 남녀평등지수(GDI), 보다 나은 삶 지수(BLI)와 각 지수를 이루는 요소들을 설명할 것이다.

1) 인간개발지수

인간개발지수(HDI : Human Development Index)는 인간이 자기 실현을 가능하게 하는, 세계인권선언[1]의 '자유 인간의 이상'을 실현하기 위한 세 가지 핵심요소로 건강, 교육, 소득의 3가지 요소로 구성되어 있다(정해식 · 김성아, 2015). 건강은 기대수명으로, 교육은 평균 교육년수로, 소득은 1인당 국민총소득으로 측정하여 3가지 요소를 지수화한 것이다.

2) 남녀평등지수

남녀평등지수(GDI : Gende-related Development Endex)는 3가지 기본적인 인간 발달(건강, 지식, 생활수준)에서 HDI와 같은 요소를 사용하여 남성과 여성의 간극을 설명하는 젠더 차이를 측정하는 지수이다. GDI는 여성과 남성의 HDI를 따로 측정하여 여성이 남성에 비해 어느 정도 수준의 HDI를 나타내는지를 표시하는 것이다.

---

1) 세계인권선언문 제1조 : 모든 사람은 태어나면서부터 자유로우며, 동등하게 존엄성과 권리를 보장받아야 합니다. 여러분은 인간이라는 이유만으로, 지구상의 모든 사람들과 똑같은 권리를 가지고 있습니다. 이 권리는 양도될 수 없는 것으로, 누구나 빼앗을 수 없는 권리입니다. 모든 개인은 자신이 누구든지, 어디에 살든지 관계없이 존엄성을 보장받아야 합니다(1948년 12월 10일).

GDI는 인간 발달조건의 측면에서 여성이 남성에 비해 얼마나 뒤쳐져 있는지, 얼마 만큼을 따라잡아야 하는지를 설명해 준다.

3) 보다 나은 삶 지수

OECD는 국가별 삶의 질 수준을 측정하는 **'보다 나은 삶 지수'**(Better Life Index : BLI)를 발표하였다. 이 지수는 인간 개인의 복지.안녕에 직접적 영향을 미치는 것을 고려한다. 주거, 소득, 직업, 공동체, 교육, 환경, 시민참여, 건강, 삶의 만족, 안전, 일과 삶의 균형 등 11개 영역의 24개 지표를 이용하여 지수화하였다(정해식 · 김성아, 2015). OECD BLI 지표는 크게 두 차원으로 구분되는데 하나는 물질적 삶의 조건 차원이며, 다른 하나는 삶의 질 차원이다. 물질적 삶의 조건 측정 영역은 소득과 자산, 직업과 소득, 주거이고, 삶의 질 측정 영역은 건강상태, 일과 삶의 조화, 교육과 기술, 사회적 관계, 공공참여와 거버넌스, 환경, 개인적 안전, 주관적 안녕이다.

심화학습문제

1. 최근 우리나라의 소득분포, 인구, 노동시장 상황을 검색하여 보고, 어느 지표가 가장 큰 문제라고 생각하는지 토론하여 보자.

2. 삶의 질 지수를 구성하는 요소들에 어떤 것이 있는지 설명하여 보자.

◈ 사회복지사 1급 국가시험 기출문제

1. 연금제도의 적립방식과 부과방식에 관한 설명으로 옳은 것을 모두 고른 것은? (19회)

ㄱ. 적립방식은 부과방식에 비해 세대 내 소득재부분 효과가 크다 ㄴ. 부과방식은 적립방식에 비해 자본축적 효과가 크다. ㄷ. 부과방식은 적립방식에 비해 기금확보가 더 용이하다.

① ㄱ　　② ㄴ
③ ㄷ　　④ ㄱ ㄴ
⑤ ㄱ ㄷ

〈답〉 ①

2. 소득불평등에 관한 설명으로 옳은 것을 모두 고른 것은? (16회)

ㄱ. 10분위 분배율은 그 비율이 낮을수록 소득 분배가 평등하다. ㄴ. 지니 계수가 0.3에서 0.4.로 상승했다면 소득불평등이 완화된 것이다. ㄷ. 5분위 분배율은 상위20%의 소득을 하위 20%의 소득으로 나눈 비율이다. ㄹ. 로렌츠 곡선이 45선과 일치하면 소득분포가 완전히 균등하다.

① ㄱ ㄴ　　② ㄴ ㄷ
③ ㄷ ㄹ　　④ ㄱ ㄴ ㄷ
⑤ ㄱ ㄴ ㄹ

〈답〉 ③

제 3 부

사회복지정책 실제

11 chapter 사회보험정책

사회보험정책은 국가가 시민들에게 사회적 안정과 보호를 제공하기 위해 시행하는 정책이다. 이는 건강보험, 노인보험, 실업보험 등 다양한 형태로 구성되며, 개인과 정부가 협력하여 자금을 축적하여 운영된다. 사회보험은 개인의 생활 안정과 복지를 증진하고, 질병, 재해, 노후 등에 대비하여 보호를 제공하는 역할을 한다. 이를 통해 사회적 안전망을 형성하고 국민의 사회적 보장과 안녕을 증진하는데 중요한 역할을 한다(CHAT GPT).

1. 국민연금

현대 사회의 자본주의 경제체제 노동시장에서 근로소득을 통해 생계를 영위하다가 일정한 연령이 되면 퇴직을 하고 노후에는 근로소득 없이 생계를 영위해야 한다. 이를 위해 복지국가에서는 사회보험제도를 통해 노후 소득보장 기능을 하는데 이것이 공적연금제도이다. 우리나라의 공적연금제도에는 국민연금, 공무원연금, 군인연금, 사학연금 등이 있다. 공적연금제도는 사적연금제도인 개인연금, 기업연금과는 달리 국가에서 연금제도를 관리·운영한다. 국민연금제도는 우리나라의 대표적인 공적연금제도이다.

1) 연혁

공적연금제도 중에서 가장 늦게 도입된 국민연금은 1988년 1월부터 시행되었다. 국민연금법 도입 이전에 1973년 국민복지연금법이 제정·공포되었으나, 1973년 발생한 석유파동과 이에 따른 경제 불황으로 제도 도입을 무제한 연기하였다. 1988년 국민연금제도를 시행할 때에는 우선적으로 10인 이상 사업장에 근무하는 18세 이상 60세 미만 근로자 및 사업주를 대상으로 실시하였고, 1992년 상시근로자 5~9명 사업장 근로자와 사용자를 가입대상으로 포괄하고, 1995년 7월 1일 농어촌 지역으로 제도가 확대되었다. 1999년 4월 1일부터 도시 지역으로 확대 적용됨으로써 전국민 연금 가입이 이루어졌다. 2003년 7월 1일부터는 5인 미만 영세사업장, 근로자 1인 이상 법인, 전문직종 사업장을 포괄하였고, 임시·일용직과 시간제 근로자의 가입자격을 완화하였다.

2) 대상

국민연금법 제6조에 의하면 국내에 거주하는 18세 이상 60세 미만 대한민국 국민이면 누구나 국민연금 가입대상자가 된다. 다만 공무원연금, 군인연금, 사학연금 가입자와 별정우체국 직원, 국민기초생활보장수급자, 일용근로자나 1개월 미만의 기한을 정하여 사용되는 근로자 등은 가입 대상에서 제외된다.

국민연금 가입자는 사업장가입자, 지역가입자, 임의가입자, 임의계속가입자로 분류된다. 사업장가입자는 국민연금에 가입된 사업장의

18세 이상 60세 미만의 사용자 및 근로자로서 국민연금에 가입된 자이다. 1인 이상의 근로자를 사용하는 사업장 또는 주한외국기관으로서 1인 이상의 대한민국 국민인 근로자를 사용하는 사업장에서 근무하는 18세 이상 60세 미만의 근로자이다.

지역가입자는 국내에 거주하는 18세 이상 60세 미만의 국민으로서 사업장가입자가 아닌 사람은 지역가입자가 된다. 다만, 다른 공적연금에서 퇴직연금(일시금), 장애연금을 받는 퇴직연금 등 수급권자, 국민기초생활보장수급자 중 생계급여 또는 의료급여 수급자, 소득활동에 종사하지 않는 사업장 가입자의 배우자 및 보험료를 납부한 사실이 없고 소득활동에 종사하지 않는 27세 미만인 자는 지역가입자가 될 수 없다.

임의가입자는 사업장 가입자와 지역가입자가 아닌 사람들 중 60세 이전에 본인 희망에 의해 가입신청을 하면 될 수 있다. 임의계속가입자는 1개월 이상 가입기간이 있는 가입자 또는 가입자였던 사람 중 60세가 되어 가입기간이 부족하여 연금을 받지 못하거나 가입기간을 연장하여 더 많은 연금을 받기 원할 경우 65세까지 신청에 의하여 임의계속가입자가 될 수 있다.

사업장가입자나 지역가입자 중에서 연금보험료를 납부할 수 없는 사유(병역의무 수행, 재학, 교도소 수용, 행방불명, 재해·사고 등)로 소득이 감소되거나 소득이 있는 업무에 종사하지 않을 경우 납부예외를 신청할 수 있다. 1988년 4,432,695명이었던 가입자 수는 2020년 22,107,028명으로 5배 가까이 증가했다. 종별로는 사업장 가입자 수가 가장 많고, 사업장가입자와 지역가입자(납부예외자 포함)는 여성보다 남성 가입자의 수가 많은 반면 임의가입자와 임의계속가입자는 남성보다 여성 가입자 수가 더 많다(국민연금공단, 2021).

국민연금제도의 연금 및 일시금 급여 수급자 수는 2020년 기준 5,616,205명이고 노령연금 수급자 수는 4,468,126명으로 가장 많고, 장애연금 수급자 수는 78,079명, 장애일시보상금 수급자 수는 2,904

명, 유족연금 수급자 수는 857,698명, 반환일시금 수급자 수는 186,422명, 사망일시금 수급자 수는 22,976명이다(국민연금공단, 2021).

3) 급여

국민연금제도에서 제공되는 급여는 노령연금(분할연금), 장애연금(장애일시보상금), 유족연금, 반환일시금, 사망일시금이다. 연금 형태의 급여는 연금을 받는 동안 소비자물가변동률을 반영하여 연금액을 조정함으로써 물가가 인상되더라도 연금액의 실질가치가 보장된다.

국민연금제도의 급여 방식은 확정급여 방식이다. 연금급여 산정 방식에는 확정급여와 확정기여 방식이 있는데, 확정급여 방식은 미래의 연금급여를 확정된 급여 산정 방식(계산식)에 의해 결정하고 그것을 위한 비용을 산정하여 보험료를 결정하는 방식이고, 확정기여 방식은 연금급여 수준을 결정하기 전에 일정한 방식에 의하여 보험료를 정하고 이를 기초로 가입자의 급여액을 결정하는 방식이다.

확정급여 방식은 수급자격이 있는 연금 가입자의 급여 수준을 미리 결정하지만, 확정기여 방식은 가입자 개인의 연금계좌를 만들어서 기금운용수익률[2]에 근거하여 급여액을 결정하여 급여액이 얼마가 될지 알 수 없다. 확정급여 방식은 퇴직 후에 안정된 급여를 보장한다는 장점이 있다. 확정기여방식은 연금재정 면에서 기여-급여 불균형 문제를 갖지 않는다는 장점이 있지만 안정적 노후소득 보장 면에서는 단점을 갖는다.

노령연금은 노후소득보장을 위한 급여로서 국민연금의 기초가 되는 급여이고, 장애연금은 장애로 인한 소득감소에 대비한 급여이다. 유족연금은 가입자(였던 자) 또는 수급권자의 사망으로 인한 유족의

2) 2022년 국민연금기금운용수익률 -8.22% 기록하였고, 2022년 말 기준 국민연금 기금적립금이 890조 5천억원으로 잠정 집계되었다.

생계 보호를 위한 급여이다. 반환일시금은 연금을 받지 못하거나 더 이상 가입할 수 없는 경우 청산적 성격으로 지급하는 급여이다. 사망일시금은 유족연금 또는 반환일시금을 받지 못할 경우 장제부조적.보상적 성격으로 지급하는 급여이다.

연금급여는 기본연금액과 부양가족연금액을 합산한 금액을 받는다. 기본연금액은 연금액 산정의 기초가 되며 가입자 전체의 소득, 가입자 본인의 소득, 가입기간에 따라서 산정된다. 부양가족연금액은 수급권자의 배우자, 자녀 또는 부모로서 수급권자에 의해 생계를 유지하고 있는 자에 대하여 지급하는 일종의 가족수당 성격의 부가급여이다.

읽을거리

기본연금액 계산식에서 A는 연금급여를 통해 소득재분배가 가능하게 하는 균등부분이다. B는 기본연금액의 소득비례부분으로 가입자의 소득수준이나 연금보험료 부담액에 비례하여 형평을 기하는 부분이다. 2.4, 1.8, 1.5, 1.485, 1.2 등의 비례상수는 연금급여의 소득대체율을 결정하는 것이다. 2028년의 비례상수는 1.2인데 이는 가입기간 40년 가입자 소득이 전체 가입자 평균소득과 같다고 가정할 때 소득대체율 40%라는 것을 의미한다. 가입기간이 20년이라면 소득대체율 20%라고 할 수 있다.

(1) 노령연금

노령연금은 국민연금 가입자가 나이가 들어 소득활동에 종사하지 못할 경우 생활안정과 복지증진을 위하여 지급되는 급여로서 가입기간(연금보험료 납부기간)이 10년 이상이면 60세(소득이 있는 업무에 종사하지 않는 경우 55세) 이후부터 평생 매월 지급받는 급여이다. 노령연금은 가입기간, 연령, 소득활동 유무, 혼인 여부에 따라 급여액이 달라진다(국민연금공단 홈페이지).

가입기간이 20년 이상인 경우 지급률은 100%이고, 10년~19년인 경우 지급률은 50~95%로 감소한다. 수급연령이 60세(수급연령 상향 조정 시 61~65세) 미만인 경우에라도 노령연금 지급을 신청할 수 있는데 이를 조기노령연금이라고 한다.

연금수급자가 사업소득 또는 근로소득이 있는 경우 월평균소득이 연금수급 전 3년간 전체 가입자 평균소득월액(기본급여액 급여산식의 A값)보다 많으면 A값 초과 소득월액에 따라 노령연금이 감액된다.

분할연금은 이혼한 자가 배우자였던 자의 노령연금액 중 혼인기간에 해당하는 연금액을 나누어 지급받는 연금으로 혼인기간 중 국민연금 보험료 납부기간이 5년 이상이어야 한다. 분할연금은 이혼, 배우자였던 자의 노령연금수급권 취득, 본인의 60세 도달(수급연령 상향 규정 적용)이라는 3가지 자격 요건이 갖추어졌을 때 본인의 신청에 의해 지급된다(국민연금공단 홈페이지).

① 출산크레딧

출산크레딧은 출산율 제고와 여성 가입자의 수급권 획득 기회를 확대하여 연금 사각지대를 해소할 목적으로 2007년 도입되었다. 국민연금의 출산 크레딧은 2008년 1월 이후 둘째 자녀 이상 출산 시 국민연금의 추가 가입기간을 인정해 주는 형태로 운영하고 있다. 즉, 출산크레딧의 가입 인정기간은 자녀가 2명인 경우 12개월, 자녀가 3명이상인 경우 자녀 1인마다 18개월을 추가로 인정해 주어 최대 50개월까지 가입기간을 인정하고 있다. 크레딧 인정소득 기준은 A값의 100%로 상대적으로 높게 이루어지고 있다(유호선, 2016). 재원은 국민연금기금 70% 국고부담 30%이다.

② 군복무크레딧

군복무크레딧은 현역병 또는 사회복무요원으로 6개월 이상 복무한 자가 노령연금 수급권을 취득한 경우 제공하고 있다. 크레딧 기간의 추가로 노령연금 수급권을 취득하는 경우도 크레딧의 혜택을 볼 수 있다. 군복무크레딧의 경우 크레딧 인정기간은 6개월이며, 크레딧 인정소득은 A값의 50%이다(유효선, 2016). 재원은 모두 국고부담이다.

③ 실업크레딧

실업크레딧은 국민연금 보험료 납부가 어려운 실업기간에 대하여 구직급여 수급자가 희망하는 경우, 보험료의 일부를 지원하고 그 기간을 가입기간으로 추가 산입하여 국민연금 수급기회를 확대하고 노후소득보장을 강화하기 위한 목적으로 도입되었다. 지원대상은 국민연금 가입자 또는 가입자이었던 자 중 18세 이상 60세 미만의 구직급여 수급자이다. 지원기간은 구직급여 수급기간으로 하되, 1인당 생애최대 12개월까지 지원받을 수 있다. 재원은 고용부 일반회계 25%, 국민연금 기금 25%, 고용보험 기금 25%, 본인 부담 25%이다. 연금보험료는 인정소득을 기준으로 납부해여 하며, 인정소득은 실직하기 직전에 받았던 3개월 간 평균 소득의 50%에 해당하는 금액으로 최대 70만원(2017년 기준)을 초과할 수는 없다(유호선, 2016).

(2) 장애연금

장애연금은 질병이나 부상의 초진일 당시 일정한 가입기간이 있는 경우 완치되었으나 신체적 또는 정신적 장애가 남아 있을 때 이에 따른 소득감소부분을 보전함으로써 자신과 가족의 안정된 생활을 보장하기 위한 급여로서 장애정도(1급~4급)에 따라 일정한 급여를 지급한다. 장애연금을 받기 위해서는 가입자 또는 가입자였던 자가 질병이나 부상으로 신체상 또는 정신상의 장애가 있고 초진일 요건과 국민연금 납부요건이 모두 충족되어야 한다.

초진일이 18세 생일부터 노령연금 지급연령 사이에 있고, 다른 직역연금 가입기간, 국외이주기간, 조기노령연금 수급기간에 있지 않아야 한다. 국민연금 납부 요선은 초진일 당시 가입기간이 가입대상기간의 1/3이상이거나 초진일 당시 초진일 5년 전부터 초진일까지의 기간 중 가입기간이 3년 이상이거나 초진일 당시 가입기간이 10년 이상이어야 한다는 것이다. 장애연금의 지급률은 장애등급에 따라 달라지며, 장애등급 4급인 경우 일시보상금으로 지급받는다(국민연금공단 홈페이지).

(3) 유족연금

유족연금은 국민연금에 일정한 가입기간이 있는 사람 또는 노령연금이나 장애등급 2급 이상의 장애연금을 받던 사람이 사망하면 연금수급자에 의해 생계를 유지하던 유족에게 가입기간에 따라 일정률의 기본연금액에 부양가족연금액을 합한 금액을 지급하여 유족들이 안정된 삶을 살아갈 수 있도록 하기 위한 연금이다(국민연금공단 홈페이지).

국민연금법상 유족이란 사망자에 의하여 생계를 유지하고 있던 가족으로 배우자, 25세 미만 또는 장애등급 2급 이상의 부모, 19세 미만 또는 장애등급 2급 이상의 손자녀, 60세 이상(수급연령 상향 조정) 또는 장애등급 2급 이상의 조부모이다.

유족연금의 급여 수준은 가입기간에 따라 달라진다. 가입기간이 10년 미만인 경우 기본연금액의 40%와 부양가족연금액, 10년 이상 20년 미만인 경우 기본연금액의 40%와 부양가족연금액, 10년 이상 20년 미만인 경우 기본연금액의 50%와 부양가족연금액, 20년 이상인 경우 기본연금액의 60%와 부양가족연금액을 지급한다.

부부가 모두 노령연금을 지급받고 있는 중에 한 사람이 사망하면 남은 배우자에게 사망한 노령연금 수급자의 유족연금을 받을 권리가 발생하는데 노령연금과 유족연금 중에 하나를 선택해야 한다. 다만 노령연금을 선택하면 노령연금액에 유족연금액의 30%를 추가로 지급받게 되며, 유족연금을 선택하면 유족연금만 지급받는다. 이는 국민연금이 사회보험으로서 가입자 본인 또는 유족의 소득감소에 다른 생계를 보호하기 위한 것으로 연금의 종류는 달라도 소득보장이라는 동일한 목적을 가지고 있기 때문에 동일한 목적의 급여를 2개 이상 지급하지 않도록 하여 더 많은 사람에게 혜택이 돌아가도록 하는 사회보장의 기본원리에 따른 것이다.

(4) 반환일시금

반환일시금은 60세에 도달, 사망, 국적상실, 국외이주 등의 사유로 국민연금에 더 이상 가입할 수 없게 되었으나 연금수급요건(10년 이상 가입)을 채우지 못할 경우 그동안 납부한 보험료에 이자를 더해 일시금으로 지급하는 급여이다. 반환일시금 산정시 적용하는 이자율은 연금보험료를 낸 날이 속하는 달의 다음 달부터 지급사유 발생일이 속하는 달까지의 기간에 대하여 해당 기간의 3년 만기 정기예금 이자율을 적용한다.

반환일시금은 수급권이 발생한 날로부터 5년 안에 청구하지 않으면 소멸시효가 완성되어 지급받을 수 없다. 5년이 지나면 일시금으로 지급받을 수 있는 권리는 소멸되지만 향후 연금 지급사유가 발생하면 소멸분도 포함하여 연금으로 지급한다(국민연금공단 홈페이지).

(5) 사망일시금

사망일시금은 가입자 또는 가입자였던 사람이 사망하였으나 국민연금법 제73조에 의한 유족이 없어 유족연금 또는 반환일시금을 지급받을 수 없는 경우 더 넓은 범위의 유족에게 지급하는 장제부조적, 보상적 성격의 급여이다. 지급되는 일시금은 가입자 또는 가입자였던 자의 반환일시금에 상당한 금액으로 최종기준소득월액 또는 가입중 기존소득월액의 평균액 중 많은 금액의 4배를 초과할 수는 없다(국민연금공단 홈페이지).

4) 전달체계

국민연금제도는 보건복지부장관이 관장하고 국가위탁관리 형태의 법인체인 국민연금공단에서 관리·운영한다. 국가는 국민연금제도의 연금급여가 안정적·지속적으로 지급되도록 필요한 시책을 수립·시행하여야 한다. 국민연금제도 및 재정계산, 급여, 보험료, 연기금운용 등에 대한 사항을 심의하기 위하여 보건복지부에 국민연금심의위원회를 둔다. 국민연금심의위원회는 보건복지부차관이 위원장이 되고 근로자대표, 사용자대표, 지역가입자 대표, 공익대표 전문가 등으로 구성된다. 기금운용에 관한 사항을 심의하기 위해 국민연금기금운용위원회와 국민연금기금운용실무평가위원회를 둔다.

국민연금공단은 가입자 및 수급자에 대한 기록 관리와 유지, 연금보험료 부과, 급여의 결정과 지급, 가입자, 가입자였던 자, 수급권자, 수급자를 위한 자금 대여와 복지시설 설치, 운영 등 복지사업 등의 사무를 수행한다. 보험료 징수 업무는 국민건강보험공단에서 사회보험료를 통합 징수한다. 국민연금관리공단은 각 시도에 지부와 출장소를 두어 운영하고 있다.

5) 재원

연금재정의 운영은 적립방식과 부과방식으로 구분된다. **적립방식**은 연금급여를 위해 제도도입 초기부터 기여금을 장기간 적립하여 이를 기금으로 운용하고 원리금과 기여금 수입을 재원으로 수급권자에게 연금 급여를 지급하는 방식이다. **부과방식**은 매년 전체 가입자가 낸 보험료 등으로 그 해에 지급해야 할 연금급여를 충당하는 방식이다. **적립방식**은 상대적으로 안정적인 운영이 가능하지만 장기적 예측이 어렵고 인플레이션 등 경제사회적인 변화에 취약하다는 한계가 있다. 부과방식은 세대 간 재분배 효과가 상대적으로 크고 인플레이션으로 인한 영향이 크지 않지만, 인구 고령화에 따라 젊은 세대의 부담이 증가하고 재정운영의 불안정성이 존재한다. 국민연금제도의 재정 방식은 가입자들로부터 보험료를 받아 기금을 형성하고 운용이익 등을 연금지급에 사용하지만 미래 연금지급액을 완전히 적립하지 않기 때문에 '부분적립' 방식이라고 할 수 있다(이인재 외, 2002).

국민연금제도의 재원은 원칙적으로 보험료가 적립된 연기금이다. 국민연금사업에 드는 비용에 충당하기 위하여 가입자와 사용자에게 가입기간 동안 매월 연금보험료를 부과하고, 건강보험공단이 이를 징수한다. 국가는 매년 국민연금관리공단 및 건강보험공단이 국민연금사업을 관리·운영하는 데에 필요한 비용의 전부 또는 일부를 부담한다. 보건복지부장관은 국민연금사업 중 연금보험료의 징수에 관하여 이 법에서 정하는 사항을 건강보험공단에 위탁한다.

사업장가입자의 연금보험료 중 기여금은 사업장가입자 본인이, 부담금은 사용자가 각각 부담하되, 그 금액은 각각 기준소득월액의 4.5%에 해당하는 금액으로 한다. 기준소득월액이란 국민연금의 보험료 및 급여 산정을 위하여 가입자가 신고한 소득월액에서 천 원 미만을 절사한 금액이다. 2021년 7월부터 2022년 6월가지 하한은 33만원, 상한은 524만원이다. 기준소득월액의 상한선이 존재한다는 의미는 보험료의 상한액이 있다는 의미인데 이는 고소득층의 보험료 부담을 상대적으로 낮추는 효과가 있다.

기여금과 부담금을 합한 사업장가입자의 보험료 수준은 사업장 가입자 기준소득월액의 9%이다. 2012년 7월부터는 소규모 사업장 가입자의 확대를 위해 근로자 수가 10명 미만인 사업자의 저소득 근로자와 사업주에게 기여금과 부담금의 50%를 지원해 주는 두루누리 사회보험 지원사업을 실시해왔다. 2018년부터는 근로자수가 10명 미만인 사업에 고용된 근로자 중 월평균 보수가 190만원 미만인 근로자와 그 사업주에게 최대 90%까지 지원하는 것으로 확대되었다가 2021년부터는 신규가입자에 대해서만 지원한다. 두루누리사업은 국고로 지원하고 있다.

지역가입자, 임의가입자 및 임의계속가입자의 연금보험료는 가입자 본인이 부담하되, 그 금액은 기준소득월액의 9%로 한다. 사업장가입자는 보험료를 사용자와 함께 부담하기 때문에 지역가입자에 비해 연금보험료의 부담을 줄일 수 있다.

국민연금의 재원은 역진적(逆進的)이라는 지적이 있는데 그 이유는 소득세와 달리 모든 소득계층이 동일한 비율로 보험료를 내기 때문이다. 이 밖에도 근로자와 사용자의 보험료 부담 비율이 같은 것에 대해서도 사용자가 보험료를 부담하는 대신 임금을 낮추게 되면 재원의 역진성이 커질 가능성이 있다는 우려가 있다.

농어촌지역의 경제적 부담을 덜어주기 위해 국가의 농어촌특별세에서 농어업에 종사하는 가입자에게 매월 보험료의 일정액을 보조한다. 농어업인 지역가입자 혹은 지역임의계속가입자들에게는 소득이 특정한 기준소득월액 이하인 경우 보험료의 50%를 지원받는다.

보건복지부장관은 국민연금사업에 필요한 재원을 원활하게 확보하고, 이 법에 따른 급여에 충당하기 위한 책임준비금으로서 국민연금기금을 설치한다. 기금은 보험료, 기금운용수익금, 적립금, 공단의 수입지출 결산상 잉여금으로 구성된다. 2021년 9월말 기준 기금자산은 918.7조원이다.

2. 국민건강보험

질병이나 부상으로 인해 발생한 고액의 진료비로 가계에 과도한 부담이 되는 것을 방지하기 위하여, 국민들이 평소에 보험료를 내고 보험자인 국민건강보험공단이 이를 관리·운영하다가 필요시 보험급여를 제공함으로써 국민 상호 간 위험을 분담하고 필요시 의료서비스를 받을 수 있도록 하는 사회보장제도이다.

질병, 부상 등으로 인한 건강의 위협은 생명과도 직결되고 때로 재난적 의료비 지출을 초래하는데 이는 생계를 위협할 수도 있기 때문에 사회적 대응이 요구되는 사회적 위험이다. 이러한 사회적 위험에 대해 국가마다 다양한 기제를 통해 의료보장제도를 운영한다. 국민의 의료문제는 국가가 책임져야 한다는 관점에서 정부가 일반조세를 재원으로 하여 무상의 의료서비스를 제공하는 **국민보건서비스 방식**(NHS : National Health Service), 국가의 의료보장 책임을 기본으로 하지만 정부가 아닌 보험자가 보험료로 재원을 마련하여 의료를 보장하는 **사회보험 방식**(SHI : Social Health Insurance), 국가가 보험자가 되어 사회보험 방식으로 운영하는 **국민건강보험 방식**(NHI : National Health Insurance)이 있다. 우리나라는 국민건강보험 방식으로 의료보장제도를 운영한다(국민건강보험공단 홈페이지).

국민건강보험은 의무적인 보험가입 및 보험료 납부를 특징으로 한다. 보험가입을 기피할 수 있도록 제도화될 경우 질병위험이 큰 사람만 보험에 가입하여 국민 상호 간 위험분담 및 의료비 공동해결이라는 건강보험제도의 목적을 실현할 수 없기 때문에 일정한 법적 요건이 충족되면 본인의 의사와 관계없이 건강보험가입이 강제되며 보험료 납부의무가 부여된다.

보험료는 부담능력에 따라 부과한다. 민간보험은 보장의 범위, 질병위험의 정도, 계약의 내용 등에 따라 보험료를 부담하는 데 비해, 사회보험방식으로 운영되는 국민건강보험은 사회적 연대를 기초로 의료비 문제를 해결하는 것을 목적으로 하므로 소득수준 등 보험료 부담능력에 따라서 보험료를 부과한다. 보험료는 부담능력에 따라 부과하는 데 비해 보험급여는 부담능력에 관계없이 균등하게 보장된다.

1) 연혁

우리나라는 1963년 의료보험법이 제정되었으나 강제적용 규정이 없어 유명무실한 제도였다. 1976년 의료보험법을 개정하면서 1977년부터 500인 이상 사업장 근로자를 대상으로 의료보험제도를 실시하였다. 당시 공무원과 사립학교교직원 대상으로 별도의 의료보험법을 제정하여 시행하였다. 점차 의료보험 적용 대상을 확대해 나가면서 1988년 농어촌 주민 대상 지역의료보험, 1989년 도시지역 자영자 대상 의료보험 실시로 전국민 의료보험제도가 확립되었다.

의료보험 가입 대상을 확대해 나가면서 의료보험을 조합주의 방식으로 할 것인가 통합주의 방식으로 할 것인가에 대한 논의가 있었으나 정부는 통합으로 인한 의료보험체계의 경직화와 조합자율주의의 소멸, 정부의 과대한 재정지출, 기업과 근로자 부담 증가 등을 이유로 의료보험 통합에 반대하였다(나병균, 1995 : 박병현, 2021에서 재인용).

의료보험 통합을 선거 공약으로 내세운 김대중 정부가 집권하면서 1997년 12월 31일 국민의료보험법이 제정되고 1998년 지역의료보험조합, 공교의료보험공단, 직장의료보험조합이 통합하였다. 1단계 통합에서는 지역의료보험조합과 공교의료보험공단이 통합하여 국민의료보험관리공단이 되었고, 1999년 국민건강보험법이 제정되면서 2000년에는 국민의료보험공단과 직장의료보험조합이 통합하여 국민건강보험공단으로 건강보험 조직이 통합되었다. 2000년까지만 해도 지역건강보험 재정과 직장건강보험 재정은 통합되지 않았었는데 2003년에는 재정까지 통합하게 되었다.

2) 대상

국내에 거주하는 모든 국민은 건강보험의 가입자 또는 피부양자가 된다. 다만 의료급여대상자는 건강보험가입대상자에서 제외된다. 가입자는 크게 직장가입자와 지역강비자로 구분하며, **피부양자**는 직장가입자에 의하여 주로 생계를 의존하는 사람으로서 보수나 소득이 없는 사람이다. 주로 직장가입자의 배우자, 직계존속(배우자의 직계존속 포함), 직계비속(배우자의 직계비속 포함)과 그 배우자, 형제자매까지 피부양자의 범위에 들어간다.

전체 의료보장 대상 인구 중 건강보험에 의해 보장되는 인구는 97% 수준이고 의료급여에 의해 보장되는 인구는 3% 수준이다. 직장 가입자 비율은 70% 정도이고 지역가입자 비율은 27% 정도이다. 2011년부터 직장가입자 비중은 늘어나고 지역가입자 비중은 감소하는 추세이며, 부양률도 점차 감소하고 있다.

3) 급여

건강보험 급여란 가입자 및 피부양자의 질병과 부상에 대한 예방, 진단, 치료, 재활, 출산, 사망 및 건강증진에 대하여 법령이 정하는 바에 따라 현물 또는 현금의 형태로 제공하는 서비스이다. 보험 급여는 크게 현물 급여와 현금 급여로 구분되는데 현물 급여에는 요양급여와 건강검진, 현금 급여에는 요양비, 장애인보장구급여비, 임신출산진료비, 본인부담상한액 등이 있다.

〈표 11-1〉 건강보험의 종류

구 분	종 류	급여의 내용
현물급여	요양급여	가입자 및 피부양자의 질병, 부상, 출산 등에 대하여 진찰·검사, 약제·치료 재료의 지급, 처치·수술 및 기타의 치료, 예방·재활, 입원, 간호, 이송에 대한 의료서비스
	건강검진	가입자 및 피부양자에 대하여 질병의 조기발견과 그에 따른 요양급여를 하기 위한 건강검진
전자바우처	임신·출신 진료비	임신기간 동안 지원 신청한 경우 전자바우처 형태로 진료비 일부를 지원
현금급여	요양비	긴급, 부득이한 사유로 질병, 부상, 출산 등에 대하여 요양을 받거나 요양기관 외의 장소에서 출산을 한 때
	장애인보장구	장애인복지법에 의해 등록한 장애인 가입자 및 피부양자에게 기준액 내의 보장구를 구입한 경우
	본인 부담액 상한제	연간 환자가 부담한 본인부담액이 상한액 기준을 초과할 경우 초과분을 가입자에게 환급하는 제도

4) 전달체계

국민건강보험제도는 보건복지부장관이 관장한다. 보건복지부는 건강보험제도 관련 정책 결정을 하고 보험료율 및 보험료 부과기준, 요양급여의 범위 등을 결정하며 관리운영주체인 건강보험공단의 예산 및 규정 등을 승인한다.

국민건강보험공단은 국민건강보험의 보험자로서 건강보험의 관리운용을 담당하는 기구이다. 건강보험 가입자의 자격을 관리하고, 보험료를 부과하고 징수한다. 요양기관에 대한 비용을 지급하고, 제약회사와 협상을 통해 약가를 결정하기도 한다. 그 업무는 다음과 같다(국민건강보험법 제14조)

가. 가입자 및 피부양자의 자격 관리 나. 보험료와 그 밖에 이 법에 따른 징수금의 부과·징수 다. 보험급여의 관리 라. 가입자 및 피부양자의 건강 유지와 증진을 위하여 필요한 예방사업 마. 보험급여 비용의 지급 바. 자산의 관리·운영 및 증식사업 사. 의료시설의 운영 아. 건강보험에 관한 교육훈련 및 홍보 자. 건강보험에 관한 조사연구 및 국제협력 차. 이 법에서 공단의 업무로 정하고 있는 사항 카. 「국민연금법」, 「고용보험 및 산업재해보상보험의 보험료징수 등에 관한 법률」, 「임금채권보장법 및 석면피해구제법에 따라 위탁받은 업무」 타. 그 밖에 이 법 또는 다른 법령에 따라 위탁받은 업무 파. 그 밖에 건강보험과 관련하여 보건복지부장관이 필요하다고 인정한 업무

건강보험심사평가원은 요양급여비용의 심사 및 요양급야의 적정성을 평가하고, 급여비용 심사기준 및 적정성 평가기준을 개발한다. 그 업무는 다음과 같다(국민건강보험법 제63조).

가. 요양급여비용의 심사 나. 요양급여의 적정성 평가 다. 심사기준 및 평가기준의 개발 라. 위의 세 업무와 관련된 조사연구 및 국제협력 마. 다른 법률에 따라 지급되는 급여비용의 심사 또는 의료의 적정성 평가에 관하여 위탁받은 업무 바. 건강보험과 관련하여 보건복지부장관이 필요하다고 인정한 업무 사. 그 밖에 보험급여비용의 심사와 보험급여의 적정성 평가와 관련하여 대통령령으로 정하는 업무

요양기관은 의료법에 따라 개설된 의료기관, 약사법에 따라 등록된 약국과 한국의약품센터, 보건소.보건의료원 및 보건지소, 보건진료소를 말하며, 요양기관에서는 의료서비스를 제공하고 국민건강보험공단으로부터 건강보험심사평가원의 급여 적정성 평가를 거쳐 요양급여비용을 지급받는다.

건강보험정책심의위원회는 보건복지부 장관 소속 위원회로서 요양급여의 기준, 요양급여비용, 가입자의 보험료 수준 등 건강보험에 관한 주요사항을 심의・의결하는 기구이다. 근로자 및 사용자단체, 시민단체, 의료계에서 추천한 자와 건강보험 전문가가 참여하는 기구이다.

5) 재원

국민건강보험제도의 재원은 보험료와 정부지원금(기금, 국고) 및 기타 수입으로 구성된다. 보험료는 직장가입자와 지역가입자의 보험료 산정방식이 다르다. 지역가입자의 월별보험료액은 세대 단위로 산정하는데, 지역가입자의 소득, 재산 등을 고려하여 보험료부과점수를 산출하고 보험료부과점수에 부과점수당 금액을 곱해서 결정한다.

지역가입자 월보험료 = 보험료부과점수 X 부과점수당 금액(2022년 205.3월)

직장가입자는 보수 외 소득이 없는 경우 보수월액보험료만 부과하고 보수 외 소득이 있는 경우 보수월액보험료와 소득월액보험료를 함께 부과한다. 보수월액보험료는 보수월액에 매년 보건복지부장관이 고시하는 보험료율을 곱한 금액이고, 소득월액보험료는 소득월액(연간 보수 외 소득/12)에 보험료율을 곱한 금액이다.

직장가입자 월보험료 :
·보수월액보험료 = 보수월액 X 보험료율(6.99%) X 1/2
·소득월액보험료 = 소득월액(연간 보수외소득-대통령령으로 정하는 금액 X 보험료율 6.99%)

직장가입자의 보수월액보험료는 사용자와 보험료를 반반씩 분담한다. 사립학교 교직원은 사용자 부담분을 국가와 사용자가 20%, 30%씩 분담한다.

〈표 11-2〉 국민건강보험의 가입자별 보험부담률

구 분	근로자	공무원	사립학교 교직원	지역가입자
보험료율	• 사용자 50% • 가입자 50%	• 국가, 지방자치단체 50% • 가입자 50%	• 국가 20% • 사립학교 30% • 가입자 50%	• 국가 35% • 건강증진기금 15% • 가입자 50%

정부지원금은 보험료 수입의 20%에 상당하는 금액으로, 국고에서 14%, 건강증진기금(담배부담금)에서 6%를 지원한다. 기타 수입은 연체금, 부당이득금, 기타징수금 등이 있다.

3. 고용보험

우리나라의 고용보험은 전통적 의미의 실업보험, 고용안정사업·직업능력개발사업 등 노동시장정책과 모성보호급여·육아휴직급여 등의 일가족양립정책을 포괄하는 근로자 대상의 종합적인 사회보험제도이다. 고용보험은 실직근로자의 생활안정과 재취업 촉진, 직업훈련 활성화와 노동시장 경쟁력 강화, 고용 안정과 원활한 인력 수급, 일가족양립, 경기조절 등의 기능을 수행한다.

1) 연혁

고용보험제도는 1993년 12월 고용보험법이 제정되고, 1995년 7월부터 30인 이상 사업장을 대상으로 한 실업급여사업과 70인 이상 사업장 대상의 고용안정사업 및 직업능력 개발 사업으로 시작하였다. 이후 외환위기 등 경제난을 겪으면서 빠른 속도로 적용범위가 확대되어 1998년 10월부터는 일부 업종을 제외하고 근로자 1인 이상 고용한 전사업장에 확대 적용되었다. 전국민연금, 전국민의료보험이 제도 도입 이후 12~13년이 걸린 것에 비하면 도입 4년만에 전체 근로자를 대상으로 하는 고용보험이 마련된 셈이다. 국민연금이나 건강보험이 근로자뿐만 아니라 전체 국민을 대상으로 하는 것에 비해 고용보험은 근로자들을 대상으로 하는 것이기 때문에 빠른 확대가 가능하기도 하였고, 노동시장 성장에 비해 고용보험 도입이 늦었던 것도 빠른 확대를 가능케 했던 이유이다. 1998년 1인 이상 상시 근로자 사업장 확대 이후 2004년부터는 일용근로자 및 시간제근로자 (월 60시간, 주 15시간 이상)까지 고용보험 적용 근로자 범위를 확대하였다. 2012년부터는 자영업자에게도 고용보험을 적용하였고, 두루누리 사회보험 지원사업의 사회보험료 지원을 통해 영세사업장의 저소득 근로자들 대상 고용보험 적용의 실효성을 강화하였다.

적용대상 확대 이외에도 2001년부터 고용보험을 통해 모성보호급여를 지급하기 시작했고, 2011년부터는 육아기 근로시간 단축제도를 실시하였다. 2016년부터는 실업기간 국민연금 가입기간 지원 제도인 실업크레딧 제도를 도입하였다.

2) 대상

고용보험의 가입대상은 적용제외사업을 제외하고는 근로자를 1인 이상 사용하는 모든 사업 또는 사업장이다. 고용보험은 적용 대상에 따라 당연적용사업과 임의가입사업으로 구분된다. 근로자를 고용하는 모든 사업 또는 사업주는 원칙적으로 고용보험의 당연가입 대상이다. 다만 사업장 규모를 고려하여 일부 사업(장)은 당연적용사업 대상에서 제외하고 있다. 고용보험은 사업주와 근로자 모두가 보험가입자가 되며 근로자는 보험가입자인 동시에 피보험자이다.

적용제외사업은 농업, 임업, 어업 중 법인이 아닌 자가 상시 4명 이하 근로자를 사용하는 사업, 가구 내 고용활동 또는 달리 분류되지 않은 자가소비 생산활동, 고용보험 및 산업재해보상보험의 보험료 징수에 관한 법률 시행령 제2조 제1항 제2호에 따른 총공사금액 2천만 원 미만인 공사, 연면적 100제곱미터 이하인 건축 또는 연면적 200제곱미터 이하인 건축물 대수선 공사는 적용제외사업이다. 적용제외사업의 사업주는 임의가입사업이라 할지라도 근로자 과반수 동의를 얻어 고용보험에 가입하면 고용보험 혜택을 받을 수 있다.

당연적용 사업이라 할지라도 적용제외 근로자는 가입 대상 근로자에서 제외된다. 적용제외근로자는 65세 이후에 고용되거나 자영업을 개시한 자(고용안정.직업능력개발사업은 적용), 1개월 소정 근로시간 60시간 미만인 근로자, 공무원(별정직, 임기제 공무원은 본인 의사에 따라 가입 가능), 사립학교교직원, 외국인 근로자, 별정우체국 직원 등이다.

3) 급여

(1) 실업급여 사업

실업급여 사업은 고용보험 가입 근로자가 실직하여 재취업활동을 하는 기간에 소정의 급여를 지급함으로써 실업으로 인한 생계불안을 극복하고 생활안정을 도우며 구직활동을 원활하게 하도록 지원하기 위한 사업이다. 실업급여는 크게 구직급여, 취업촉진수당, 연장급여, 상병급여로 구분된다.

먼저, 구직급여는 실직 전 18개월 동안에 고용보험이 적용되는 사업장에서 근무한 기간(피보험단위 기간)이 180일 이상인 사람이 근로의 의사 및 능력이 있고(비자발적으로 이직), 적극적인 재취업활동을 하지 않는 경우에도 구직급여를 받을 수 없다.

구직급여의 급여수준은 실직 전 평균 임금의 60%를 지급하며 실업 신고일로부터 계산해서 실업 인정을 받은 7일간은 대기기간으로 기본급여를 지급하지 않는다. 대기기간을 설정하는 이유는 잦은 이직을 방지하고 실업 후 일주일간은 생계에 큰 지장이 없다고 판단하기 때문이다. 구직급여의 수급기간은 피보험기간과 연령에 따라 최소 120일에서 최대 270일까지이며 필요한 경우 연장급여를 신청할 수 있다.

〈표 11-3〉 구직급여의 소정급여일수(피보험 기간과 연령)와 수급기간

연령 및 가입기간	1년 미만	1년 이상 3년 미만	3년 이상 5년 미만	5년 이상 10년 미만	10년 이상
50세 미만	120일	150일	180일	210일	240일
50세 이상 및 장애인	120일	180일	210일	240일	270일

출처 : 고용보험 홈페이지(www.ei.go.kr).

취업촉진수당은 구직급여 외에 조기 재취업 유인의 일환으로 지급하는 추가 급여에 해당한다. ① 조기재취업수당은 구직급여 수급자가 정해진 수급기간보다 일찍 안정된 직장에 재취업하는 경우 구직급여액에 잔여 급여일수의 1/2을 곱한 금액을 지급한다. 재취업한 날의 전날을 기준으로 소정급여일수가 1/2이상 남아 있어야 한다. ② 직업능력개발수당은 실업기간 중 직업안정기관장이 지시한 직업능력개발훈련을 받는 경우 별도의 구직급여 외에 교통비, 식대 등의 비용을 지원하기 위하여 지급하는 급여이다. ③ 광역구직활동비는 주거지에서 멀리(25km 이상) 떨어진 지역에서 구직활동을 하는 경우 지급하는 숙박비와 교통비이다. ④ 이주비는 실업급여 수급자가 거주지를 이전하여 취직하거나 직업능력개발 훈련을 받는 경우 이사 비용으로 제공하는 급여이다.

연장급여는 구직기간보다 길게 구직급여를 지급해야 하는 사유가 발생했을 때 지급하는 급여이다. ① 훈련연장급여는 구직급여의 100%를 최대 2년까지 연장 가능하며 재취업을 위해 직업능력개발훈련을 받아야 할 때 지급된다. ② 개별연장급여는 취직이 특히 곤란하고 생활이 어려운 소급자로서 임금수준, 재산상황, 부양가족 여부 등을 고려하여 생계지원 등이 필요한 자에게 지급한다. ③ 특별연장급여는 실업 급증 등으로 재취업이 특히 어렵다고 인정되는 경우 고용노동부장관이 일정한 기간을 정하여 해당 기간 내에 실업급여의 수급기간을 초과하여 지급해야 할 때 지급된다. 개별연장급여와 특별연장급여는 구직급여의 70%를 60일 범위 내에서 지급한다.

상병급여는 실업신고를 한 이후 질병·부상·출산으로 취업이 불가능하여 실업의 인정을 받지 못한 경우 지급되는 급여이다.

(2) 출산·육아 관련 휴가·휴직 급여

출산전후휴가급여는 임신 중의 여성에 대하여는 출산 전과 출산 후를 통하여 90일(다태아일 경우 120일)의 출산전후휴가를 주되, 휴가 기간의 배정은 출산 후에 45일(다태아일 경우 60일) 이상이 확보되도록 부여하여 출산한 여성근로자의 근로의무를 면제하고 임금상실 없이 휴식을 보장받도록 하는 제도이다. 임신 중의 여성 근로자가 유산의 경험 등 대통령령으로 정하는 사유로 휴가를 청구하는 경우 출산 전 어느 때라도 휴가를 나누어 사용할 수 있도록 해야 한다.

출산전후휴가급여는 휴가기간 동안 통산임금에 해당하는 급여를 지급하되 고용노동부장관이 매년 상한액과 하한액을 고시한다. 우선지원 대상기업의 경우 90일(다태아 120일)의 급여가 고용보험에서 지급되고, 대규모 기업의 경우 최초 60일(다태아 75일)은 사업주가 그 이후 30일(다태아 45일)은 고용보험에서 지급한다.

- 휴가가 끝난 날 이전에 「고용보험법」 제41조에 따른 피보험자 단위기간이 통산하여 180일 이상일 것
- 휴가가 시작한 날 이후 1개월부터 휴가가 끝난 날 이후 12개월 이내에 신청할 것

육아휴직급여는 만 8세 이하 또는 초등학교 2학년 이하의 자녀를 가진 근로자가 자녀를 양육하기 위해 「남녀 고용평등과 일·가정 양립 지원에 관한 법률」 제19조에 의한 육아휴직을 30일 이상 부여받고 소정의 수급요건을 충족하는 경우 육아휴직을 30일 이상 부여받고 소정의 수급요건을 충족하는 경우 육아휴직 시작일부터 3개월까지는 2019년 기준 통상임금의 100분의 80일(상한액 : 월 150만원, 하한액 : 월 70만원)을 육아휴직 급여액으로 지급하고, 육아휴직 4개월째부터 육아휴직 종료일까지 통상임금의 100분의 50(상한액 : 월 120만원, 하한액 : 월 70만원)을 육아휴직 급여액으로 지급한다. 육아휴직 급여액의 100분의 25는 직장 복귀 6개월 후에 합산하여 일시불로 지급한다. 육아휴직 기간은 1년 이내이다. 자녀 1명당 1년 사용가능하므로 자녀가 2명이면 각각 1년씩 2년 사용 가능하고, 근로

자의 권리이므로 부모가 모두 근로자이면 한 자녀에 대하여 아빠도 1년, 엄마도 1년 사용 가능하며, 부부가 동시에 같은 자녀에 대해 사용하는 것도 가능하다.

- 육아휴직을 시작한 날 이전에 피보험자 단위기간이 통산하여 180일 이상일 것
- 같은 자녀에 대하여 피보험자인 배우자가 육아휴직(30일 미만은 제외)을 부여받지 아니하고 있을 것
- 육아휴직을 시작한 날 이후 1개월부터 끝난 날 이후 12개월 이내에 신청할 것

육아휴직급여 특례로 두 번째 사용한 사람의 육아휴직 3개월 급여를 통상임금의 100%(상한액 약 250만원)로 지급한다. 통상적으로 두 번째 육아휴직을 사용하는 사람은 남성이 대부분이라서 육아휴직급여 특례를 '아빠의 달'이라고 부르기도 한다.

육아기 근로시간 단축급여는 육아휴직을 신청할 수 있는 근로자가 육아휴직을 대신해서 1년 이내 기간 동안(육아휴직 기간이 1년 미만인 경우 남은 기간의 2배 사용 가능) 육아기 근로시간의 단축을 신청하여 단축 근로시간에 해당하는 급여를 받는 것이다. 육아기 근로시간 단축을 허용하는 경우 단축 후 근로시간은 주당 15시간 이상이어야 하고 35시간까지 가능하다. 급여액은 매주 최초 **5시간단축분**[통상임금의 100%(상한액 200만원, 하한액 50만원) X 5/단축 전 소정근로시간] + **나머지 근로시간 단축분**[통상임금의 80%(상한액 150만원, 하한액 50만원) X (단축전 소정근로시간 - 단축 후 소정근로시간 - 5) / 단축 전 소정근로시간]이다[3].

---

3) 예컨대, 월 통상임금이 250만원이고, 단축 전 근로시간이 1주 40시간, 단축 후 근로시간이 1주 15시간인 경우 육아기 근로시간 단축급여를 계산하면, ① 최초 5시간 단축분 : 200만원 × (5:40)－250,000원 ② 나머지 근로시간 단축분 : 150만원 × [(40-15-5)÷40]＝750,000원

(3) 고용안정사업 및 직업능력개발사업

고용안정사업 및 직업능력개발사업은 피보험자 및 피보험자였던 자, 그 밖에 취업할 의사를 가진 자에 대한 실업의 예방, 취업의 촉진, 고용기회의 확대, 직업능력개발·향상의 기회 제공 및 지원, 그 밖에 고용안정과 사업주에 대한 인력 확보를 지원하기 위하여 실시하는 사업이다.

고용안정사업은 고용창출, 고용안정, 고용유지, 고용촉진 등에 대한 장려금을 사업주에게 지원하는 것이다. ① 고용창출장려금은 연장근로시간을 단축하여 생기는 빈 일자리에 신규로 근로자를 고용하거나 국내복귀기업으로 근로자를 신규 고용하는 경우, 신중년 적합직무에 근로자를 신규로 고용하거나 취업이 어려운 중증장애인, 가족부양의 책임이 있는 여성실업자, 취약계층 대상 취업지원 프로그램 이수자 등을 신규로 고용하여 고용을 창출한 사업주에게 지급하는 것이다.

② 고용안정장려금은 기간제.파견.사내하도급 근로자 또는 특수형태업무 종사자를 정규직으로 전환하거나 전일제 근로자의 소정 근로시간 단축을 허용하는 경우, 시차출퇴근제, 선택근무제, 재택.원격근무제 등 유연근무제를 도입하여 활용하거나 출산.육아기 근로자의 고용 안정을 위한 조치를 하여 기존 근로자의 고용을 안정시킨 사업주에게 지원하는 것이다.

③ 고용유지지원금은 생산량 감소.재고량 증가 등으로 고용조정이 불가피하게 된 사업주가 근로자를 해고하기보다는 무급 휴업.휴직하도록 지원하는 경우 제공하는 장려금이다.

④ 청년·장년 고용장려금은 청년층에게 장기근속 및 자산형성 기회를 제공하거나 중소기업의 청년 인력난 해소 및 청년 일자리를 창출하거나 고령자 고용 촉진 및 안정을 위한 조치를 한 사업주를 지원하는 경우 지급한다.

⑤ 고용환경개선장려금은 직장어린이집의 설치 및 운영을 지원함

으로써 여성의 경제활동을 촉진하는 경우, 고령자 고용에 따른 환경 개선을 지원하는 경우, 일.생활 균형 인프라 구축을 지원하는 경우 지급한다.

⑥ 지역고용촉진지원금은 고용위기지역으로 사업을 이전하거나 신설 또는 증설하는 사업주가 해당 지역 구직자를 신규로 고용하여 고용을 창출한 사업주에게 지원한다(고용노동부, 2021).

직업능력개발사업은 사업주 지원 프로그램과 근로자 지원 프로그램으로 구분할 수 있다. ① 사업주 지원 직업능력개발사업은 사업주가 근로자 또는 채용예정자 및 구직자 등을 대상으로 직업능력개발 훈련을 실시할 경우 훈련비 등의 소요비용을 지원함으로써 사업주의 훈련지원 및 근로자의 능력개발 향상을 도모하는 제도이다. 고용보험 피보험자, 피고용자, 채용예정자, 직업안정기관에 구직 등록한 자를 대상으로 유급휴가훈련을 지원하거나 대체인력 채용, 직업능력개발훈련시설・장비자금 대부 등을 지원하는 것이다.

② 근로자 지원 직업능력개발사업은 근로자의 직무능력향상 및 경쟁력 강화를 도모하기 위하여 근로자가 자율적으로 직업능력개발훈련에 참여할 경우 훈련비용의 일부를 지원하는 제도이다. 근로자수강지원금 지원, 근로자 능력개발카드 수강 지원, 근로자 학자금 및 훈련비 대부 등이 있다.

근로자가 아니더라도 직업능력개발사업의 혜택을 받을 수 있다. **'국민내일배움카드제'**는 구직자 및 자영업자 등에게 내일배움카드를 발급하고 일정금액의 훈련비를 지원함으로써 직업능력개발 훈련에 참여할 수 있도록 하며, 직업능력개발 훈련이력을 종합적으로 관리하는 제도이다. **'국가기간전략산업직종훈련'**은 국가기간산업이나 국가전략산업 분야에서 인력이 부족한 직종에 대한 직업능력개발훈련을 실시하여 기업에서 요구하는 수준의 기능인력 및 전문.기술인력 양성을 지원하는 제도이다. **'청년취업아카데미'**는 취업 및 창업을 희망하는 청년들을 대상으로 업무현장에서 요구하는 실무중심의 훈련프로그램을 제공하여 전문역량을 갖춘 인재를 양성함으로써 학교 교육과 취.창업 현실 간의 차이를 극복하기 위한 제도이다.

4) 전달체계

고용보험은 고용노동부 장관이 관장한다. 고용보험에 관한 주요 정책은 고용보험 운영 및 평가 전문위원회의 사전 검토 조정과 고용보험위원회의 심의를 거쳐 고용노동부장관에 의해 이루어진다. 고용노동부 내 고용보험 관련 조직 고용정책실 내 고용정책심의관, 노동보험심의관, 직업능력개발심의관이 설치되어 있다.

피보험자 관리 중 보험료 고지 및 수납, 체납관리 업무는 건강보험공단을 통해, 피보험자격 관리는 근로복지공단 지사를 통해, 실업급여 등 급여 지급 절차는 지역 고용센터를 통해 하게 된다.

고용센터 업무를 구체적으로 살펴보면 실업급여 관리 업무로는 수급자격 인정 신청, 실업인정 신청, 취업촉진수당 신청, 실업크레딧(국민연금가입기간 추가산입) 신청 등의 업무가 있고, 고용안정사업 관련 업무로는 고용창출 장려금 신청, 고용안정장려금 신청, 고용유지지원금 신청 등의 업무가 있다. 출산·육가 관련 휴가·휴직 급여 관리업무로는 출산전후 휴가급여 신청, 육아휴직 급여 신청, 육아기 근로시간 단축 급여 신청 등의 업무가 있으며, 직업능력개발 관련 업무로는 직업능력 개발 훈련 비용 지원 신청, 훈련수강 신고, 수강장려금 지급 신청 등이 있다.

5) 재원

고용노동부장관은 보험사업에 필요한 재원에 충당하기 위하여 고용보험기금을 설치한다. 기금은 보험료와 이 법에 다른 징수금, 적립금, 기금운용 수익금과 그 밖의 수입으로 조성한다. 기금은 고용노동부 장관이 관리, 운용한다(고용보험법 제78조).

고용보험료율은 보험수지의 동향과 경제상황 등을 고려하여 근로자 보수총액의 3%의 범위에서 고용안정·직업능력개발사업의 보호료율 및 실업급여의 보험료율로 구분하고, 고용안정·직업능력개발사업의 보험료는 근로자는 부담하지 않으며, 기업 규모에 따라 달라진다.

〈표 11-4〉 2020년 보험사업별 보험료율 및 부담

구 분		근로자	사업주
실업급여		0.8%	0.8%
고용안정사업 및 직업능력개발사업	150인 미만 기업	-	0.25%
	150인 이상 기업(우선 지원대상 기업)	-	0.45%
	150인 이상~1000인 미만 기업(우선지원 대상기업 제외)	-	0.65%
	1000인 이상 기업 및 국가, 지방자치단체가 직접 행하는 사업	-	0.85%

출처 : 고용보험 홈페이지(www.ei.go.kr)

4. 산업재해보상보험

산업재해보상보험(이하 산재보험)은 근로자의 업무상 재해를 신속하고 공정하게 보상하며, 재해 근로자의 재활 및 사회 복귀를 촉진하기 위하여 이에 필요한 보험시설을 설치·운영하고 재해 예방과 근로자 복지증진을 위해 시행되고 있다(산업재해보상보험법 제1조). 산재보험이 다른 사회보험과 구분되는 독특한 특성은 보험가입자와 급여수급자가 일치하지 않는다는 것이다. 산재보험 급여의 수급대상이 산업재해를 당한 개별 노동자임에도 불구하고 보험가입자로 보험료를

부담하는 자는 노동자를 고용하고 있는 사업주이다(이인재 외, 2002에서 재인용). 이는 산재보험이 산업재해에 대한 고용주 책임을 사회보험화한 것이기 때문이다(이인재 외, 2002).

1) 연혁

산재보험제도가 도입되기 이전에는 근로기준법에 의해 산업재해의 개별 사업주 책임제도가 있었다. 산업재해보상보험제도는 1963년 산업재해보상보험법이 제정되면서 1964년부터 시행되었다. 1995년부터 산재보험 업무를 노동부에서 근로복지공단으로 이관하였고, 1999년 법개정을 통해 2000년부터 중소기업 사업주, 1인 이상 사업장까지 산재보험 적용이 확대되었다. 2007년 산업재해보상보험의 전부개정을 통해 산재근로자에 대한 의료·재활서비스를 확충하고 산재근로자 및 의료기관의 요양관리 합리화를 꾀하였고, 2012년에는 유족보상연금 수급자격자 범위의 남자 배우자 연령조항을 삭제하여 성별 형평성을 도모하였다(김수정, 2017).

산재보험 적용 대상자 확대 연혁을 구체적으로 살펴보면, 1964년 산재보험 도입시에는 500인 이상 근로자를 사용하는 광업 및 제조업에 적용하였고, 1989년 근로기준법 적용을 받는 모든 사업 또는 사업장으로 확대하였다. 1994년 5인 이상 사업장으로 적용 대상을 확대하고 2000년부터는 1인 이상 근로자를 사용하는 전 사업으로 확대하였다. 그러나 여전히 근로기준법의 적용을 받지 않는 특수형태 근로자는 적용 대상에서 제외되어 있었는데 2008년 4개 특수형태 근로자(골프장 캐디, 학습지 교사, 레미콘 기사, 보험설계사)까지 적용대상을 확대하고, 2011년부터는 특수형태 근로자에 업무상 재해 발생 가능성이 높은 택배업 및 퀵서비스 종사자를 포함시켰다. 2016년에는 대출 모집인, 신용카드 모집인, 대리운전 업무하는 사람들을 추가로 인정하였다.

2) 대상

(1) 업무상 재해

업무상 재해란 업무상 사고, 업무상 질병, 출퇴근 재해 등의 사유로 부상, 질병. 장해를 당하거나 사망하는 것을 의미한다. **업무상 사고**란, 근로자가 근로계약에 따른 업무나 행위를 하던 중 발생한 사고, 사업주가 제공한 시설물의 결함이나 관리소홀로 발생한 사고, 사업주가 주관하거나 사업주 지시에 따라 참여한 행사나 행사 준비중 발생한 사고, 휴게시간 중 사업주 지배 관리하에 있다고 볼 수 있는 행위로 발생한 사고 등을 의미한다. **업무상 질병**이란, 업무수행과정에서 물리적 인자, 화학물질, 분진, 병원체, 신체에 부담을 주는 업무 등 근로자의 건강에 장해를 일으킬 수 있는 요인을 취급하거나 그에 노출되어 발생한 질병, 업무상 부상이 원인이 되어 발생한 질병 등을 의미한다. 출퇴근 재해란, 사업주가 제공한 교통수단이나 그에 준하는 교통수단을 이용하는 등 출퇴근 중 발생한 사고, 그밖에 통상적 경로와 방법으로 출퇴근하는 중 발생한 사고를 의미한다. 단, 근로자의 고의·자해행위나 범죄행위 또는 그것이 원인이 되어 발생한 재해는 업무상 재해로 보지 않는다(산업재해보상보험법 제37조).

(2) 보험가입자

근로자를 사용하는 모든 사업 또는 사업장의 사업주는 당연히 산업재해보상보험의 가입자가 된다. 다만 위험률, 규모에 따라 적용제외 사업을 정하고 있는데, 이들 사업의 사업주는 공단의 승인을 얻어 산재보험에 가입할 수 있다. 적용제외 사업으로는 공무원연금법, 군인연금법, 선원법, 어선원및어선재해보상보험법, 사립학교교직원연금법에 따라 재해보상이 되는 사업, 총공사금액 2천만원 미만이거나 연면적이 100제곱미터 이하인 건축물의 건축 공사, 연면적 200제곱미터 이하인 건축물 대수선 공사를 하는 주택 건설업자, 공사업자, 정보통신공사업자, 소방시설업자, 문화재수리업자, 가구내 고용활동, 상시근로자 수 1인 미만인 사업, 농업, 임업, 어업, 수렵업 중 법인이 아닌 자의 사업으로 상시근로자 수 5명 미만인 사업이 있다. 적용제외사업의 사업주가 가입을 하면 이를 **임의가입자**라 한다.

당연가입자, 임의가입자 외에 특례가입자를 정하고 있으며 특례가입자에는 국외사업, 해외파견자, 현장실습생, 중소기업 사업주, 특수형태근로자, 국민기초생활보장수급자 등이 있다.

(3) 급여수급자

산재보험수급자는 보험가입자(사업주)가 아닌, 보험가입자가 사용하고 있는 업무상 재해를 당한 근로자이다.

3) 급여

산재보험의 급여에는 요양급여, 휴업급여, 장해급여, 유족급여, 상병보상연금, 장례비, 간병급여, 직업재활급여가 있다. 이중 요양급여는 현물급여이고 나머지 급여들은 현금급여이다.

요양급여란 업무상 재해로 인해 요양기간이 4일 이상인 경우 국민건강보험 진료수가 범위 내에서 요양비 전액을 지급하는 급여로서 산재보험 의료기관에서 받는 ① 진찰 및 검사, ② 약제 또는 진료재료와 의지, 그 밖의 보조기의 지급, ③ 처치, 수술, ④ 재활치료, ⑤ 입원, ⑥ 간호 및 간병, ⑦ 이송 ⑧ 그 밖에 고용노동부령으로 정하는 사항 등의 서비스이다. 산재보험 의료기관이 아닌 곳에서 요양급여에 해당하는 서비스를 받으면 요양비를 지급할 수 있다.

휴업급여란 업무상 재해로 인한 부상 또는 질병으로 취업하지 못한 기간(입원/통원)에 대하여 1일당 평균임금의 70%에 해당하는 금액을 지급하는 제도이다. 다만 평균임금의 70%가 최저보상 기준금액의 80%보다 적은 경우 평균임금의 90%를 지급하고 평균임금의 90%가 최저보상 기분 금액(평균임금 하한선)의 80%를 초과하면 최저보상 기준 금액의 80%, 평균임금의 90%가 최저임금액에 미달하면 최저 임금액을 1일당 휴업급여로 지급한다.

장해급여란 근로자가 업무상의 사유로 부상을 당하거나 질병에 걸려 치유된 후 신체 등에 장해가 있는 경우 지급하는 급여이다. 장해등급에 따라 장해보상연금(1급~7급) 또는 장해보상일시금(1급 ~ 14급)으로 지급한다. 급여액은 장해등급에 해당하는 지급일수에 평균임금을 곱한 금액이다.

유족급여란 근로자 업무상 사유로 사망한 경우 그 당시 부양하고 있던 유족에게 지급하는 급여이다. 유족급여 역시 유족보상연금 또는 일시금으로 지급 가능하지만 연금지급이 원칙이다. 다만 연금수급자가 없는 경우에는 일시금으로 지급받을 수 있다. 유족보상연금 수급자가 없는 경우에는 일시금으로 지급받을 수 있다. 유족보상연금 수급자격자는 배우자, 60세 이상 부모 또는 조부모, 25세 미만 자녀 또는 19세 미만 손자녀, 19세 미만 또는 60세 이상 형제.자매, 유족의 연령 기준 안되더라도 장애인복지법에 따른 장애인 중 고용노동부령으로 정한 장애 정도에 해당하면 받을 수 있다.

상병보상연금이란 요양급여를 받는 근로자가 요양을 시작한 지 2년이 지나도 부상이나 상병이 치유되지 않고 중증요양상태(1~3급)에 해당하여 취업하지 못하는 상태가 계속되면 휴업급여 대신 지급된다. 장해보상연금을 받던 근로자가 부상이나 질병이 악화되어 재요양하는 경우에도 지급한다. 1일당 상병보상연금 급여 수준은 (평균임금 X 중증요양상태등급일수) / 365이다.

장례비란 근로자가 업무상 사유로 사망한 경우 평균임금의 120일분에 해당하는 금액을 유족 또는 장례를 시행한 자에게 지급하는 급여이다.

간병급여란 요양급여를 받은 자가 치료가 끝난 후에도 간병인이 필요하여 간병을 하게 되면 장해 정도에 따라 지급하는 간병비용이다. 수급자의 건강상태에 따라 상시간병급여와 수시간병급여로 구분된다. 다만 간병급여 지급대상자가 무료요양소 등에 입소하여 간병비용을 지출하지 아니하거나 실제 간병비용으로 지급한 금액이 간병급여액에 미달하는 경우에는 간병비용을 지급하지 아니하거나 실제 지출된 간병비용만 지급하도록 한다.

직업재활급여란 장해급여 또는 진폐보상연금을 받은 자나 장해급여를 받을 것이 명백한 자에게 지급되는 직업훈련 비용과 수당, 직장복귀지원금, 직장적응훈련비, 재활운동비 등을 말한다.

4) 전달체계

산재보험은 고용노동부장관이 관장하고 고용노동부 장관의 위탁을 받아 근로복지공단이 사업을 수행한다. 근로복지공단은 산재보험과 관련하여 보험가입자와 수급권자에 관한 기록의 관리·유지, 보험료와 그 밖의 징수금의 징수, 보험급여 결정과 지급, 심사 청구의 심리·결정, 업무상 재해를 입은 근로자의 진료·요양 및 재활, 재활보조기구 연구개발·검정 및 보급, 업무상 질병 관련 연구, 건강진단 등 예방사업 등의 업무를 수행한다.

그 밖에 산재보험 및 예방에 관한 중요 사항을 심의하기 위하여 고용노동부에 '산업재해보상보험 및 예방심의위원회'를 두고, 위원회는 요양급여 산정 기준, 산재보험료율, 기금운용계획 수립, 산업안전·보건업무 관련 정책, 중장기기본계획 등에 대해 심의한다.

5) 재원

산재보험의 재원은 산업재해보상보험 및 예방기금이다. 고용노동부 장관은 보험사업, 산업재해 예방 사업에 필요한 재원을 확보하고, 보험급여에 충당하기 위하여 산업재해보상보험 및 예방기금을 설치한다. 기금은 보험료, 기금운용 수익금, 적립금, 기금의 결산상 잉여금, 정부 또는 정부 아닌 자의 출연금 및 기부금, 차입금, 그 밖의 수입금을 재원으로 하여 조성한다. 정부는 산업재해 예방 사업을 수행하기 위하여 회계연도마다 기금지출예산총액의 3% 범위에서 기금에 출연한다(산업재해보상보험법 제95조).

기금의 주요 수입원인 보험료는 전액 보험가입자(사용자, 사업주, 고용주)에 의해서만 납부되고, 피용자의 보험료 부담은 전혀 없다. 단 특수형태근로자의 경우 사업주와 특수형태 근로자가 보험료를 1/2씩 부담한다.

산재보험료는 그 사업주가 경영하는 사업에 종사하는 근로자의 개인별 보수총액에 산재보험료율을 곱한 금액을 합한 금액으로 정한다. 근로자의 임금은 자주 변동되기 때문에 보험료를 신고할 때 당해 연도 근로자에게 지급할 임금총액의 추정액에 보험료율을 곱하여 산정한 금액(개산보험료)을 신고·납부하고, 다음 연도에 전년도에 실제 지급한 임금총약에 보험료율을 곱하여 산정한 금액(확정보험료)을 신고하여, 이미 납부한 개산보험료와의 차액을 산정하는 방식으로 보험료를 징수한다(생각의 마을, 2018).

보험료율 산정 방식은 업종별 차등요율 체계를 기본으로 하며, 부분적으로 개별실적요율 체계를 적용한다. 사업종류별 산재보험료율은 매년 6월 30일을 기준으로 과거 3년 동안의 보수총액에 대한 산재보험 급여총액의 비율(보험급여 지급률)을 기초로 산정하며, 산재보험

급여액·재해예방 및 재해근로자 복지증진 등에 소요되는 비용을 고려하여 사업종류별로 정해진다(보험료징수법 제14조 제3항).

> 개별실적요율 = 업종 일반요율 ± (업종일반요율 X 수지율에 의한 증감비율)
> 수지율 = 과거 3년간 보험급여 총액 / 보험료 총액

개별 실적요율은 사업주가 적극적으로 재해를 줄이게 하도록, 개별 사업장의 재해발생 정도에 따라 산재보험료율을 일정범위 내에서 증가 또는 경감시켜 주고 있다. 개별실적요율이 적용되기 위해서는 보험관계 성립 후 3년이 경과하여야 한다. 2021년 기준 평균 산재보험료율은 1.53%이다(고용노동부 홈페이지).

5. 노인장기요양보험

노인장기요양보험은 고령이나 노인성 질병 등의 사유로 일상생활을 혼자서 수행하기 어려운 노인 등에게 신체활동 또는 가사활동 지원 등의 장기요양급여를 제공하여 노후의 건강증진 및 생활안정을 도모하고 그 가족의 부담을 덜어줌으로써 국민의 삶의 질을 향상하도록 함을 목적으로 시행하는 사회보험제도이다(노인장기요양보험법 제1조).

1) 연혁

2000년 이후 인구 고령화 속도가 빠르게 증가하면서 치매·중풍 등으로 의료서비스보다는 장기요양이 필요한 노인들의 수도 많아짐에

따라 이들을 돌봐야 하는 가족들의 부담도 커졌다. 2001년 대통령 경축사에서 노인요양보장제도 도입을 제안하였고, 2002년 대통령 공약사항에 포함되었다. 이에 따라 2003년부터 노인장기요양보험제도 도입을 준비하고 2005년부터 2008년까지 3년간의 시범사업을 거쳐 2008년 7월부터 시행되었다. 2010년 장기요양기관의 장에게 장기요양급여 제공자료 기록·관리 의무를 부여하였고, 장기요양등급 3등급으로 시작했던 노인장기요양보험은 2014년부터 5등급체계로 개편되었다. 2019년부터 정부가 장기요양요원의 처우개선, 복지증진을 위해 적극적으로 노력하도록 **장기요양기본계획**에 '장기요양요원의 처우에 관한 사항'을 포함시켰다. 2018년부터는 인지기능저하로 일생생활에 어려움이 있으나 신체기능이 양호하여 노인장기요양 등급판정을 받기 어려운 치매환자를 위해 선정기준이 완화된 장기요양 **'인지지원등급'**을 신설하여 신체기능이 양호한 치매환자도 장기요양 대상자가 될 수 있도록 등급체계를 개편하였다.

2) 대상

노인장기요양보험의 가입자는 국민건강보험 가입자와 동일하다. 건강보험의 적용에서와 같이 법률상 가입이 강제되어 있다. 외국인 근로자는 신청에 의해 장기요양보험 가입자에서 제외된다. 의료급여 수급권자의 경우 건강보험과 장기요양보험의 가입자에서는 제외되지만, 국가 및 지방자치단체의 부담으로 장기요양보험의 적용대상으로 하고 있다.

장기요양인정을 신청할 수 있는 수급자는 65세 이상의 노인 또는 65세 미만의 자로서 치매·뇌혈관성질환 등 노인성 질병을 가진 장기요양보험가입자 또는 피부양자, 의료급여수급권자이다. 장기요양보험 가입자 및 그 피부양자나 의료급여수급권자이다. 장기요양보험 가입자 및 그 피부양자나 의료급여수급권자나 누구나 장기요양급여를 받을 수 있는 것은 아니다. 일정한 절차에 따라 장기요양급여를 받을 수 있는 권리(수급권)가 부여되는데 이를 **장기요양인정**이라고 한다.

장기요양인정을 받으려면 먼저 공단에 장기요양인정을 신청하고 공단 직원의 방문에 의한 인정조사와 등급판정위원회의 등급판정을 받아야 한다.

등급판정은 "건강이 매우 안좋다", "큰 병에 걸렸다" 등과 같은 주관적인 개념이 아닌 "심신의 기능상태에 따라 일상생활에서 도움(장기요양)이 얼마나 필요한가?"를 지표화한 장기요양인정점수를 기준으로 한다.

〈표 11-5〉 장기요양등급판정기준

등 급	심신의 기능상태	장기요양인정점수
1등급	일상생활에서 전적으로 다른 사람의 도움이 필요한 상태	95점 이상
2등급	일상생활에서 상당 부분 다른 사람의 도움이 필요한 상태	75점 이상 95점
3등급	일상생활에서 부분적으로 다른 사람의 도움이 필요한 상태	60점 이상 75점 미만
4등급	일상생활에서 일정 부분 다른 사람의 도움이 필요한 자	51점 이상 60점 미만
5등급	노인성 질병에 해당하는 치매환자	45점 이상 51점 미만
장기요양인지지원등급	노인성 질병에 해당하는 치매환자	45점 미만

※ 출처 : 노인장기요양법 시행령 제7조

3) 급여

노인장기요양급여에는 재가급여, 시설급여, 특별현금급여가 있다. **재가급여**의 종류로는 방문요양, 방문목욕, 방문간호, 주야간보호, 단기보호, 기타재가급여가 있다. **방문요양**은 장기요양요원이 수급자의 가정 등을 방문하여 신체활동 및 가사활동 등을 지원하는 장기요양등급여이고, **방문목욕**은 장기요양이 목욕설비를 갖춘 장비를 이용하여 수급자의 가정 등을 방문하여 목욕을 제공하는 장기요양급여이다. **방문간호**란 장기요양요원인 간호사 등이 의사, 한의사 또는 치과의사의 지시서에 따라 수급자의 가정 등을 방문하여 간호, 진료의 보조, 요양에 관한 상담 또는 구강위생 등을 제공하는 장기요양급여이다. **주·야간보호**는 수급자를 하루 중 일정한 시간 동안 장기요양기관에 보호하여 신체활동 지원 및 심신기능의 유지·향상을 위한 교육·훈련 등을 제공하는 장기요양급여이다. **단기보호**란 수급자를 일정 기간 동안 장기요양기관에 보호하여 신체활동 지원 및 심신기능의 유지·향상을 위한 교육·훈련 등을 제공하는 장기요양급여이다. **기타 재가급여**란 수급자의 일상생활·신체활동 지원 및 인지기능의 유지·향상에 필요한 용구를 제공하거나 가정을 방문하여 재활에 관한 지원 등을 제공하는 것이다.

시설급여는 장기요양기관이 운영하는 노인의료복지시설 등에 장기간 동안 입소하여 신체활동 지원 및 심신기능의 유지·향상을 위한 교육·훈련 등을 제공하는 장기요양급여이다. 노인복지법의 노인의료복지시설은 노인요양시설, 노인요양공동생활가정이다.

특별현금급여는 가족요양비, 특례요양비, 요양병원간병비를 제공하는 급여이다. 이중 현재 시행하고 있는 특별현금급여는 가족요양비로 수급자가 섬·벽지에 거주하거나 천재지변, 신체·정신 또는 성격 등의 사유로 장기요양급여를 지정된 시설에서 받지 못하고 그 가족 등으로부터 방문요양에 상당하는 장기요양급여를 받을 때 지급하는 현금급여이다.

1. 필수 서류 수령

• 등급판정 후 장기요양인증서, 개인별장기요양이용계획서, 복지용구 급여확인서 수령하기

2. 수급자가 희망하는 장기요양 기관 찾기

• 수급자관할지사 내 장기요양기관 이용시
–공단에서 제공받은 장기요양기관 현황을 통해 장기요양기관 확인
• 수급자관할지사 외(타지역) 장기요양기관 이용시
–노인장기요양보험 홈페이지(www.longtermcare.or.kr)를 확인하여 이용가능한 장기요양기관 확인

※노인장기요양보험 홈페이지→장기요양기관 찾기→장기요양기관 검색→(평가결과) 탭 클릭

3. 장기요양기관과 서비스 계약

• 희망하는 장기요양기관에 서비스 상담 및 계약 요청하기
• 계약서는 2부 작성하여 수급자(계약자), 장기요양기관이 각각 보관하기
• 계약서의 계약기간, 급여의 종류, 내용 등 계약 내용 확인하기

※<국민기초생활보장법>에 따른 의료급여 수급권자는 관할 시·군·구에 입소이용 신청 승인 후 급여계약 진행
※계약서는 공정거래위원회의 장기요양급여이용 표준약관 사용권장

4. 장기요양 서비스 이용

• 개별장기요양이용계획서를 바탕으로 작성된 급여제공계획내용을 확인 후 동의하기
• 급여종류
–재가급여 : 방문요양, 방문목욕, 방문간호, 주·야간보호, 단기보호, 인지활동형 방문요양, 기타재가급여(복지용구)
–시설급여 : 노인요양시설, 노인요양공동생활가정
–특별현금급여 : 가족요양비

5. 본인부담금 납부

• 급여비용 중 본인 부담금(재가급여 15%, 시설급여 20%)은 수급자가 장기요양기관에 납부

※ 본인부담금 면제 또는 할인은 위법

[그림 11-1] 장기요양 서비스 이용 절차

4) 전달체계

우리나라 장기요양보험제도는 관리·운영할 기관을 별도로 설치하지 않고 기존의 국민건강보험공단을 관리운영기관으로 한다. 도입과 정착을 원활하게 하고 건강보험과 독립적인 형태로 설계하되, 그 운영에 있어서는 효율성 제고를 위하여 별도로 관리운영기관을 설치하지 않고 국민건강보험공단이 이를 함께 수행하도록 한 것이다.

국민건강보험공단은 가입자와 피부양자, 의료급여수급권자의 자격관리, 보험료 부과·징수, 신청에 대한 조사, 등급판정위원회 운영 및 등급판정, 장기요양인정서 작성, 표준장기요양이용계획서 제공, 장기요양급여 관리 및 평가, 수급자에 대한 정보제공·안내·상담 등 장기요양급여 관련 이용 지원에 관한 사항, 급여비용 심사 및 지급, 특별현금급여 지급 등의 역할을 한다.

수급자가 등급판정 신청을 하면 국민건강보험공단 장기요양등급판정위원회에서는 등급판정, 장기요양인정, 표준장기요양이용계획서 작성을 하고 수급자는 장기요양기관에 서비스신청을 하고 서비스 계약을 맺고, 장기요양기관으로부터 급여를 받고 본인부담금을 납부한다. 현금급여는 국민건강보험공단에 직접 청구하고 지급받는다.

장기요양기관은 지방자치단체에 설립신고를 하고 지도감독을 받는다. 장기요양기관의 서비스 제공에 대해 국민건강보험공단에 서비스 이용 비용을 청구하고 비용 심사를 받은 후 비용을 지급받는다.

5) 재원

재원은 장기요양보험료, 국고지원, 수급자의 본인일부부담금을 통해 조달된다. 장기요양보험료는 2022년 기준 건강보험료액의 12.27%

이다. 재가급여와 시설급여 비용 중 일부는 수급자가 부담한다. 재가급여의 15%, 시설급여의 20%를 본인이 일부 부담한다. 의료급여수급권자, 소득·재산 기준이 일정 수준 이하인 사람, 천재지변 등으로 생계가 곤란한 사람은 본인부담을 60% 경감해 준다.

2021년까지 건강보험료액의 11.52%였는데 해마다 꾸준히 인상되고 있다. 노인장기요양보험 보험료는 건강보험료와 통합 징수하되 각각 독립회계로 관리한다.

국가지원은 장기요양보험료율 예상수입액의 20%이고, 의료급여수급권자의 장기요양급여비용, 의사소견서 발급비용, 방문간호지시서 발급비용 중 공단이 부담하여야 할 비용 및 관리운영비의 전액을 국가와 지방자치단체가 부담한다.

심화학습문제

1. **할아버지께서 병원에서 치매 판정을 받으셔서 장기요양보험 급여 신청을 하려고 한다. 어떤 절차를 거쳐야 하는지 구체적으로 설명하여 보자.**

◈ 사회복지사 1급 국가시험 기출문제

1. 우리나라 국민연금에 관한 설명으로 옳지 않은 것은? (13회)
   ① 강제가입을 통해 역선택을 방지하고자 한다.
   ② 저소득자에게는 보험료를 지원하기도 한다.
   ③ 급여수준의 실질적 가치를 유지하고자 한다.
   ④ 민간에 위탁・운영하는 것이 일반적이다.
   ⑤ 전 국민을 대상으로 가입대상자를 확대하는 경향이 있다.

〈답〉 ④

2. 우리나라의 국민연금제도에 관한 설명으로 옳은 것은? (16회)
   ① 실업기간 중에는 가입기간을 추가로 산입할 수 없다.
   ② 출산 크레딧은 3명 이상의 자녀가 있을 때부터 가능하다.
   ③ 농・어업인에 대해 연금보험료를 국가가 보조할 수 없다.
   ④ 노령연금 수급권자가 소득활동을 하면 최대 3년 동안 연금액이 감액한다.
   ⑤ 군복무자에게는 노령연금수급권 취득시 6개월을 가입기간에 추가로 산입한다.

〈답〉 ⑤

3. 우리나라 기초노령연금과 기초연금제도에 관한 설명으로 옳지 않은 것은? (9회)
   ① 기초노령연금은 2008년부터 실시된 제도이다.
   ② 재원은 보험료로 충당한다.
   ③ 대상자는 자산과 소득을 모두 고려하여 선정한다.
   ④ 2018년도 선정기준 소득인정액은 노인단독의 경우 월 131만원, 노인부부의 경우 월 209.6만원이다.
   ⑤ 2018년 9월부터 기준연금액이 25만원으로 인상된다.

〈답〉 ②

4. 우리나라 국민건강보험제도에 관한 설명으로 옳지 않은 것은? (12회)
   ① 진료비 지불방식은 행위별 수가제를 기본으로 하고 있다.
   ② 질병으로 인해 상실된 근로소득을 보전해 주는 현금급여가 있다.
   ③ 조합방식이 아닌 통합방식으로 운영되고 있다.
   ④ 직장가입자의 보험료 산정대상인 보수 월액에는 상・하한선이 있다.
   ⑤ 국내에서 업무에 종사하는 직장가입자 보험료율은 1천분의 80 범위 안에서 정한다.

〈답〉 ②

5. 국민건강보험료 경험대상자를 모두 고른 것은 ? (15회)

ㄱ. 휴직자 ㄴ. 60세 이상인 자 ㄷ. 장애인복지법에 따라 등록된 장애인 ㄹ. 섬・벽지・농어촌 등 대통령령으로 정하는 지역에 거주하는 자

① ㄱ　　② ㄴ ㄷ
③ ㄷ ㄹ　　④ ㄱ ㄷ ㄹ
⑤ ㄱ ㄴ ㄷ ㄹ

〈답〉 ④

6. 우리나라 국민건강보험에 관한 설명으로 옳지 않은 것은? (10회)
   ① 진료비 지불방식으로 행위별 수가제와 포괄수가제가 사용되고 있다.
   ② 가입자는 직장가입자와 지역가입자로 구분된다.
   ③ 공무원 등 특수직역종사자는 가입대상이 아니다.
   ④ 건강보험의 요양급여와 노인장기요양보험의 요양급여는 급여내용이 다르다.
   ⑤ 질병치료시 상실된 소득을 보장하는 상병수당은 지급되고 있지 않다.

〈답〉 ③

7. 사회복지제도의 공공재원으로 옳은 것은? (11회)

ㄱ. 국민건강보험의 본인부담금
ㄴ. 국민건강보험의 보험료
ㄷ. 사업주가 부담하는 퇴직급여
ㄹ. 국민건강보험에 지원되는 국민건강증진기금

① ㄱ ㄴ ㄷ
② ㄱ ㄷ
③ ㄴ ㄹ
④ ㄹ
⑤ ㄱ ㄴ ㄷ ㄹ

〈답〉 ③

8. 우리나라 산업재해보상보험에 관한 설명으로 옳지 않은 것은? (9회)

① 무과실책임주의 원칙에 입각한 제도이다.
② 평균임금을 기초로 하는 정률보상방식으로 보험급여를 제공한다.
③ 보험급여에 관한 결정 등에 불복할 경우 당해 결정에 관한 심사 또는 재심사청구를 산업재해 보상보험심사위원회에 우선 제기해야 한다.
④ 제3자에 대한 구상권은 재해의 책임이 있는 제3자의 책임면탈 방지 및 보험재정 건전성 확보를 위한 것이다.
⑤ 장애보상 또는 유족보상을 받는 경우 국민연금의 장애연금 또는 유족연금 급여액이 조정되거나 일정 기간 지급이 정지된다.

〈답〉 ③

9. 산업해보상보험에 관한 설명으로 옳지 않은 것을 모두 고른 것은? (10회)

ㄱ. 산업재해를 입은 근로자는 사용자가 보험관계 성립을 신고한 후에 재해보상을 받을 수 있다.
ㄴ. 보험료는 통상임금에 근거하여 산정한다.
ㄷ. 요양 중에 산업재해 근로자가 근로할 경우, 휴업급여를 지급하지 아니한다.
ㄹ. 산재보험의 피보험자는 근로자이다.

① ㄱ ㄴ ㄷ
② ㄱ ㄴ

③ ㄴ ㄹ
④ ㄹ
⑤ ㄱ ㄴ ㄷ ㄹ

〈답〉 ⑤

10. 우리나라 산업재해보상보험에 관한 설명으로 옳은 것은? (15회)

① 장해급여는 등급에 따라 연금이나 일시금으로 지급된다.
② 업무와 재해 사이의 인과관계와 상관없이 보상한다.
③ 산업재해보상보험 급여수급권은 퇴직하면 소멸한다.
④ 산업재해보상보험은 보건복지부장관이 관장한다.
⑤ 각종 민간 사회단체는 산업재해보상보험의 임의적용사업장으로 분류된다.

〈답〉 ①

11. 산업재해보상보험제도의 도입에 관한 이론을 모두 고른 것은? (16회)

ㄱ. 배상책임이론 ㄴ. 사회적 타협이론 ㄷ. 산업위험이론 ㄹ. 사회비용최소화이론

① ㄱ ㄷ
② ㄴ ㄹ
③ ㄱ ㄴ ㄹ
④ ㄱ ㄷ ㄹ
⑤ ㄴ ㄷ ㄹ

〈답〉 ⑤

12. 우리나라 산업재해보험제도에서 업무상 재해의 인정 기준을 모두 고른 것은? (17회)

ㄱ. 출・퇴근 재해 ㄴ. 업무상 질병 ㄷ. 업무상 사고 ㄹ. 장해등급

① ㄴ ㄹ
② ㄱ ㄴ ㄷ
③ ㄱ ㄷ ㄹ
④ ㄴ ㄷ ㄹ
⑤ ㄱ ㄴ ㄷ ㄹ

〈답〉 ②

13. 우리나라 고용보험제도에 관한 설명으로 옳지 않은 것은 ? (12회)

① 고용안정·직업능력개발사업의 보험료는 근로자와 사업주가 절반씩 부담한다.

② 구직급여의 소정급여일수는 보험가입기간과 연령애 따라 90일에서 240일까지이다.

③ '실업의 인정'이란 근로의 의사와 능력을 가지고 적극적으로 구직노력을 했음을 인정받는 것이다.

④ 구직급여를 받기 위해서는 이직일 이전 18개월 동안 180일 이상 근무하여야 한다.

⑤ 육아휴직급여의 육아휴직대상자는 남녀근로자 모두 해당한다.

〈답〉 ①

14. 우리나라 자영업자의 고용보험에 관한 설명으로 옳지 않은 것은? (15회)

① 본인의 희망에 따라 가입이 가능하다.

② 구직급여를 받기 위해서는 재취업을 위해 적극적으로 노력하여야 한다.

③ 자영업자도 직업능력개발훈련을 받을 수 있다.

④ 구직급여는 90~240일까지 받을 수 있다.

⑤ 보험료를 체납한 사람에게는 실업급여를 지급하지 아니할 수 있다.

〈답〉 ④

15. 노인장기요양보험제도에 관한 설명으로 옳지 않은 것은? (9회)

① 급여의 종류는 크게 재가급여, 시설급여, 특별현금급여로 나눌 수 있다.

② 적용 대상자는 65세 이상 노인 중 장기 요양등급판정위원회에 의해 1~3등급 판정을 받은 자로 한정한다.

③ 재가급여는 당해 장기요양급여 비용의 15%를, 시설급여는 20%를 수급자 본인이 부담한다.

④ 중복수급 금지를 원칙으로 하되 가족요양비수급자 중 기타 재가급여의 경우 예외가 될 수 있다.

⑤ 장기요양보험료는 건강보험료에 장기요양보험료율을 곱해 산정한다.

〈답〉 ②

16. 우리나라 노인장기요양보험제도에 관한 설명으로 옳은 것은? (16회)

① 단기보호는 시설급여에 해당한다.

② 가족에게 요양을 받을 때 지원되는 현금급여가 있다.

③ 보험료는 건강보험료와 분리하여 징수한다.

④ 장기요양인정의 유효기간은 3개월 이상으로 한다.

⑤ 보험료율은 보건복지부령으로 정한다.

〈답〉 ②

12 chapter
공공부조정책

공공부조정책은 정부가 사회적 문제를 해결하고 복지를 증진하기 위해 시행하는 정책이다. 이는 주로 빈곤층, 취약계층, 노인, 장애인 등 사회적 취약 계층을 대상으로 하며, 사회보장, 보건의료, 교육, 주거지원 등 다양한 형태로 구성된다. 공공부조 정책은 정부의 재원과 지원을 기반으로 하며, 사회적 공정과 안녕을 추구하여 국가와 시민의 삶의 질을 향상시키는 데 기여한다. 이를 통해 사회적 불평등을 완화하고 사회적 통합을 촉진하는데 중요한 역할을 한다(CHAT GPT).

1. 공공부조의 개념

공공부조란 국가의 책임하에 법령에 입각하여 공비(公費)로서 생활이 곤궁한 자에게 최저한의 생활을 보장해 주는 제도를 말한다. 공공부조의 재원은 국민의 세금과 그 밖의 국가 및 지방공공단체의 수입으로 조달되며, 급여수급의 자격은 '생활곤궁'이란 사실에 의거하여 정해지고 급여의 기간은 특별히 고정되지는 않는다. 우리나라의 사회보장기본법 제3조 제1호에서 사회보상을 사회보험에 의한 급여, 무상으로 행하는 공공부조 그리고 사회서비스라고 정의하고 있다. 그럼에도 불구하고 각 나라의 사회보장제도의 전개양상은 사회보험과 공공부조를 그 양대지주로 하여 구성된다고 할 수 있다(김기태 외, 2009). 공공부조의 기본 원리로서는 생존권보장의 원리, 평등보장의 원리, 최저생활보장의 원리, 보충성의 원리 등을 들 수 있다. 우리나라의 공공부조의 종류로서는 국민기초생활보장제도, 의료급여제도, 긴급복지지원제도, 기초연금제도 등을 들 수 있다.

2. 국민기초생활보장제도

국민기초생활보장제도는 생활이 어려운 사람에게 필요한 급여를 실시하여 이들의 최저생활을 보장하고 자활을 돕는 우리나라의 대표적인 공공부조제도이다. 국민의 생존권 보장을 위해 최후의 보류로서 기능하는 법이다(김수정, 2017). 국민기초생활보호제도는 1962년부터 시행되어 오던 생활보호제도를 전면적으로 개편하며 2000년 10월 1일부터 시행되었다. 기존의 생활보호제도와 다르게 최저생활보장의 '권리'를 강조하였고, 생계비 지원(생계보호에서 생계급여로 명칭 변경) 대상자의 인구학적 기준에 따른 제한을 폐지하였으며, 최저생계를 보장하기 위한 급여액이 수급자 소득에 따라 다르게 지급되었다.

1) 연혁

1997년 외환위기로 실직자와 노숙자가 증가하고 빈곤계층의 생활안정을 위하여 기본적인 최저생활보장제도에 대한 요구가 높아졌다. 1998년 45개 시민단체 연대회의를 구성하여 입법 청원을 하였고, 여당과 야당, 정부 등 전 국민적 합의를 바탕으로 1999년 9월 7일 국민기초생활보장법을 제정하고 2000년 10월 1일부터 제도가 시행되었다. 국민기초생활보장법이 제정된 9월 7일은 '사회복지의 날'로 기념하고 있다.

2000년 시행 이후 2003년 소득 기준과 재산 기준의 구분을 소득인정액 기준으로 통합하였고, 2007년 부양의무자 범위를 2촌 이내 직계 혈족에서 1촌 이내 직계혈족으로 축소시켜 대상자 선정 기준을 완화하였다. 2011년에는 수급자의 가구별 특성을 감안하여 관련 기관의 고용지원서비스를 연계할 수 있도록 하고, 수급자의 취업활동으로 인하여 해당 가구에 필요하게 된 아동·노인 등에 대한 사회서비스[1]를 지원하며, 자산형성지원서비스를 실시하였다.

2015년부터는 맞춤형 급여체계 개편을 하여 급여의 종류별로 수급대상 선정 기준을 달리 정하였고, 최저생계비 대신 최저보장수준을 대상자 선정 기준으로 정하였다. 최저보장수준은 기준중위소득을 기준으로 정해진다. 2018년부터 주거급여, 2021년 10월부터 생계급여 부양의무자 기준이 폐지되었다.

2) 대상

수급자는 소득인정액 기준과 부양의무자 기준(의료급여)을 모두 충족시켜야 한다. 부양의무자가 없거나 부양의무자가 있어도 부양능력이 없거나 부양을 받을 수 없는 자로서 소득인정액이 중위소득의 일정 기준 미만인 경우 수급자가 될 수 있다. 맞춤형 급여체계 개편 이후 급여에 따라 수급자 선정 기준이 달려졌으며 일부 급여는 부양의무자 기준이 폐지되었고, 의료급여만 부양의무자 기준이 남아 있다.

소득인정액이란 소득평가액과 재산의 소득환산액을 합한 금액이다.

1) 여기에서의 사회서비스는 종래 우리나라 사회보장기본법상의 사회복지서비스와 유사한 개념이며, 영국에서 통용되는 대인사회서비스(personal social service)와도 유사한 개념으로 볼 수 있다.

소득평가액은 실제소득에서 장애·질병·양육 등 가구특성별 지출비용(장애아동수당, 양육보조금, 의료비 등)과 근로소득공제를 차감하고 남은 금액이고 재산의 소득환산액은 개별가구의 재산가액에서 기본재산액(기초생활의 유지에 필요하다고 보건복지부장관이 정하여 고시하는 재산액) 및 부채를 공제한 금액에 소득환산율을 곱하여 산정한다(보건복지부 홈페이지).

· 소득평가액 = 실제소득 – 가구특성별 지출 비용 – 근로소득공제
· 재산의 소득환산액 = (재산의 종류별 가액 – 기초공제액 – 부채) × 재산 종류별 소득환산율

대상자 선정기준 중 소득인정액 기준은 수급권자 가구의 소득인정액이 급여종류별 수급자 선정기준 이하이어야 한다. 기준중위소득이란 보건복지부장관이 급여의 기준 등에 활용하기 위하여 중앙생활보장위원회의 심의·의결을 거쳐 고시하는 국민 가구소득의 중위값이다. 2022년 현재 생계급여는 30%, 의료급여는 40%, 주거급여는 46%, 교육급여는 50%를 기준으로 하고 있다.

〈표 12-1〉 2022년도 급여별 수급자 선정기준

가구규모	1인	2인	3인	4인	5인	6인
교육급여 (기준중위소득 50%)	972,406	1,630.043	2,097,351	2,560,540	3,012,258	2,453,502
주거급여 (기준 중위소득 46%)	894,614	1,499,639	1,929,562	2,355,697	2,771,277	3,177,222
의료급여 (기준 중위소득 40%)	777,925	1,304,034	1,677,880	2,048,432	2,409,806	2,762,802
생계급여 (기준 중위소득 30%)	583,444	978,026	1,258,410	1,536,324	1,807,355	2,072,101

출처 : 보건복지부(2022)

부양의무자는 수급권자를 부양할 책임이 있는 사람으로서 수급권자 1촌의 직계혈족 및 그 배우자를 말한다. 다만, 사망한 1촌의 직계혈족의 배우자는 제외한다.

'부양능력이 있다'는 것은 부양의무자의 부양능력 판정소득액이 수급권자 가구 기준 중위소득(A)의 40%와 부양의무자 가구 기준 중위소득(B)의 100%를 합한 금액 이상이거나, 재산의 소득환산액이 A와 B의 합의 18%이상인 경우이다. **'부양능력이 없다'**는 것은 부양의무자의 부양능력 판정소득액이 B의 100% 미만이고, 재산의 소득환산액이 A와 B의 합의 18% 미만인 경우를 말한다. 부양능력 미약인 경우 부양비 부과를 전제로 수급자로 선정된다. 부양비는 (부양의무자 실제소득 - 부양의무자가구 기준 중위소득의 100%) × 부양비 부과율(15%, 30%)로 계산된다.

그 밖에 개인 단위로 의료급여 특례, 자활급여 특례를 정하고 있다. 의료급여 특례인 경우 실제소득에서 6개월 이상 지속적으로 지출되는 의료비를 공제하면 의료급여 선정기준 이하에 해당하나, 수급자 선정 이후에는 공제대상 지출이 발생하지 않아 의료급여 선정기준을 초과하는 가구에서 지속적인 의료비 지출을 요하는 가구원 개인에 한하여 의료급여를 실시한다. 자활급여 특례인 경우 수급자가 자활근로, 자활기업, 자활인턴 등 자활사업에 참가하여 발생한 소득이 더해져 소득인정액이 의료급여 선정기준을 초과한 경우 해당자 개인에 대하여 자활근로, 자활기업, 자활인턴 등에 참가할 수 있도록 자활급여를 계속 지급한다(보건복지부 홈페이지).

읽을거리

자활사업은 2000년 10월부터 시행된 국민기초생활보장제도의 일환으로 근로능력이 있는 저소득층이 스스로 자활할 수 있도록 자활능력 배양, 기능습득 지원 및 근로기회 제공하는 것을 목적으로 한다. 미국에서는 Workfare라는 말을 선호하기는 하지만 실제 정책상에서는 Welfare to Work라는 표현을 사용하고 복지급여를 받던 사람들을 노동시장에 다시 참가하도록 하겠다는 정책적 의지를 좀 더 선명하게 보여주기 때문으로 여겨진다. 영국은 1997년 노동당 정부의 토니 블레어가 미국의 Welfare to Work를 받아들이지만 그 이름만은 뉴딜 정책이라고 부르고 있다. 특례수급가구란 해당 가구가 의료비 지출이나 교육비 지출의 결과로 국민기초생활보장법상의 수급권자가 되는 경우에 해당 의료비, 혹은 교육비를 특례의 성격으로 수급받는 가구를 의미한다. 이러한 가구의 가구원 또한 본인의 희망여부에 따라 자활사업 참여를 할 수 있다. 지역자활센터는 2020년을 기준으로 전국에 250개소가 있고, 지역자활센터에서 진행되는 사업들은 자활사업 프로그램인 사례관리, 자산형성 및 자활촉진 프로그램, 자활근로사업, 자활기업 지원 및 창업지원 등을 포함하고 있다.

3) 급여

국민기초생활보장제도 급여의 기본 원칙은 최저생활보장의 원칙, 보충급여의 원칙, 자립지원의 원칙, 개별성의 원칙, 가족부양 우선의 원칙, 타급여 우선의 원칙이다.

최저생활보장의 원칙이란, 생활이 어려운 자에게 생계・주거・의료・교육・자활 등 필요한 급여를 행하여 이들의 최저생활을 보장한다는 것이다. **보충급여의 원칙**이란, 생계급여 수급자의 최저보장수준은 생계급여액과 수급자 가구의 소득인정책을 합한 수준이 생계급여 선정기준 이상이 되도록 지원한다는 것이다. **자립지원의 원칙**은 근로능력이 있는 생계급여 수급자에게 자활사업에 참여할 것을 조건으로 생계급여를 지급한다는 것이다. **개별성의 원칙**이란 급여수준을 정함에 있어서 수급권자의 개별적 특수 상황을 최대한 반영한다는 것이다. **가족부양 우선의 원칙**이란 급여신청자가 부양의무자에 의한 보호가 먼저 행해져야 한다는 것이다. **타급여 우선의 원칙**이란 급여신청자가 다른 법령에 의하여 보호를 받을 수 있는 경우에는 기초생활보장급여에 우선하여 다른 법령에 의한 보호가 먼저 행해져야 한다는 것이다.

국민기초생활보장급여에는 생계급여, 의료급여, 주거급여, 교육급여, 해산급여, 장제급여, 자활급여가 있다.

(1) 생계급여

생계급여는 수급자에게 의복, 음식물 및 연료비, 기타 일상생활에 기본적으로 필요한 금품을 지급하는 것으로 생계급여 지급기준에서 가구의 소득인정액을 차감하여 산정한 금액이다. 생계급여 지급기준은 기준중위소득의 30%이다. 보장시설(생활시설) 수급자는 별도의 기준으로 산정한다.

(2) 주거급여

주거급여란 주거안정에 필요한 실제임차료와 수선유지비로 국토교통부에서 담당한다. 임차가구는 전월세비용을 지원하고, 자가가구는 낡은 집을 수선해 준다. 임차가구는 지역 및 가족 수에 따라 산정한 기준임대료를 상한으로 실제임차료[월임차료+보증금 환산액(연 4% 적용)]을 지원한다.

자가가구에는 수선유지급여를 지급하며, 주택의 노후도에 따라 도배, 난방, 지붕 등 종합적인 수리를 지원한다. 소득인정액이 생계급여 선정기준(중위소득의 30%) 이하인 경우 수선비용의 100%, 생계급여 선정기준 초과~중위소득 35% 이하인 경우 수선비용의 90%, 중위소득 35% 초과~중위소득 43% 이하인 경우 수선비용의 80%를 지원한다.

(3) 교육급여

교육급여는 교육부장관 소관으로 2020년까지 의무교육 대상인 초등학생과 중고등학생에게는 부교재비와 학용품비를 지급하고 고등학생에게는 교과서대, 수업료, 입학금을 지급하였는데, 2021년부터는 '**교육활동지원비**'로 통합, 변경되었다.

(4) 의료급여

의료급여는 의료급여 수급권자에게 지급하는 진찰·검사, 약제·치료재료의 지급, 처치·수술과 그 밖의 치료, 예방·재활, 입원, 간호, 이송 등의 의료서비스 급여 대상 항목에 대한 의료비 중 수급자 본인부담비용을 제외한 전액이다. 의료급여의 보다 자세한 내용은 의료급여제도에서 다룰 것이다.

(5) 해산급여

해산급여는 생계급여, 주거급여, 의료급여 중 하나 이상의 급여를 받는 수급자에게 사유가 발생했을 때 1회 지급하는 급여이다. 수급자에게 조산, 분만 전후에 필요한 조치와 보호에 대한 급여를 실시하는 것으로 수급자나 세대주에게 출생영아 1인당 700천 원(2022년 기준)을 지급하는 것이다. 급여를 의료기관에 위탁하는 경우에는 수급품을 그 의료기관에 지급할 수 있다.

(6) 장제급여

장제급여는 수급자가 사망한 경우 사체의 검안·운반·화장 또는 매장, 그 밖의 장제조치를 하는 것에 대해 실제로 장제를 실시하는 사람에게 장제에 필요한 비용(2022년 기준 사망자 1구당 800천원)을 지급하는 것으로 한다. 다만, 그 비용을 지급할 수 없거나 비용을 지급하는 것이 적당하지 않다고 인정하는 경우에는 물품을 지급할 수 있다.

(7) 자활급여

자활급여는 수급자의 자활을 돕기 위하여 자활에 필요한 금품의 지급 또는 대여, 자활에 필요한 근로능력의 향상 및 기능습득의 지원, 취업알선 등 정보의 제공, 자활을 위한 근로기회의 제공, 자활에 필요한 시설 및 장비의 대여, 창업교육, 기능훈련 및 기술·경영 지도 등 창업지원, 자활에 필요한 자산형성 지원 등의 서비스를 실시하는 것이다. 자활급여는 관련 공공기관·비영리법인·시설과 그 밖에 대통령령으로 정하는 기관에 위탁하여 실시할 수 있으며 이 경우 비용은 보장기관(보건복지부, 시·도, 시·군·구)이 부담한다.

수급자 및 차상위자는 상호 협력하여 자활기업을 설립·운영할 수 있다. 보장기관은 자활기업에게 직접 또는 자활복지개발원, 광역자활센터, 지역자활센터를 통하여 자활을 위한 사업자금 융자, 국유지·공유지 우선 임대, 국가나 지방자치단체가 실시하는 사업의 우선 위탁, 자활기업 운영에 필요한 경영·세무 등의 교육 및 컨설팅 등의 지원을 할 수 있다.

보장기관은 수급자 및 차상위자의 고용을 촉진하기 위하여 상시 근로자의 일정비율 이상을 수급자 및 차상위자로 채용하는 기업에 대해 자활기업 지원과 같은 지원을 할 수 있다.

그 밖에 수급자가 자활에 필요한 자산을 형성할 수 있도록 재정적인 지원을 할 수 있고, 수급자가 자활에 필요한 자산을 형성하는 데 필요한 교육을 실시할 수 있다. 자산형성지원서비스를 통해 형성된 자산은 수급자의 재산의 소득환산액을 산정할 때 이를 포함하지 않는다.

4) 전달체계

국민기초생활보장제도를 관장하는 보장기관은 **보건복지부**와 **지방자치단체**이다. 기초생활보장급여는 수급권자 또는 수급자의 거주지를 관할하는 시 · 도지사와 시장 · 군수 · 구청장이 실시한다. 단 교육급여는 시 · 도교육감이 실시하고, 주거급여는 국토교통부와 한국토지주택공사(LH)에서 실시한다. 사회복지전담공무원은 보장기관에서 국민기초생활보장급여를 실시하는 주요 인력이다.

보장기관은 수급자를 국가나 해당 지방자치단체가 경영하는 보장시설에 입소하게 하거나 다른 보장시설에 위탁하여 급여를 실시할 수 있다. 보장시설이란 사회복지사업법에 따른 생활시설로서 보장기관으로부터 위탁받은 수급자에게 보건복지부장관 및 소관 중앙행정기관의 장이 정하는 최저기준 이상의 급여를 실시해야 한다.

보건복지부와 광역 · 기초자치단체는 **생활보장위원회**를 둘 수 있다. 보건복지부에 두는 중앙생활보장위원회는 기초생활보장 종합계획의 수립, 소득인정액 산정방식과 기준 중위소득의 결정, 급여의 종류별 수급자 선정기준과 최저보장수준의 결정, 급여기준의 적정성 등 평가 및 실태조사, 급여의 종류별 누락 · 중복, 차상위계층의 지원사업 등에 대한 조정, 자활기금의 적립 · 관리 및 사용에 관한 지침의 수립 등에 대해 심의 · 의결한다. 광역자치단체와 기초자치단체의 생활보장지원회는 생활보장사업의 기획 · 조사 · 실시 등에 관한 사항을 심의 · 의결하는 기능을 한다.

그 밖에 자활지원을 위해 보건복지부는 한국자활복지개발원을 두고, 광역자치단체와 기초자치단체는 사회복지법인, 사회적 협동조합[2] 등 비영리법인과 단체 등의 신청을 받아 각각 광역자활센터, 지역자

2) 사회적 협동조합은 비영리법인의 성격을 가지며, 기획재정부의 인가를 받아 설립할 수 있다.

활센터를 지정할 수 있다. 시장·군수·구청장은 자활지원사업의 효율적인 추진을 위하여 지역자활센터, 직업안정기관, 사회복지시설의 장 등과 상시적 협의체인 자활기관협의체를 구축해야 한다.

5) 재원

국민기초생활보장제도 시행에 드는 인건비와 사무비, 생활보장위원회 운영에 드는 비용, 급여실시비용 등의 비용을 보장비용이라고 한다. 보장비용의 부담은 국가, 시·도, 시·군·구가 각각 차등하여 분담한다. 급여 범위 및 수준을 초과하여 급여를 실시하는 경우 초과 보장비용은 해당 지방자치단체가 부담한다(국민기초생활보장법 제42조, 제43조).

수급자에게 부양능력을 가진 부양의무자가 있음이 확인된 경우에는 보장비용을 지급한 보장기관이 생활보장위원회의 심의·의결을 거쳐 그 비용의 전부 또는 일부를 부양의무자에게 징수할 수 있다.

보장비용은 정부 일반 예산을 통해 조달되며, 정부로부터 지자체로의 재정 보조는 보조금 관리에 관한 법률 시행령 기존보조율에 따라 서울은 50%, 그 밖의 지자체는 80%를 보조한다. 나머지 50%(서울)와 20%는 광역자치단체와 기초자치단체가 분담한다.

3. 의료급여

의료급여제도는 생활이 어려운 사람에게 의료급여를 함으로써 국민보건의 향상과 사회복지의 증진에 이바지함을 목적으로 한다(의료급여법 제1조).

의료급여제도는 국민건강보험과 함께 우리나라 의료보장제도의 한 축이면서 국민기초생활보장제도의 의료급여를 제도화한 것이라 할 수 있다.

1) 연혁

의료급여법의 역사를 거슬러 올라가면 생활보호법의 규정으로 포함되어 있던 것이 시행령이 마련되지 않아 시행되지 못하다가 1979년부터 의료보호법의 제정과 함께 시행되었다. 의료보호제도가 빈곤층 대상의 의료보장제도 역할을 수행하였으나, 진료지역이 정해져 있고 진료기관이 제한되는 등 건강보험에 비해 제약이 많았다(문창진, 2003 ; 박병현, 2021에서 재인용).

의료보호법은 국민기초생활보장법의 제정과 더불어 2001년 의료급여법으로 명칭과 내용이 전부개정되어 시행되고 있다. 의료급여법으로 전부개정하면서 의료급여 수급기간 제한을 폐지하였고, 예방·재활에 대하여도 의료급여를 실시하였다. 2003년부터는 본인부담보상금제도를 실시하였고, 2004년에는 2종 의료급여수급권자의 본인부담비율을 20%에서 15%로 인하하였다. 만성질환 및 희귀난치성질환자에 대한 차상위 의료급여특례제도를 실시하였고, 의료급여 본인부담상한제를 실시하였다. 2005년에는 국내에 입양된 18세 미만 아동에 대해

1종 의료급여를 실시하였고, 2011년에는 의료급여 수급권자에 대한 사례관리를 실시하였다. 시 · 도, 시 · 군 · 구에 의료급여 관리사를 두고 의료급여 사업단을 설치 · 운영하도록 하였다. 2013년에는 수급권자 인정 절차를 명확히 규정하여 수급자 외에 이재민, 5.18민주화운동 관련자 등이 의료급여 수급권자가 되려면 시장 · 군수 · 구청장에게 수급권자 인정 신청을 하도록 하였다(김수정, 2017).

2) 대상

의료급여 수급권자는 의료급여를 받을 수 있는 자격을 가진 사람이다. 의료급여 수급권자는 국민기초생활보장 수급자와 동일한 것이 아니라 그보다 범위가 넓다. 2013년 개정으로 의료급여가 반드시 필요한 사람에게 제공될 수 있도록 다른 법령에 따라 수급권자가 되는 사람(이재민, 노숙인 등)의 수급권자 자격에 대한 기준을 보완하고, 수급권자 소득 · 재산을 확인하는 등의 인정절차에 관한 규정을 마련하였다(김수정, 2017).

의료급여 수급권자는 국민기초생활보장수급자, 국내 입양 18세 미만 아동 외에 이재민, 의사상자, 독립유공자, 국가유공자, 보훈보상대상자, 무형문화재, 북한이탈주민, 5.18민주화운동 관련자, 노숙인 중 의료급여가 필요하다고 인정한 사람이다.

의료급여 수급권자는 1종과 1종으로 구분된다. 1종 수급권자는 국민기초생활보장수급자 중 근로능력이 없거나 근로를 할 수 없는 자, 타법에 의한 의료급여 수급권자(국내 입양 18세 미만 아동, 이재민, 의사상자, 독립유공자, 국가유공자, 보훈보상대상자, 무형문화재, 북한이탈주민, 518민주화운동 관련자, 노숙인 중 의료급여가 필요하다고 인정한 사함), 무연고자이다. 그 밖의 의료급여수급권자는 모두 2종 수급권자이다.

3) 급여

의료급여의 내용은 진찰·검사, 약제·치료재료의 지급, 처치·수술과 그 밖의 치료, 예방·재활, 입원, 간호, 이송과 그 밖의 의료목적 달성을 위한 조치이다. 보장기관은 긴급하거나 그 밖의 부득이한 사유로 의료급여기관이 아닌 곳에서 질병·부상·출산 등에 대하여 의료급여를 받았을 때에는 그 의료급여에 상당하는 금액을 수급권자에게 요양비로 지급할 수 있다.

저소득계층의 의료비부담을 국가가 지원하는 제도로서, 급여대상 항목에 대한 의료비 지원을 원칙으로 한다. 본인부담보상제 및 본인부담 상한제가 있어 일정 기준을 초과하는 경우 초과금액을 국가가 지원한다. **본인부담보상제**란 수급권자의 급여대상 본인부담금이 일정한 기준 금액을 초과한 경우, 그 초과금액의 100분의 50에 해당하는 금액을 보상하는 것이고, **본인부담상한제**란 수급권자의 급여대상 본인부담금이 일정한 기준 금액을 초과한 경우, 그 초과금액의 전액에 해당하는 금액을 보상하는 것이다.

의료급여 수급자는 1차 의료급여기관에 우선 의료급여를 신청하여야 하며, 2차 의료급여기관, 3차 의료급여기관 순서로 이용할 수 있다. 의료급여의뢰서를 통해 진료를 의뢰할 수 있고, 의료급여 절차를 지키지 않는 경우 발생한 진료비 전액을 본인이 부담하게 된다.

4) 전달체계

의료급여에 관한 업무는 수급권자의 거주지를 관할하는 특별시장·광역시장·도지사와 시장·군수·구청장(이하 보장기관)이 한다. 보장기관은 수급자의 건강 유지 및 증진을 위하여 필요한 사업을 실시해야 한다(의료급여법 제5조). "의료급여기관"이란 수급권자에 대한 진료·조제 또는 투약 등을 담당하는 의료기관 및 약국을 지칭한다.

보건복지부장관, 특별시장·광역시장·도지사 및 시장·군수·구청장은 수급권자의 건강관리 능력 향상 및 합리적 의료이용 유도 등을 위라여 사례관리를 실시할 수 있다. 사례관리를 실시하기 위하여 특별시·광역시·특별자치시·도·특별자치도 및 시·군·구에 의료급여 관리사를 둔다. 보건복지부장관은 사례관리사업의 전문적인 지원을 위하여 사례관리 업무를 공공 또는 민간 기관·단체 등에 위탁하여 실시할 수 있다(의료급여법 제5조의 2).

의료급여제도에서는 의료급여 수급권자의 삶의 질 향상과 적정 의료 이용을 목적으로 수급자의 욕구를 사정하고 건강 상담 및 필요 정보를 제공하는 의료급여 사례관리사업을 실시하고 있다. 의료급여 사례관리사업 수행체계로는 보건복지부 기초의료보장과, 의료급여사례관리사업 지원단, 시·도, 시·군·구 의료급여 담당부서, 국민건강보험공단과 건강보험심사평가원이다. 의료급여 사례관리사업 수행인력은 의료급여 관리사로 자격기준은 의사·치과의사·한의사·조산사 및 간호사이다(보건복지부, 2021).

의료급여관리사는 수급권자의 건강관리 능력 향상을 위한 교육 및 상담, 의료급여제도 안내 및 의료기관 이용 상담, 의사의 의료와 보건지도 및 약사의 복약지도에 대한 수급권자 이행 여부 모니터링 등 요양방법 지도, 수급권자와 보장시설 등 보건·복지 자원과의 연계 등의 역할을 수행한다(보건복지부, 2018).

보건복지부, 시·도 및 시·군·구에는 의료급여사업 실시에 관한 사항을 심의하기 위해 의료급여심의위원회를 둔다(의료급여법 제6조).

5) 재원

의료급여비용의 재원에 충당하기 위하여 **시 · 도**에 **의료급여기금**을 설치한다. 의료급여기금은 국고보조금, 지방자치단체 출연금, 재지급금, 부당이득금, 과징금, 결산상 잉여금 및 그 밖의 수입금을 재원으로 한다. 국가와 지방자치단체는 기금 운영에 필요한 충분한 예산을 확보하여야 한다(의료급여법 제25조). 국고보조율은 서울시의 경우 국비와 지방비 50:50, 광역시는 국비와 사비 80:20, 도는 국비:도비:시군수비 비율이 80:14:6 또는 80:16:4이다.

의료급여기금은 일반회계와 구분하여 별도의 계정을 설치하여 관리하여야 한다. 의료급여 기금은 급여비용, 대지급금, 업무위탁시 소요비용(위탁수수료), 행정경비에 한하여 사용할 수 있다.

4. 긴급복지지원제도

긴급복지지원제도란 갑작스러운 위기상황으로 생계유지가 곤란한 저소득층에게 생계·의료·주거지원 등 필요한 복지서비스를 신속하게 지원하여 위기상황에서 벗어날 수 있도록 돕는 제도이다. 긴급복지지원제도는 선지원 후처리 원칙, 단기 지원 원칙, 타법률 지원 우선의 원칙, 가구단위 지원원칙의 4가지 기본 원칙이 있다(보건복지부, 2021).

1) 연혁

긴급복지지원제도는 기존의 공공부조제도나 사회복지서비스와 연계되도록 하려는 목적으로 2005년 12월 공포되어 2006년 3월부터 시행되었다. 제정 당시에는 시행일로부터 5년간만 효력을 발휘하는 한시법으로 출발하였으나 2009년 5월 개정으로 현재는 영속법으로 변경되었다(김수정, 2017). 이후 2013년 생계지원 소득기준을 완화함으로써 긴급지원 대상자 진입제한을 해소하고, 주거지원 기간의 상한을 현행 6개월에서 12개월로 연장함으로써 안정적인 주거확보 기간을 보장하였다. 2015년 7월부터는 국가 및 지방자치단체가 연 1회 이상 정기적으로 위기상황에 처한 사람에 대한 발굴조사를 실시하도록 하고, 긴급지원대상자에게 신속히 지원할 필요가 있다고 판단되는 경우 긴급지원담당공무원이 우선 필요한 지원을 할 수 있도록 하였다.

2) 대상

긴급복지지원제도의 대상은 갑작스러운 위기 사유 발생으로 생계유지 등이 곤란한 가구이다. 위기 사유란, 주소득자가 사망, 가출, 실직, 행방불명, 구금시설애 수용되는 등의 사유로 소득을 상실한 경우, 중한 질병 또는 부상을 당한 경우, 가구구성원으로부터 방임 또는 유기되거나 학대 등을 당한 경우, 가정폭력 또는 가구구성원으로부터 성폭력을 당한 경우, 화재 등으로 인해 거주하는 주택 또는 건물에서 생활하기 곤란한 경우 등이다(보건복지부 홈페이지).

긴급지원대상자 혹은 긴급지원대상자의 친족 및 관계인은 구술 또는 서면으로 시군구청장에게 긴급지원을 신청하거나 긴급지원대상자를 발견한 사람이 긴급지원이 필요하다고 신고를 하면 긴급지원담당 공무원 또는 관계자가 현장 확인을 한다. 현장 확인에서는 위기상황에 처했는지 여부(위기를 초래한 사유 발생 여부, 생계유지 등의 곤란 등), 다른 법률에 의한 지원대상자인지 여부, 소득 및 재산 등을 파악한다. 소득·재산 참고 기준은 소득 중위소득 75% 이하, 재산 18,800만 원 이하(중소도시 11,800만원, 농어촌 10,100만원), 금융재산 500만원 이하이다. 이때 소득 및 재산 확인은 기준 충족 여부를 조사하는 것이 아니라 가구구성원 전원의 소득 및 재산을 개략적으로 파악하는 것이다.

3) 급여

긴급지원제도의 급여 종류는 크게 금전 또는 현물 등의 직접지원과 민간기관단체와의 연계 등의 지원으로 구분된다. 금전 또는 현물 등의 직접지원은 주급여와 부가급여로 구분되며, 주급여에는 생계지원, 사회복지시설 이용 지원이 있다. 부가급여에는 교육지원, 연료비 등 그 밖의 지원이 있다.

생계지원은 식료품비, 의복비 등 생계유지에 필요한 1개월 생계유지비를 의미하고, 의료지원은 각종 검사 및 치료 등의 의료서비스 지원이다. 주거지원은 임시검소를 제공하거나 이에 해당하는 비용을 지원하는 것이다. 사회복지시설 이용 지원은 사회복지사업법에 따른 사회복지시설 입소 또는 이용서비스 제공이나 이에 필요한 비용을 지원하는 것이다.

교육지원은 초·중·고등학생의 수업료, 입학금, 학교운영지원비, 학용품비 등 필요한 비용을 지원하는 것이고, 그 밖의 지원은 연료비, 전기요금이나 그 밖의 출산, 장례 등의 위기상황 극복에 필요한 비용을 지원하는 것이다.

생계, 주거, 복지시설 이용 및 그 밖의 지원은 1개월간 지급되고, 위기상황이 계속된다고 판단되면 1개월씩 두 번의 범위에서 기간을 연장할 수 있다.

의료지원과 교육지원은 1회 실시하는 것을 원칙으로 한다. 그러나 위기상황이 지속된다고 판단되면 긴급지원심의위원회 심의를 거쳐 지원을 연장할 수 있다.

생계지원, 복지시설 이용 지원, 그 밖의 지원은 총 6개월을 초과해서는 안되고, 주거지원은 12개월을 초과할 수 없다. 의료지원은 2회를 초과할 수 없고, 교육지원은 4회를 초과할 수 없다.

4) 전달체계

보건복지부 장관은 위기상황에 처한 사람에게 상담·정보 제공 및 관련 기관·단체 연계서비스를 제공하기 위하여 담당기구를 설치·운영할 수 있다. 시장·군수·구청장은 긴급지원사업을 원활하게 수행하기 위하여 지역사회복지협의체를 통하여 사회복지·보건 관련 기관·단체 간의 연계·협력을 강화해야 한다.

긴급지원기관인 **시·군·구청장**은 신고접수·현장확인 및 지원 결정을 하고 지원을 시행하며 사후조사 역시 시행한다. 긴급지원심의위원회는 시·군·구청장 요청에 따라 긴급지원 연장결정, 적정성 심사, 지원비용 환수 등을 심의·의결한다.

긴급지원 담당기구인 **보건복지상담센터**(129)는 접수를 받고 상담을 하며 정보제공 및 기관·단체 등을 연계한다. 민간협력체계인 의사 등 의료기관 종사자, 교사, 사회복지시설 종사자, 공무원 등은 대상자의 조기발굴과 신고, 지역사회보장협의체 등 민간자원 연계 지원 역할을 한다.

긴급지원을 실시하고 난 후에는 시장, 군수, 구청장이 긴급지원이 적정한지를 사후조사한다. 긴급지원심의위원회는 시장, 군수, 구청장이 사후조사한 결과를 참고하여 긴급지원의 적정성을 심시한다. 심사결과 긴급지원대상자에 대한 지원이 적정하지 않은 것으로 결정한 경우에도 긴급지원담당공무원의 고의 또는 중대한 과실이 없으면 이를 이유로 긴급지원 담당공무원에 불리한 처분이나 대우를 해서는 안 된다. 다만 적정하지 않은 지원으로 판단되면 지원 중당 및 비용 반환 등을 결정할 수 있다.

5) 재원

긴급복지지원제도의 재원은 일반조세로 보조금 지급 대상 사업이다. 긴급복지지원제도의 국고보조율은 서울 50%, 지방 80%이다.

5. 기초연금제도

기초연금제도는 노인에게 기초연금을 지급하여 안정적인 소득기반을 제공함으로써 노인의 생활안정을 지원하고 복지를 증진하는 것을 목적으로 한다. 노인의 안정된 노후생활을 지원하기 위해 1988년부터 국민연금 제도가 시행되었지만, 제도가 시행된 지 오래되지 않아 국민연금에 가입하지 못했거나 가입을 했더라도 그 기간이 짧아 충분한 연금을 받지 못하는 노인들이 많기 때문에 기초연금제도를 마련하였다. 지금의 청년들과 미래 세대는 현재 노인세대보다 더 많이, 오랜 기간 국민연금에 가입할 수 있다. 앞으로 안정적인 연금 혜택을 누릴 수 있기 때문에 국민연금 제도가 성숙함에 따라 자동적으로 기초연금이 조정되므로 미래의 재정부담도 줄어들 것이라 예상하였다. 기초연금제도는 현재의 심각한 노인빈곤문제를 해결하면서, 미래세대의 부담을 덜고 노후에 안정된 혜택을 누리도록 마련되었다(보건복지부 홈페이지).

1) 연혁

기초연금제도가 시행되기 전에도 노후소득 문제를 해결하기 위한 다양한 방법들이 존재했다. 1991년부터 70세 이상 거택보호 가구주 등에게 월 1만의 노령수당을 지급하였고, 1997년부터는 노령수당 대신 무갹출 노령연금을 지급하였다. 2007년 기초노령연금법을 제정하여 기초노령연금을 지급했으며 2014년부터는 기초노령연금제도 대신 기초연금제도를 시행하였다.

2) 대상

기초연금은 **65세 이상인 사람**으로서 소득인정액이 선정기준액 이하인 사람에게 지급한다. 선정기준액을 정할 때에는 65세 이상인 사람 중 기초연금 수급자가 70% 수준이 되는 선에서 정한다. 선정기준액은 65세 이상인 사람 및 그 배우자(노인가구)의 소득·재산 수준과 생활실태, 물가상승률 등을 고려하여 산정한다. 배우자가 있는 노인가구의 선정기준액은 배우자가 없는 노인가구의 선정기준액의 160%이다. 2021년 기준 선정기준액은 단독가구 1,690,000원, 부부가구 2,704,000원이다. 소득인정액은 소득평가액과 재산의 소득환산액으로 구성된다.

공무원, 사립학교교직원, 군인, 별정우체국 직원 등 직역연금수급권자 및 그 배우자는 기초연금수급대상에서 제외된다. 다만 지역(공무원.사립학교교직원.군인.별정우체국직원) 재직기간이 10년 미만인 국민연금과 연계한 연계퇴직연금 또는 연계퇴직유족연금 수급권자 및 그 배우자, 장해보상금, 유족연금일시금, 유족일시금을 받은 이후 5년이 경과한 경우 기초연금 수급대상에 포함된다.

3) 급여

기초연금 수급권자에 대한 기초연금액은 기준연금액과 국민연금 급여액 등을 고려하여 산정한다. 개인별 기초연금액을 산정한 뒤 기초연금액을 감액(부부감액, 소득역전방지감액)하여 최종 기초연금액이 결정된다. 기준연금액은 보건복지부장관이 전년도 기준연금액에 전국소비자물가변동률을 반영하여 매년 고시한다.

무연금자, 국민연금 월 급여액이 기준연금액의 150% 이하인 자,

국민연금의 유족연금이나 장애연금 수급자, 장애인연금 수급자는 기준연금액을 받을 수 있다.

국민연금 급여액이 기준연금액의 150%를 초과하는 노령연금, 분할연금, 연계노령연금, 연계퇴직연금 수급자는 국민연금액과 소득재분배급여액(A급여액) 등을 고려한 기초연금을 받는다.

선정된 기초연금액은 가구 유형, 소득인정액 수준에 따라 감액될 수 있다. 단독가구와 부부가구 간의 생활비 차이를 감안하여, 부부가 모두 기초연금을 받는 경우에는 각각에 대하여 산정된 기초연금액의 20%를 감액한다. 기초연금을 받는 사람과 못 받는 사람 간에 기초연금 수급으로 인해 발생할 수 있는 소득역전을 최소화하기 위해 소득인정액과 기초연금을 합산한 금액이 선정기준액을 초과하는 경우 가구 단위로 소득인정액 구간별 금액을 적용하여 감액한다.

4) 전달체계

국가와 지방자치단체는 기초연금이 제도의 목적을 달성하도록 필요한 비용을 부담하고 재원을 조성하여야 한다. 보건복지부장관 또는 기초자치단체장은 기초연금사업의 원활한 수행을 위해 기초연금 관련 업무를 국민연금공단에 위탁할 수 있다.

기초연금 신청, 상담, 접수 등의 업무는 읍·면·동 및 국민연금관리공단에서 할 수 있다. 시·도 및 시·군·구의 통합조사관리팀에서는 기초연금 신청자의 조사 가구 유형을 확정하고 금융정보, 공적 자료 등 조회를 요청하여 소득재산조사를 하고 수급요건을 확인한다. 이후 시·도 및 시·군·구에서는 수급자를 결정하고 수급가구 유형을 확정한 후 기초연금 급여액을 결정하여 수급자에게 결정·통보·지급한다.

5) 재원

국가는 지방자치단체의 노인인구 비율 및 재정 여건 등을 고려하여 기초연금의 지급에 드는 비용 중 40% 이상 90% 이하의 비용을 부담한다. 국가가 부담하는 비용을 뺀 비용은 시·도 및 시·군·구가 상호 분담하며, 분담비율은 노인인구 비율 및 재정여건 등을 고려하여 시·도의 조례로 규정한다.

보건복지부는 기초자치단체 국가부담 비율을 결정하고 국가부담금을 광역자치단체에 교부한다. 광역자치단체는 보건복지부가 교부한 국가부담금과 조례로 정한 시도분담금을 합하여 기초자치단체에 기초연금 예산을 교부하고 정산한다. 기초자치단체는 광역자치단체에서 교부받은 국가부담금과 시도분담금과 시군구분담금을 합하여 기초연금을 지급하고 정산한다.

읽을거리

95누7727 "노령수당지급대상자선정 제외처분 취소"(1996.4.12.)

1991년부터 생활보호법상 생활보호대상자로 지정되어 왔던 노인이 1994년에 노령수당지급 신청을 하였으나, 1994년도 노인복지사업지침상 70세 이상의 생활보호대상 노인에게만 노령수당을 지급하도록 되어 있어, 아직 만 70세가 되지 않았다는 이유로 노령수당 지급대상자 선정에서 제외되었다. 그런데, 이 당시 노인복지법 제13조 제1항에는 국가 또는 지방자치단체는 64세 이상의 자에 대하여 노령수당을 지급할 수 있고, 노령수당을 지급할 시기 및 대상자 선정기준 등에 관하여 필요한 사항은 대통령령으로 위임하였다. 이에 근거하여 노인복지법시행령은 노령수당 지급대상자를 65세 이상의 자 중 소득수준 등을 참작하여 보건사회부장관이 정하는 일정 소득 이하의 자로 한다(제17

조)고 정하고 있고, 나아가 노령수당의 지급수준은 매년 예산의 범위 안에서 보건사회부장관이 정한다고 규정하였다(제20조 1항). 이에 따라 보건사회부장관은 행정규칙인 '1994년도 노인복지사업지침'이라는 고시를 제정하여 노령수당의 지급대상자, 지급방법 등에 관하여 구체적으로 규정하였는데, 이 때에는 70세 이상의 생활보호대상 노인으로 규정한 것이다.

심화학습문제

1. 주변의 이웃이나 가족 중 어려운 상황에 있는 사람들의 예를 생각하여 보고, 그 사람의 상황과 그에 적합한 공공부조제도의 급여를 조사하여 소개하여 보자.

◈ 사회복지사 1급 국가시험 기출문제

1. 빈곤선과 빈곤지수에 관한 설명으로 옳지 않은 것은? (9회)
   ① 빈곤갭(poverty gap)과 빈곤율이 동일한 두 사회는 빈곤층의 소득분포가 동일하다.
   ② 빈곤율은 빈곤층의 규모는 나타내고 빈곤갭은 빈곤의 심도를 나타낸다.
   ③ 과거 기초생활보장제도의 기준이었던 최저생계비는 절대빈곤선 개념에 기초하고 있다.
   ④ 상대빈곤선은 소득 불평등의 영향을 직접적으로 받는다.
   ⑤ 일반적으로 중위소득 50% 기준 빈곤선은 평균소득 50% 기준 빈곤선보다 낮다.

〈답〉 ①

2. 빈곤에 관한 설명을 옳은 것을 모두 고른 것은? (16회)

> ㄱ. 사회적 배제는 빈곤·약탈과 관련된 사회문제를 나타내는 새로운 접근법이다.
> ㄴ. 빈곤율(poverty rate)는 빈곤선 이하의 사람들 간의 소득분포 상태를 파악할 수 있는 방법이다.
> ㄷ. 국민기초생활보장제도에서 생계급여 선정기준은 기준 평균소득 30% 이하의 기구이다.
> ㄹ. 상대적 빈곤은 박탈지표방식과 소득·지출을 이용한 상대적 추정방식으로 측정할 수 있다.

① ㄱ, ㄷ　② ㄱ, ㄹ
③ ㄴ, ㄷ　④ ㄷ, ㄹ
⑤ ㄴ, ㄷ, ㄹ

〈답〉 ②

4. 우리나라의 소득불평등에 관한 설명으로 옳지 않은 것은? (11회)
① 소득 불평등을 측정하는 지니계수는 로렌츠(Lorenz) 곡선에서 도출된다.
② 소득 1분위와 10분위의 소득비율로 소득 불평등을 측정하기도 한다.
③ 1997년 외환위기 이전에 비해 소득 불평등이 심화되었다.
④ 공적 이전소득의 소득 불평등 완화효과는 OECD 평균 소득이다.
⑤ 비정규직 고용의 증가는 일반적으로 불평등을 심화시킨다.

〈답〉 ④

5. 소득불평등에 관한 설명으로 옳은 것을 모두 고른 것은? (16회)

ㄱ. 10분위 분배율은 그 비율이 낮을수록 소득분배가 평등하다. ㄴ. 지니계수가 0.3에서 0.4로 상승했다면 소득불평등이 완화된 것이다. ㄷ. 5분위 배율은 상위 20%의 소득을 하위 20%의 소득으로 나눈 비율이다. ㄹ. 로렌츠 곡선(Lorenz curve)이 45선과 일치하며 소득분포가 완전히 균등하다.

① ㄱ ㄴ
② ㄴ ㄷ
③ ㄷ ㄹ
④ ㄱ ㄴ ㄷ
⑤ ㄱ ㄴ ㄹ

〈답〉 ③

6. 국민기초생활보장제도의 원칙에 관한 설명으로 옳지 않은 것은? (11회)
① 가족부양 우선의 원칙
② 자립 조장의 원칙
③ 현물급여 우선의 원칙
④ 생존권 보장의 원칙
⑤ 보충성의 원칙

〈답〉 ③

7. 우리나라의 사회복지정책 중 대상을 빈곤층으로 한정하는 정책이 아닌 것은? (15회)

① 보육급여 ② 생계급여
③ 주거급여 ④ 의료급여
⑤ 교육급여

〈답〉 ①

8. 우리나라의 자활사업에 관한 설명으로 옳지 않은 것은? (9회)

① 우리나라의 대표적인 노동연계복지 프로그램이다.
② 자활기업은 반드시 사회적 기업이어야 한다.
③ 자활사업에는 차상위계층이 참여할 수 있다.
④ 지역자활센터는 자활사업 참여자들에 대한 관리, 교육, 사업의 운영 주체이다.
⑤ 자활사업의 생산품은 시장영역 혹은 공공영역에서 소비된다.

〈답〉 ②

9. 우리나라 사회적 경제 주체에 관한 설명으로 옳은 것을 모두 고른 것은? (14회)

ㄱ. 사회적 협동조합은 영리를 목적으로 하는 법인이다.
ㄴ. 마을기업은 기획재정부장관의 허가를 받아 설립한다.
ㄷ. 협동조합기본법에 근거한 협동조합의 설립은 고용노동부장관의 허가를 필요로 한다.
ㄹ. 사회적 기업은 취약계층에게 사회서비스 또는 일자리를 제공하거나 지역사회에 공헌하는 기업이다.

① ㄱ ㄴ ㄷ ② ㄱ ㄷ
③ ㄴ ㄹ ④ ㄹ
⑤ ㄱ ㄴ ㄷ ㄹ

〈답〉 ④

10. 우리나라의 근로장려세제에 관한 설명으로 옳지 않은 것은? (12회)

① 자녀수별로 급여액, 급여의 증거율, 급여의 감소율 등을 차등화하였다.

② 고용노동부가 주부 부처이다.

③ 저소득층의 소득증대와 근로유인을 목표로 한다.

④ 미국의 EITC 제도를 모델로 하였다.

⑤ 우리나라 근로장려세제의 모형은 점증구간·평탄구간·점간구간으로 되어 있다.

〈답〉 ②

11. 국민의 기초생활보장제도에서 사회적 할당(social allocation)의 핵심 기준은? (10회)

① 귀속적 욕구　② 진단적 차등

③ 경제적 기여　④ 소득과 재산

⑤ 보상적 욕구

〈답〉 ④

13 chapter

사회서비스정책

사회서비스정책은 사회적 취약계층과 어려운 이들에게 사회적 보호와 지원을 제공하기 위해 정부나 사회 기관이 수립하는 정책이다. 이는 주로 건강, 교육, 주거, 보건의료, 종료 및 문화 등 다양한 분야에서 제공된다. 사회서비스정책은 취약한 개인과 집단들의 복지 향상을 목표로 하며, 사회적 공평과 안정을 촉진하는 데 중요한 역할을 한다. 이를 통해 사회적 불평등을 완화하고 사회적 통합을 증진하는데 기여한다. 사회서비스정책은 사회복지정책의 일환으로 실행되며, 국가와 시민의 전반적인 번영을 지원한다(CHAT GPT).

사회보장기본법 제3조에 의하면 **사회서비스 정책**이란 국가·지방자치단체 및 민간부문의 도움이 필요한 모든 국민에게 복지, 보건의료, 교육, 고용, 주거, 문화, 환경 등의 분야에서 인간다운 생활을 보장하고 상담, 재활, 돌봄, 정보의 제공, 관련 시설의 이용, 역량 개발, 사회참여 지원 등을 통하여 국민의 삶의 질이 향상되도록 지원하는 제도이다. 이 장에서 우리나라의 모든 사회서비스 정책에 대해 설명하기에는 사회서비스정책의 종류는 실로 다양하다. 이에 아동, 장애인, 노인, 가족 등 대상별로 아래와 같이 사회서비스정책을 설명하고자 한다.

1. 아동과 사회서비스

1) 드림스타트

드림스타트 서비스(Dreamstart Service)는 아동의 양육환경 및 발달 상태 사정 결과에 따른 사례관리를 통해 건강·기초학습·사회성 함양·부모교육·가족지지 등 맞춤형 통합서비스를 제공하는 것이다. 가족해체에 따른 가족기능 약화·사회양극화 등에 따라 빈곤의 대물림이 심화되고 있으나, 밀착형 서비스가 필요한 취약계층 아동에 대한 집중 관리는 미흡하기 때문에, 국가 성장잠재력 제고를 위한 선제적 인적투자로서 아동에 대한 투자가 필요하다는 공감대에서 시작되었다.

아동기의 빈곤은 아동의 전 생애는 물론 사회 전체 발전가능성을 저해한다. 아동에 대한 조기 투자는 성장과 복지의 선순환을 달성, 사회문제 예방 및 사회통합 유도 등 사회적 환원효과가 큰 것으로 분석된다.

지원 대상은 모든 0세(임산부)~만 12세(초등학생 이하) 아동 및 가족으로, 수급자 및 차상위계층 가정, 보호대상 한부모가정(조손가정 포함), 학대피해아동 등에 대한 우선지원 원칙이 있다. 사업지역(시·군·구) 내 거주하는 해당 연령의 아동과 그 가족, 임산부를 대상으로 가정을 방문하여 '드림스타트 양육환경 및 아동발달 사정'을 통해 위기개입, 집중사례관리, 일반사례관리아동을 선정한다.

급여 내용은 건강검진 및 건강관리, 기초학습 지원, 사회정서 증진 서비스, 부모 양육지원 등 아동발달 영역별 맞춤형 통합서비스로 자세한 내용은 다음과 같다.

드림스타트 서비스의 전달체계는 보건복지부와 광역자치단체, 아동권리보장원, 시군구 아동통합서비스지원단, 민간 서비스 제공기관 등이다. 시군구 소속 드림스타트 지원단(공무원 및 분야별 전문인력으로 구성)은 지역사회의 돌봄 필요 아동 및 취약계층 아동가구를 방문하여 상담하고, 아동별 서비스계획을 수립하여 필요시 지역사회 자원(지역아동센터, 희망복지지원단, 아동보호전문기관 등)과 연계하여 서비스를 지원한다. 취약계층 아동에 대한 전문적인 서비스를 제공하기 위해 보건, 복지, 보육(교육) 분야별로 아동통합사례관리사를 채용한다.

드림스타트(아동통합사례관리) 사업의 재원은 100% 국고보조금에서 변경되어 2020년부터 정부와 지자체가 분담한다. 지원금액은 지역 여건(취약계층 아동 수, 지리적 특성) 및 사업 추진상황(사례관리아동 수, 아동통합사례관리사 인력 규모)에 따라 달라진다.

2) 지역아동센터 돌봄서비스

지역아동센터 돌봄서비스는 방과후 돌봄이 필요한 지역사회 아동의 건전육성을 위하여 보호·교육, 건전한 놀이와 오락의 제공, 보호자와 지역사회의 연계 등 종합적인 아동복지서비스를 제공하는 것이다. 지역아동센터는 2004년 이전부터 민간에 존재해 오던 공부방들을 지역아동센터로 법제화하여 2009년부터 시설평가를 시작하여 2017년 기준 2기 시설평가를 완료하였다. 2018년 12월 31일 집계로 전국에 4,211개의 지역아동센터가 있다(공공데이터 포털).

지역아동센터 서비스의 대상은 기초생활수급자 또는 차상위계층 가구이거나 가구의 소득이 기준중위소득 100% 이하인 장애인가족, 조손가족, 한부모가족, 다자녀가족, 맞벌이가정의 초등·중학생 아동이다.

지역아동센터에서 제공하는 서비스는 아동보호, 교육, 문화, 정서지원, 지역사회연계 서비스이고, 지역사회 특수성 및 대상의 특수성을 고려한 특화 서비스를 제공할 수 있다.

지역아동센터는 방과후 돌봄서비스를 제공하는 서비스 제공기관이고 이를 위해 보건복지부는 지역아동센터 지원사업을 총괄하고 국고보조금을 지원한다. 보건복지부에서는 아동권리보장원을 통해 연구개발 및 시설평가사업을 운영하고 종사자 교육기획, 프로그램 개발 등의 시설 운용 지원 기능을 한다. 광역자치단체는 사업계획을 검토·조정하고, 국고보조금 예산을 집행한다. 지역아동센터 시도지원단을 통해 시도특성화사업을 개발하고, 종사자 교육, 컨설팅 등 시설 운영을 지원한다. 시군구 담당부서 또는 드림스타트에서는 시군구 지역아동센터를 관리하고, 예산지원, 집행, 운영관리, 기관 간 서비스 연계·조정 역할을 한다(보건복지부, 2021).

지역아동센터 아동 수가 30명 이상이면 시설장 외에 생활복지사 1명 이상, 영양사 1명이 근무해야 하고, 아동수 10명 이상 30명 미만이면 시설장 외에 생활복지사 1명 이상 근무해야 하고, 지역아동센터 아동 수가 10명 미만이면 시설장 1인만 있어도 무방하다(보건복지부 홈페이지).

지역아동센터의 재원은 국고보조금을 통해 재정 지원을 받을 수 있으나, 시설 설치 신고 후 24개월이 지나야 보조금 지원을 받을 수 있다. 단 2018년 1월 1일 이후 신규 설치된 시설 중 설치자가 영리법인인 경우 국고보조금을 지원받지 못한다. 지원 내역은 기본운영비, 우수지역아동센터 지원비, 특성별 운영비이다(보건복지부, 2021).

2. 장애인과 사회서비스

1) 활동지원제도

장애인활동지원사업은 장애인 자립생활 지원, 가족부담 감소, 장애인 삶의 질 향상을 목적으로 신체적·정신적 사유로 일상생활과 사회생활을 하기 어려운 장애인에게 활동지원서비스를 제공하는 것이다.

장애인 활동지원서비스 대상은 만 6세 이상 만 65세 미만의 장애인복지법상 등록 장애인(서비스지원 종합점수 42점 이상)이거나 65세 이상인 경우 활동지원수급자였던 자가 '노인장기요양보험'급여를 신청하여 받지 못하게 된 장애인이다. 대상적격 재판정은 수급자격 유효기간 (3년)에 따라 주기적으로 갱신된다.

장애인 활동지원서비스는 사회서비스 바우처로 지급된다. 서비스 내용은 활동보조, 방문목욕, 방문간호이다. ① 활동보조란 '활동지원사'가 수급자의 가정 등을 방문하여 신체활동, 가사활동 및 이동 보조 등을 지원하는 것이다. 신체활동지원은 목욕도움, 세면도움, 식사도움, 실내이동 도움 등이고, 가사활동지원은 청소 및 주변정돈, 세탁, 취사 등이며, 사회활동지원은 등하교 및 출퇴근 보조지원, 외출 동행 등이다. ② 방문목욕이란 **'요양보호사'**가 목욕설비를 갖춘 장비를 이용하여 수급자의 가정 등을 방문하여 목욕서비스를 제공하는 것이다. ③ 방문간호란 '방문간호사 등'이 의사, 한의사 또는 치과의사의 방문간호지시서에 따라 수급자의 가정 등을 방문하여 간호, 진료 보조, 요양에 관한 상담 또는 구강 위생 등의 서비스를 제공하는 것이다.

장애인 활동지원서비스는 장애인 본인 또는 대리인(가족, 사회복지 전담공무원 등)이 급여대상 장애인의 주소지 시군구(읍면동)에 신청하면, 시 · 군 · 구 (읍 · 면 · 동)는 행복e음을 통해 특별자치시 · 특별자치도 · 시 · 군 · 구로 즉시 전송한다. 읍 · 면 · 동은 활동지원급여수급 대상여부를 확인하고, 대상자인 경우 신청인에게 안내하며, 국민연금공단에 자격심의를 의뢰한다. 자격심의 결과 적격자에 한해 방문조사 등의 절차를 진행하고, 읍면동은 신청자격이 없는 경우 신청서와 구비서류를 반려한다.

국민연금공단은 방문조사와 수급자격 심의 모니터링 등 수급자 관리를 하고 자격심의 결과를 시군구(읍면동)에 통보한다. 시군구(읍면동)는 신청자와 한국사회보장정보원에 자격확인 및 수급 결정 통보를 해준다. 서비스 수급자는 시군구에서 지정한 서비스 제공기관과 서비스 계약 후 서비스를 이용한다. 서비스 이용시 비용 지불은 사회서비스 바우처를 이용하며 사회보장정보원은 서비스 이용자와 서비스 제공자의 바우처 이용을 관리한다. 보건복지부는 장애인활동지원사업을 관장하고 지자체에 국고를 지원한다.

장애인활동지원사업의 재원은 국고보조금과 이용료(본인부담금)이다. 보건복지부는 지자체에 서울 50%, 지방 70%의 국고보조금을 지급한다.

2) 발달재활서비스

발달재활서비스는 성장기의 정신적 · 감각적 장애아동의 기능 향상과 행동 발달을 위한 적절한 발달재활서비스를 지원하고 정보를 제공하는 것이다. 장애아동복지지원법 제21조 제1항에서는 '국가와 지방자치단체는 장애아동의 인지, 의사소통, 적응행동, 감각 · 운동 등의 기능향상과 행동발달을 위하여 적절한 발달재활서비스를 지원할 수 있다'고 규정하고 있다.

발달재활서비스의 대상은 만 18세 미만 뇌병변, 지적, 자폐성, 청각, 언어, 시각 장애 아동으로 가구소득이 기준중위소득의 180% 이하인 아동이다. 대상 아동이 초중등고등학교 재학 중인 경우에는 만 20세가 되는 달까지 지원을 연장한다. 단, 소득기준이 기준중위소득 180%를 초과하는 경우에는 장애아 2명 이상 가구, 부모 중 1명 이상이 중증장애인(1,2급 및 3급 중복장애)인 가장 중 시・군・구청장이 인정하는 경우에는 예산범위 내에서 본인부담금 8만원을 지원할 수 있다.

급여내용은 언어・청능, 미술・음악, 행동・놀이・심리, 감각・운동 등 발달재활서비스를 장애아동 및 부모의 수요에 따라 사업실기 기관이 제공한다. 2009년 발달재활바우처 서비스 시작 당시 서비스단가는 월 8회(주 2회), 회당 27,500원으로 하는 것을 기준으로 하되, 시・군・구에서 제공기관을 지정할 때 해당 지역의 시장가격, 전년도 바우처 가격, 타지역 가격, 제공인력의 자격 및 경력 등을 고려하여 적정단가를 설정할 수 있다.

발달재활서비스의 서비스 전달체계와 각 기관의 역할은 다음과 같다. 보건복지부는 발달재활서비스의 사업계획을 수립하고, 홍보, 운영매뉴얼 작성 등의 역할을 한다. 한국사회보장정보원은 시・군・구 예탁금 관리, 바우처 비용의 지급 및 정산, 국민행복카드 발급 및 관리, 모니터링 실시 및 통계관리의 역할을 한다. 광역자치단체는 기초자치단체의 사업을 관리・감독하고, 시군구는 서비스 신청 접수, 제공기관 지정 및 관리, 대상자 선정 및 등급 결정 등의 역할을 한다. 읍면동의 복지담당공무원은 서비스 신청을 접수하고, 소득재산 확인 및 변동을 관리한다. 서비스 제공기관은 서비스 제공 인력을 모집하고, 발달재활서비스를 제공한다.

서비스 제공인력은 발달재활서비스 관련 분야 국가자격증(언어재활사) 소지자 또는 국가공인 자격증 소지자이거나 대학 또는 이와 동등한 학교에서 14개 과목 42학점 이상 이수자, 대학원에서 7개 과목 21학점 이상 이수자이어야 한다.

발달재활서비스의 재원은 국고보조금, 지방자치단체 출연금과 이용자 본인부담금으로 이루어진다. 기준보조율은 서울 50%, 지방 70%이다. 2021년 발달재활서비스 지원금 예산은 94,968백만 원(장애아동 65,094명)인데, 발달재활서비스 신규지원자 확대 등에 따라 연례적으로 서비스에 대한 미지급금이 발생하고 있어, 신규지원자는 배정된 예산 범위 내에서만 확대 가능하다(보건복지부, 2021).

3. 노인과 사회서비스

1) 노인맞춤돌봄서비스

노인맞춤돌봄서비스란 일상생활 영위가 어려운 취약 노인에게 적절한 돌봄 서비스를 제공하여 안정적인 노후생활 보장, 노인의 기능·건강 유지 및 악화를 예방하기 위해 안전지원, 사회참여, 생활교육, 일상생활 분야의 다양한 서비스를 서비스 제공계획에 따라 직접 또는 연계하여 제공하는 서비스이다.

노인맞춤돌봄서비스의 대상은 만 65세 이상 기초생활수급자, 차상위계층 또는 기초연금수급자 중 독거·조손가구 등 돌봄이 필요한 노인으로 대상자 선정도구를 통해 우선순위에 따라 선정한다. 단 노인장기요양보험 등급자, 가사·간병 방문지원사업 이용자, 국가보훈처 보훈재가복지서비스 이용자, 장애인 활동지원 사업 이용자, 기타 이와 유사한 재가서비스 이용자는 유사중복사업 자격으로 제외하고 유사 중복사업 수급자 중 시장·군수·구청장이 서비스가 필요하다고 인정하는 경우는 예외적으로 제공 가능하다.

대상자 선정도구를 통해 **사회-신체-정신 영역**의 돌봄 필요도에 따라 대상자군을 결정하고, 대상자군에 따라 서비스 제공시간의 범위 등이 달라진다. 본 사업 대상은 신체적인 기능제한으로 일상생활지원 필요가 큰 중점 돌봄군과 사회적인 관계 단절 및 일상생활의 어려움으로 돌봄 필요가 있는 일반돌봄군으로 구분한다. 특화서비스 대상은 사회관계 단절, 우울증 등으로 집중적인 서비스가 필요한 대상이며, 사후관리 대상은 본 사업(중점돌봄군, 일반돌봄군) 종결자 중 사후관리가 필요한 자이다.

서비스 내용은 방문형, 통원형(집단 프로그램) 등의 직접 서비스 및 연계서비스를 제공하는 것으로 직접서비스는 안전지원, 사회참여, 생활교육, 일상생활지원으로 분류되고, 연계서비스는 대상자의 안정적인 생활을 지원하기 위하여 지역사회 내 민간자원 등의 후원물품이나 서비스를 연계 지원하는 서비스이다. 특화서비스는 고립, 우울, 자살생각 등이 높은 노인을 대상으로 개별 맞춤형 사례관리 및 집단활동을 제공하는 것이고, 사후관리 서비스는 사후관리가 필요한 대상자에게 정기적인 모니터링 및 자원연계를 실시하는 것이다. 서비스제공기간은 1년이며, 1년 도래 전 '재사정'을 통해 서비스 제공여부를 다시 결정한다.

노인맞춤돌봄사업의 전달체계는 보건복지부, 광역지자체, 기초지자체, 중앙노인돌봄지원기관(독거노인종합지원센터), 노인맞춤돌봄서비스 광역지원기관, 노인맞춤돌봄서비스 수행기관, 사회보장정보원이다.

노인맞춤돌봄서비스 사업의 재원은 국고보조금(서울 50%, 그 외 70%), 지자체출연금이다. 보건복지부는 각 시·지사에게 국고보조금을 교부하고, 시·도지사는 시군구별 예탁 금액을 정하여 국비와 시도비를 포함, 시군구에 보조금을 교부한다.

2) 노인일자리 및 사회활동 지원 사업

노인일자리 및 사회활동 지원 사업의 목적은 노인이 활기차고 건강한 노후생활을 영위할 수 있도록 공익활동, 일자리, 재능나눔 등 다양한 사회활동을 지원하여 노인복지 향상에 기여하는 것이다.

노인일자리 및 사회활동 지원 사업의 대상은 공공형은 만 65세 이상 기초연금수급자, 시장형은 만 60세 이상 사업 특성에 적합한 노인이다. 참여자 선발 기준은 일할 수 있는 정도의 건강상태를 지닌 직업이 없는 노인이며, 노인독신가구 또는 경제무능력자와 동거하는 노인 가구를 우선 선정한다. 국민기초생활보장 생계급여, 의료급여 수급자, 국민건강보험 직장가입자(인력파견형사업단 제외), 장기요양보험 등급판정자(1~5등급), 정부부처 및 지자체에서 추진 중인 일자리사업 참여자는 대상자 선정에서 제외된다.

노인일자리 및 사회활동 지원사업에서 제공하는 일자리 유형은 크게 공공형, 사회서비스형, 민간형으로 구분되고, 공공형은 다시 공익활동과 재능나눔활동으로, 민간형은 시장형 사업단, 인력파견형 사업단, 시니어 인턴십, 고령자 친화기업으로 구분된다. 공익활동과 재능나눔활동은 자원봉사 성격이고, 사회서비스형과 민간형은 근로 성격이다.

노인일자리 사업의 전달체계는 일자리사업 유형에 따라 조금씩 다르긴 하지만 공통적으로 보건복지부, 광역 및 기초 자치단체, 수행기관이 진행단계에 따라 다음 역할을 수행한다.

노인일자리전담기관이란 노인의 능력과 적성에 맞는 일자리지원사업을 전문적·체계적으로 수행하기 위한 전담기관으로 보건복지부장관은 중앙노인일자리전담기관을, 지방자치단체장은 지역노인일자리전담기관을 설치할 수 있다. 노인일자리전담기관에는 노인인력개발기관,

노인일자리지원기관, 노인취업알선기관이 있다. 노인인력개발기관은 노인일자리 개발·보급사업, 조사사업, 교육·홍보 및 협력사업, 프로그램 인증·평가사업 등을 지원하는 기관이다. 노인일자리지원기관은 지역사회 등에서 노인일자리 개발·지원, 창업·육성 및 노인에 의한 재화의 생산·판매 등을 직접 담당하는 기관이다. 노인취업알선기관은 노인에게 취업 상담 및 정보를 제공하거나 노인일자리를 알선하는 기관이다(노인복지법 제23조의2).

노인일자리사업 중 공익활동, 사회서비스형, 민간형 중 시장형사업단과 취업알선형은 국고보조사업으로 국고보조율은 50%(서울 30%)이다. 공익활동은 참여자 1인당 월 27만원과 부대경비 연 18만원을 지급하며, 사회서비스형은 참여자 1인당 활동비 월 594천원과 부대경비 연 532천원을 지급한다. 공익활동의 참여기간은 평균 11개월로 연 3,150천원이 지급되고, 사회서비스형의 참여기간은 10개월로 연 7,930천원이 지급된다. 시장형 사업단은 참여자 1인당 연 2,670천원, 취업알선형은 연 150천원이 지급된다(보건복지부, 2021).

4. 가족과 사회서비스

1) 보육서비스

보육서비스정책은 영유아 자녀를 둔 가족에게 가족의 보육서비스 수요에 대응하여 제공하는 어린이집 설치, 보육료 지원, 양육수당 지급, 다양한 형태의 보육서비스 마련 등의 정책이다. 저소득층 중심의 탁아정책으로 시작한 보육정책은 2006년부터 여성 사회진출 증가에 대응한 보육서비스 공급정책 중심으로 전환하였다. 2013년부터는 보육료, 양육수당을 소득에 관계없이 전체 영유아 자녀를 둔 가정에 지급하는 무상보육정책을 실시하였다.

보육서비스정책의 대상은 0~5세 영유아 자녀를 둔 모든 가족이다. 어린이집을 이용하는 만 0세~만 5세 영유아에게는 소득과 관계없이 보육료를 지원한다. 어린이집, 유치원, 종일제 아이돌봄서비스를 이용하지 않는 0세~6세 아동에게는 연령에 따라 10만원 ~20만원의 양육수당을 지급한다.

모든 영유아에게 적용되는 '기본보육시간'과 기본보육 시간 이후 돌봄공백이 우려되는 영유아에게 적용되는 '연장보육시간'으로 구분하여 어린이집 12시간(07:30~19:30) 운영 원칙은 유지하면서, 어린이집 보육시간을 2개의 시간으로 구분하였다. 각 보육과정에 대해 비용지원방식을 별도 적용하여 충실히 운영될 수 있도록 어린이집 지원방식을 합리화하고, 특히 연장보육시간에 안정적인 보육이 제공되도록 전담교사를 배치하였다. 연장보육은 부모가 취업중이거나 구직중인 경우, 장애가 있는 가구원이 있는 경우, 다자녀가구(2인 이상)인 경우, 어머니가 임신중이거나 간병을 요하는 경우, 부모가 학업중인 경우, 저소득층인 경우, 육아휴직 복직자의 경우 이용 가능하다.

시간제 보육은 양육수당을 받는 가구가 일시적인 보육수요가 발생하는 경우 필요한 만큼만 일정 비용을 지불하고 어린이집을 이용하는 보육서비스이고, 그 밖의 연장형 보육은 늦은 시간, 휴일에도 어린이집을 이용할 수 있도록 제공되는 보육서비스이다.

만 3~5세아에게는 유아공통과정(누리과정)을 도입하여 어린이집과 유치원으로 이원화되어 있는 교육·보육과정을 통합하였다. 누리과정이란 유아기에 필요한 기본소양, 자율성과 창의성 및 바른 인성을 기르고 전인발달을 이루도록 구성되어 있는 보육·교육 통합과정이다. 정부는 2025년부터 어린이집에 대한 관리·감독권한을 지방자치단체에서 시·도 교육청으로 이관하고, 보건복지부와 지자체가 관할하는 어린이집도 유치원처럼 교육부와 시·도 교육청 관할로 두고 한곳에서 관리·지원하는 '유보통합'(유아교육과 보육의 통합) 추진할 예정이다.

보육정책의 체감도를 높이고 수요자 중심 보육정책을 실현하기 위해 보육료를 어린이집에 지급하는 대신 전자카드 형태로 부모에게 직접 지급하는 보육전자바우처를 2009년 9월 도입하였다. 2015년부터 어린이집 지원카드인 아이사랑카드와 교육부 유아학비지원카드인 아이즐거운카드를 아이행복카드로 통합하여 어린이집-유치원 어디서나 정부지원금 결제가 가능하다.

보육서비스를 제공하는 어린이집은 설립주체에 따라 국공립어린이집, 사회복지법인어린이집, 법인·단체 등 어린이집, 민간어린이집, 직장어린이집, 가정어린이집, 협동어린이집으로 구분된다. 어린이집의 장은 어린이집 운영의 자율성과 투명성을 높이고 지역사회와의 연계를 강화하여 지역 특성에 맞는 보육을 실시할 수 있도록 하기 위하여 어린이집운영위원회를 설치, 운영해야 한다.

보육서비스 정책의 전달체계로는 서비스 제공기관인 어린이집뿐만 아니라 보육서비스 제공을 지원하고 평가인증제, 보육교직원 보수교육 등을 담당하는 육아종합지원센터, 한국보육진흥원 등의 보육서비스 지원기관이 있고, 시·군·구에서는 부모모니터링단을 운영하여 서비스 질에 대한 컨설팅과 모니터링을 실시한다.

보육서비스 정책은 국고보조사업으로 보육료지원사업과 가정양육수당은 서울 35%, 지방 65%의 기준보조율로 운영된다. 단, 해당 회계연도의 전전년도 최종예산에서 사회복지비 지수가 25 이상이면서 재정자주도가 80 미만인 기초자치단체는 10%p 인상하여 지급하고, 사회복지비 지수가 20 미만이면서 재정자주도가 85 이상인 기초자치단체는 10%p 인하하여 지급한다.

보육돌봄서비스, 육아종합지원서비스 제공, 어린이집 교원 양성 지원, 어린이집 지원 및 공공형어린이집 재원은 기존보조율 서울 20%, 지방 50%로 국고보조금을 지급한다. 마찬가지로 사회복지비지수와 재정자주도에 따라 국고보조율은 인상 또는 인하된다. 어린이집 기능보강 사업의 기준보조율은 50%이다.

2) 아이돌봄서비스

아이돌봄서비스란 만 12세 이하 아동을 둔 맞벌이 가정 등에 아이돌보미가 직접 방문하여 아동을 안전하게 돌봐 주는 서비스이다.

아이돌봄서비스는 아이돌봄서비스가 필요한 모든 가정에서 이용가능하며 정부지원 대상 가정이 아니면 전액 본인부담으로 서비스를 이용할 수 있다. 정부지원 가능한 대상은 양육공백이 발생하는 맞벌이 가정, 장애부모가정, 다자녀 가정, 기타 부모의 질병, 재학, 취업준비, 출산 등으로 아이돌보미 서비스가 필요한 가정 중 기준 중위소득 150% 이하인 가정이다.

아이돌봄서비스의 종류는 크게 시간제서비스, 영아종일제서비스, 기관연계서비스, 질병감염아동지원으로 구분된다. 먼저, ① 시간제서비스는 돌봄이 필요한 가정에 찾아가는 정부서비스로서 만 3개월~만 12세 이하 아동의 가정에 아이돌보미가 찾아가 1:1로 아동을 안전하게 돌보는 서비스이다. 야간·공휴일 상관없이 원하는 시간에 필요한 만큼 이용할 수 있고, 정부지원 시간 초과시에는 시간제한 없이 전액 본인 부담으로 서비스 이용이 가능하다. 이용시간은 1회 2시간 이상 사용할 수 있고, 양육공백이 발생하는 가정은 연 840시간 내에서 정부 지원 가능하다. 양육공백이 발생하지 않는 정부미지원 가정(전원주부 등) 및 정부지원 시간을 다 사용한 가정은 전액 본인부담으로 서비스 이용 가능하다.

일반형 시간제 아이돌봄서비스의 제공 범위는 서비스 종류에 따라 차이가 있으며, 시간제 돌봄서비스는 부모가 올 때까지 임시보육, 놀이활동, 준비된 식사 및 간식 챙겨주기, 보육시설 및 학교 등 하원, 준비물 보조 등의 서비스를 제공한다. 종합형 시간제 돌봄서비스는 시간제 서비스 외 돌봄 아동과 관련된 가사서비스(세탁 및 정리, 청소, 간식 조리와 설거지)까지 제공한다.

② 영아종일제 돌봄서비스는 만 3개월 ~ 만 36개월 영아 돌봄이 필요한 가정에 찾아가는 정부서비스이다. 영아종일제 돌봄서비스는 아이돌보미가 찾아가 1:1로 이유식 먹이기, 젖병 소독, 기저귀 갈기, 목욕 등의 영아돌봄과 관련된 활동 전반에 대한 서비스를 제공하고, 돌봄 대상 아동의 관찰사항(일상생활, 아동발달, 건강, 특이사항) 등을 매일 이용가정에 전달한다. 영아종일제 돌봄서비스는 월 60시간~200시간 이내 지원하고, 정부 지원 시간을 초과할 경우 전액 본인부담금으로 이용할 수 있다. 동일 아동에게 영아종일제 서비스와 시간제서비스를 중복 지원하는 것은 불가능하다.

③ 기관연계서비스는 사회복지시설, 학교, 유치원, 보육시설 등의 만 0세~12세 아동을 대상으로 아이돌보미가 기관에 직접 찾아가 돌봄을 제공하는 서비스이다. 아이돌보미 1인당 돌볼 수 있는 최대 아동 수는 영아는 3명, 유아·아동은 5명이다. 지원시간의 제한은 없으며 시간당 16,870원을 기관이 부담한다.

④ 질병감염아동지원은 사회복지시설, 어린이집·유치원, 초등학교 등 시설이용 아동이 전염성 및 유행성 질병 감염 등에 의해 불가피하게 가정양육이 필요한 경우 아이돌보미가 돌봄장소에 직접 찾아가 돌봄을 제공하는 서비스이다. 아동의 병원 이용을 위해 동행하거나 가사활동을 제외한 재가 돌봄서비스를 질병 완치 시까지 제공한다. 시간당 12,050원 서비스 비용 중 소득기준에 따라 정부지원과 본인부담이 달라진다.

아이돌보미사업은 여성가족부장관이 관장하고, 시도는 사업관리, 시군구는 사업 운영관리를 한다. 읍면동에서는 서비스 안내, 신청·접수, 유형 결정을 하며, 서비스 제공기관에서 아동돌봄서비스 연계를 지원한다. 교육기관은 양성교육 및 보수교육을 운영하고, 광역거점기관과 한국건강가정진흥원은 아이돌봄서비스 사업을 지원한다.

아이돌봄 지원사업의 재원은 국가, 지방자치단체, 기관(기관연계서비스의 경우) 및 이용자 부담으로 충당된다. 서울 30%, 지방 70%의 국고보조율로 국가는 지방자치단체에 보조금을 지원한다. 여성가족부는 시도별 국고보조금 교부시 서비스제공기관의 예산집행 및 사업실적을 고려하여 국고보조금을 교부한다.

심화학습문제

1. 내가 살고 있는 지역의 사회서비스 기관을 한 군데 골라 기관 방문을 하고 기관에서 제공하는 서비스의 내용과 종사자와의 인터뷰를 기록하여 발표하여 보자.

2. 2025년부터 추진예정 중인 유보통합정책에 대하여 토론하여 보자.

우리나라 노인복지정책에 대한 단상

옥필훈 전주비전대 아동복지과 교수

노인문제는 노인복지문제라는 말이 있다. 현재 우리의 노인문제와 노인복지정책의 현주소는 무엇일까? 흔히 노인문제를 4고(苦) 즉, 병고, 고독고, 무위고, 경제고 등으로 보고 있다. 최근 대한노인회에서는 노인연령을 65세에서 70세로 상향하자고 주장하고 있다. 2015년 통계청 자료에 의하면, 현재 노인인구가 13.1%에서 2025년에는 20%로, 2040년에는 32.6%까지 상승할 것이라는 것이다.

노인들은 어떻게 살아가고 있는가? 심리학자인 에릭슨(Erikson)은 노년기는 '신체, 정신, 사회적 소실을 경험하지만 지혜의 축적과 그 지혜를 후세에 전달할 기회가 주어지는 통합의 시간이기도 하다'라고 하고 있다.

개인적으로는 효를 근거하여 노인들을 부양하는 세대도 많지만 사실상 농경사회에서 산업화시대로 넘어가는 과정에서 부부중심으로 생활패턴이 이루어지다 보니 자식의 부재로 인해 노년에 부부간의 갈등으로 인해 최근 황혼이혼이 급증하는 계기가 되고 있는 실정이다. 사회적으로는 경제적인 어려움으로 인하여 환경미화, 지하철 택배, 도시락 배달, 주유소 아르바이트, 폐휴지줍기 등 단순노역에 종사하고 있는 것이다.

2011년 통계청 사회조사자료에 의하면, 건강이 33.3%, 경제적 어려움이 31%, 직업·고용불안정이 5.6% 순으로 나타났다. 필자는 이러한 내용을 토대로 우리나라에서 노인복지정책적인 대안을 제언하면 다음과 같다. 첫째, 노인에 대한 공적 복지서비스정책부문이다. OECD 국가들에서 나타나는 3배 이상의 빈곤율을 낮추기 위한 공적 서비스를 확충해야 할 것이다. 노인층에 대한 일자리창출 및 확대, 기초연금에 더 나은 소득 및 건강보장정책마련이다. 스웨덴은 지구촌에서 GDP의 34%를 복지에 쓰고 있는 나라이고, 그중에서 1/2이 노인복지의 예산이므로 그야말로 노인복지의 천국일 것이다. 호주에서는 1992년에 강제 퇴직연금제도(Superannuation)를 사업장에서 근로자가 젊어서부터 의무적으로 가입하여 근로자의 급여의 9% 정도를 연금을 위한 의무적립금으로 내놓도록 하여 노인들이 퇴직이후 연금을 받고 노후에 하고 싶은 일들을 하다가 생을 마감하는 아름다운 노후를 맞이하듯이 말이다. 사회적 안전망이 다소 취약한 우리나라는 이러한 운용사례를 참고할 만한 할 것이다.

둘째, 노인에 따른 중·장기 고용정책부문이다. 고령화시대에 걸맞는 노인일자리 사업 프로젝트를 많이 만들어 공적, 민간, 제3섹터에서 일할 수 있는 사회적인 분위기와 더불어 노인전문 일자리센터, 노인협동조합 등이 각지에서 만들어져 최소한의 복지정책(National Minimum)으로 일하면서 노후를 맞이할 수 있는 정책이 이루어져야 할 것이다.

셋째, 지역사회와 소통할 수 있는 대학교육기관의 전문인력의 배출정책부문이다. 노인문제를 대처하기 위한 노인복지학과에 더 나아가 노인상담학과, 노인복지경영학과, 노인레저스포츠학과, 노인의료전문로봇학과 등 전문인력을 배출하는 학과가 등장하여 전문인력을 배출해야 할 것이다. 더불어 대학교육에서 효 등 교양과목을 신설 및 강조하고, 현재의 자식이 부모를 모시고 사는 가정 중에서 경제적 지원도 아끼지 말아야 할 것이다. 결국 노인문제는 우리의 문제인 것이다.

〈전북일보〉, 2015.06.30

◈ 사회복지사 1급 국가시험 기출문제

1. 우리나라 사회서비스 전자바우처 제도에 관한 설명으로 옳지 않은 것은? (14회)
   ① 전자바우처 방식의 사회서비스는 2007년에 최초로 도입되었다.
   ② 사회서비스 전자바우처 도입으로 인해 공급자 지원방식에서 수요자 직접지원방식으로 전환이 가능해졌다.
   ③ 2012년 4개의 사회서비스 전자바우처 사업이 지정제에서 등록제로 전환되었다.
   ④ 임신출산 진료비 지원사업은 전자바우처 사회서비스사업 중 하나이다.
   ⑤ 전자바우처 도입에 의한 지불·정산업무 전산화로 지방자치단체의 사회서비스 행정부담이 대폭 증가했다.

〈답〉 ⑤

2. 사회서비스에 관한 설명으로 옳은 것은 ? (17회)
   ① 사회복지기관의 운영을 지원하는 서비스이다.
   ② 이윤추구를 일차적 목적으로 한다.
   ③ 사회적 욕구 충족에 초점을 둔다.
   ④ 사회서비스 대상자의 노동시장 참여를 강조하지 않는다.
   ⑤ 사회서비스의 수요자보다 공급자 지원을 증가시켰다.

〈답〉 ③

3. 노동시장 관련 및 사회복지정책에 관한 설명으로 옳지 않은 것은 ? (10회)
   ① 계약기간이 1년 미만인 근로자는 비정규직 근로자이다.
   ② 고용보험 구직급여는 대기기간 중에는 지급되지 않는다.
   ③ 경제활동인구는 만 14세 이상의 취업자와 실업자를 모두 포함한다.
   ④ 현행 경제활동인구 조사에서 조사대상 기간 1주일 동안 수업을 목적으로 1시간 이상 일한 사람은 취업자이다.
   ⑤ 노동시장 신규진입 또는 전직으로 인한 일시적 무직상태를 마찰적 실업이라 한다.

〈답〉 ③

4. 사회복지서비스 이용권(voucher)에 관한 설명으로 옳은 것은 ? (9회)

① 현금급여와 달리 오・남용 문제를 원천적으로 막을 수 있다.

② 현물급여보다 소비자의 선택권이 제한된다.

③ 서비스 공급자가 특정 소비자를 선호 또는 회피하는 현상은 발생하지 않는다.

④ 급여의 양에 대한 통제효과는 없다.

⑤ 공급자에게 보조금을 지급하는 방식보다 공급자 간 서비스 질 경쟁을 유도하는 데 유리하다.

〈답〉 ⑤

14
chapter

제4차 산업혁명시대의 복지정책

제4차 산업혁명시대의 복지정책은 기술과 인공지능의 발전으로 인해 변화하는 사회적 상황에 적합한 방식으로 구성되고 있다. 이는 디지털 기술을 활용하여 효율적이고 첨단적인 사회복지 서비스를 제공하는데 초점을 둔다. 또한, 노동 시장의 변화에 대응하여 일자리 창출과 전문 기술 교육을 강화하며, 인간 중심의 복지 서비스를 개발한다. 또한, 디지털 격차를 해소하고 모든 시민이 혜택을 누릴 수 있도록 보장하는데 힘쓴다. 제4차 산업혁명시대의 복지정책은 미래 지식사회에 대비하여 혁신적이고 지속적인 복지시스템의 구축과 사회적 안정을 촉진하는데 주력한다(CHAT GPT).

1. 제4차 산업혁명이란 무엇인가?

제4차 산업혁명은 인공지능으로 자동화와 연결성이 극대화되는 산업혁명의 변화를 의미한다(박경일, 2021). 4차 산업혁명에 대해 세계경제포럼(WEF, World Economic Forum, 2015)이 내린 정의를 살펴보면, "4차 산업혁명이란 3차 산업혁명을 기반으로 한 디지털과 바이오산업, 물리학 등의 경제를 융합하는 기술혁명으로 지능형 사이버 물리 시스템이 생산을 주도하는 사회구조로의 혁명"이라고 하였다. 기술의 가속화는 사회구조의 초연결, 초지능화, 가상화와 같은 기술혁명을 주도하면서 디지털 유기체 생태계(Digital Organic Ecosystem)를 구성하게 될 것으로 전망되고 있다(한국연구재단, 2018).

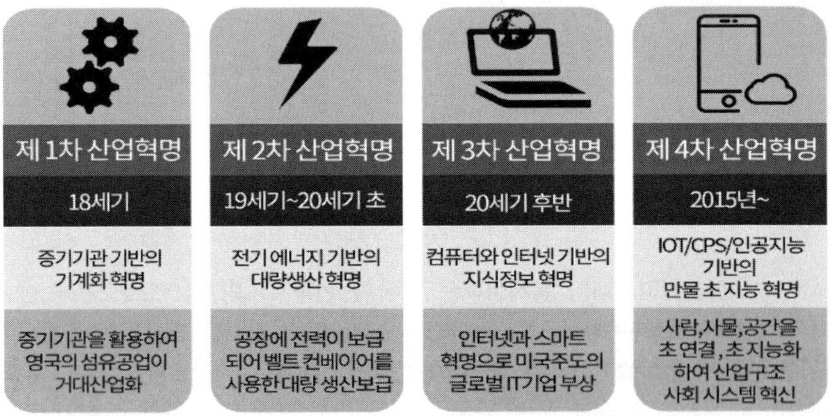

[그림 14-1] 제4차 산업혁명시대의 도래에 따른 변화의 추이

2. 제4차 산업혁명시대 복지패러다임의 변화와 구축전략

다보스포럼 '미래고용보고서'는 향후 2020년까지 인공지능, 로봇으로 인해 전 세계적으로 710만 개의 일자리가 소멸되고 200만 개의 일자리가 창출되어 결과적으로 510만 개의 일자리가 감소(WEF, 2016)할 것으로 분석되었다. 또한 4차 산업혁명은 우리가 일하고 여가활동을 하고 자기 계발을 하고 일상생활을 하는 모든 삶의 패턴을 바꿔놓게 된다. 지능정보사회의 사회적 위험에 대응하기 위한 복지패러다임의 전환 및 대응전략 모색의 필요성으로서 '인간 중심의 지능

정보사회'를 목표로 사회적 신뢰기반의 혁신적 사회안전망 구축이 필요하다. 덴마크 정부는 "고령화 및 저출산 등의 사회적 변화로 급증하는 복지 수요를 충족하기 위해 일상생활의 영역에 ICT기술을 접목시켜 생활의 편리를 돕는 복지서비스의 혁신"(Danish government, 2013)으로 복지기술을 정의하고 있다.

스마트 복지란 AI기반의 스마트 복지시스템을 구축, 사회적 약자가 겪는 일상의 어려움을 해결하는 돌보미 로봇, 지능형 치매관리 등을 통해 복지사각지대의 제거 및 차세대 복지 산업의 동반성장을 말한다.

〈표 14-1〉 스마트 복지의 유형과 내용

항 목	주요 내용
① 노인.장애인	보행 등 신체활동 지원 웨어러블 슈트를 개발하고, 재활병원·요양시설 등의 거동 불편자, 재활치료 환자 등을 대상으로 실증·보급을 추진한다.
② 치매	VR/AR/게임 기술을 활용하여 치매예방·치료가 가능한 기능성 콘텐츠 개발 및 보급을 추진하며 혈액·유전체 등 빅데이터 활용 AI 기반 등 치매 R&D 중장기계획을 마련한다.
③ 장애아동	안구마우스 등을 활용하여 의사를 표현할 수 있도록 보조하는 기구를 개발한다.
④ 취약계층 복지	소득·체납정보 등 빅데이터 기반 사회취약계층 발굴 및 차세대 사회보장정보시스템을 구축한다.

실제 일본에서는 고령자를 위한 간호로봇, 커뮤니케이션 로봇(파블로), 웨어러블로봇 슈트인 할(HAL), 놀이를 통한 치매예방 로봇 소타, 애완로봇 파로 등 다양한 로봇 사용이 현실화되고 있고 모발일기기를 이용한 원격진료상담 등도 실현되고 있다(최인덕, 2018).

심화학습문제

1. 인공지능시대에 사회복지서비스가 어떻게 변모하고 있으며 사회복지사로 대비해야 할 것이 무엇인지를 생각하여 보자.

메타버스시대의 미래사회에 관한 단상

옥필훈 전주비전대학교 교수

코로나19가 가져온 세상은 우리의 상식을 뛰어넘어 일상 또는 사회생활에까지 직접 및 간접적으로 영향을 주고 있다. 코로나19를 통하여 발빠르게 가져온 비대면시대는 정치·경제·사회·문화 등 모든 방면에서 우리의 삶을 발빠르게 변화케 하고 있다. 특히 재택근무와 원격수업이 당연시하게 되어 이로 인해 직장과 학교생활에도 영향을 주고 있다. 이와 동시에 우리 일상생활에도 스마트폰이 없으면 않될 정도로 인터넷쇼핑, 현금결제, 인터넷정보, 오락 등 라이프로깅(Lifelogging)은 손가락으로 정보를 입력하거나 클릭만 하면 원하는 것을 쉽게 얻는 시대가 되었다.

다시 말하면, 코로나 19가 소강상태에 있다고는 하지만, 우리의 삶은 단계적으로 비대면시대에 걸맞는 일상생활 속으로 빠르게 적응하고 있는 것이다.

〈세계미래보고서 2023〉에서는 2030년에 주목해야 할 직업군으로는 인공지능 심리학자, 메타버시 크리에이터, 메터버스 건축가, XR 융복합 콘텐츠 창작자, 데이터 과학자와 데이터 중개사, 사이버 정보 보안 애널리스트, 암호화폐 탐정, DAO변호사, 신체 부위 제작자, 생명과학 농부 등이 등장하고 있다. 가면 갈수록 빠른 기술혁신으로 인한 생활환경의 변화는 고용시장에서도 영향을 미칠 것을 예상하는 것은 어렵지 않을 것이다.

2020년 이래로 코로나19로 인해 온라인을 통해 대면하는 온택트가 일상의 패턴이 되어가고 있고, 과거 SF소설 또는 《레디 플레이어 원(Ready Player One)》과 같은 영화에서 나오는 비현실적인 이야기가 머지 않은 미래에 현실로 다가오고 있다.

우리 사회에서 계속적으로 회자되고 있는 메타버스(Metaverse)가 발전하면서 아바타에게 생명을 불어넣고 오감을 자극하므로 실제 가상공간에서 살아가는 것처럼 단순히 게임이나 시뮬레이션 환경에서 조작되는 캐릭터가 아닌 개인의 정체성을 발견하는 세상이 될 것으로 보여지고 있는 것이다. 2022년에는 메타버스의 시대의 전환점이 되었다고들 하고 있다.

메타버스가 만들어 가는 세상은 가상의 세계이지만 현실에서는 경제의 흐름이 왕성한 투자의 세계이기도 하다. 다시 말하면, 메타버스는 인간이 더 이상 지구환경에 머물지 않고 디지털화된 가상의 지구공간에서 일상생활의 시간이 점점 더 많아지고 특히 경제활동도 활발히 이루어지고 있다.

또한 시대의 흐름에 따라 학교현장에서는 대면과 비대면이 결합되는 혼합교육이 많아지고, 제페토(ZEPETO), 이프랜드(ifland) 등과 같은 플랫폼으로 메타버스시대에 걸맞는 비대면교육이 한창이다. 이와 같은 스마트폰 앱들은 청소년들의 매일의 삶이 되어가고 있다. 따라서 자라나는 청소년들에게 단지 변혁하는 시대에 편승하지 말라고 할 수 없는 노릇이다. 아이들이 열광하는 로블록스(Roblox)는 2006년 9월에 출시된 게임으로 역사가 긴 게임이지만, 2020년부터 팬데믹 상황에서 가장 큰 수혜를 입고 인기를 누리고 있다고 한다.

최근 급속한 기술발전이 보여준 일례로서는 일론 머스크의 뉴럴링크사는 인간의 뇌에 칩을 이식하여 뇌졸중이나 척수손상, 사고 등으로 신체일부를 쓰지 못하는 환자에게 칩을 이식해 생각만으로도 움직일 수 있도록 하겠다는 것으로 임상실험자를 통하여 미국 식품의약국 승인을 계획하고 있다고 한다.

인류최대의 첨단기술의 긍정적인 측면이 우리에게 생활의 편리함과 즐거움을 줄 수 있다고는 하지만, 그 이면에 우리 사회에 진정한 사랑이 점점 식어지고, 거짓된 진실이 난무하고, 아바타와 같이 인간이 초월적인 신이 되어 일을 하고는 있지는 않은가?

그러나 앞으로 첨단과학기술을 통하여 우리 사회현상에 계속적으로 보여지고 있는 가상세계의 현실은 계속적으로 진행될 것이어서 디지털 시대가 시대의 축으로 등장하고 성장하고 있는 만큼 사회의 거대한 흐름과 변화에 발맞추어 살아가야 함은 당연하다.

〈시사앤피플〉, 2022.12.29

부 록

1. 사회복지정책론 평가항목의 예시
2. 중간 및 기말고사 출제예상문제

부록 1. 사회복지정책론 평가항목의 예시

아래 예시들은 한 학기 동안 평가에 대한 항목들을 구성하여 국내 최초로 조별발표 배점표를 구성하였음을 밝혀둔다. 각 대학에서 지침으로 활용하면 좋을 것이다.

- 중간고사 30%
- 기말고사 30%
- 조별발표 15%
- 레포트 5%
- 출석 20%

<table>
<tr><td colspan="7">○ 과목명 : 사회복지정책론 발표 (　　　) 조</td></tr>
<tr><td colspan="7">※ P.T에 적혀 있는 발표조원명 (______, ______, ______, ______, ______, ______, ______, ______)</td></tr>
<tr><td colspan="2">평가항목</td><td colspan="2">평가내용</td><td>평가기준 (최하 7점 ~ 최고 15점 분포)</td><td>단위</td><td>최고점수 (15)</td></tr>
<tr><td rowspan="6">1</td><td rowspan="6">기본 점수</td><td rowspan="6">참여도</td><td rowspan="3">아이디어 회의 (2)</td><td>① 전원이 참석하였다.</td><td>2</td><td rowspan="3">2</td></tr>
<tr><td>② 절반 이상 참석하였다.</td><td>1.5</td></tr>
<tr><td>③ 일부 참석하였다.</td><td>1</td></tr>
<tr><td rowspan="3">역할 분담 (3)</td><td>① 역할분담이 확인되었고 전원 이루어졌다.</td><td>3</td><td rowspan="3">3</td></tr>
<tr><td>② 역할분담이 확인되었지만 보통 정도로 이루어졌다.</td><td>2.5</td></tr>
<tr><td>** 역할분담을 하지 않은 조원이름〈당일 발표 자리 확인〉
(*아래 이름 명기할 것)</td><td>0</td></tr>
<tr><td rowspan="5">2</td><td rowspan="5">당일 발표</td><td rowspan="5">당일 발표</td><td rowspan="2">태도 (1)</td><td>① 바르고 겸손하며 순화된 언어를 사용하고 진지함</td><td>1</td><td rowspan="2">1</td></tr>
<tr><td>② 보통 정도의 언어를 사용하고 성실하지 않은 태도</td><td>0.5</td></tr>
<tr><td rowspan="3">발표력 (2)</td><td>① 발표내용에 대한 충분한 이해 및 명확한 설명</td><td>2</td><td rowspan="3">2</td></tr>
<tr><td>② 발표내용에 대한 대략적인 이해 및 보통 설명</td><td>1.5</td></tr>
<tr><td>③ 발표내용에 대한 이해의 부족 및 불명확한</td><td>1</td></tr>
</table>

			설명		
3	발표 내 용 의 구 성	P.T 구성능력 (디자인, 글자크기, 사진, 동영상 등) (2)	① 정성껏 준비한 P.T 구성이다.	2	2
			② 보통 정도이다.	1.5	
			③ 미흡한 듯하다.	1	
		내용분석 (2)	① 체계적으로 잘 되어 있다.	2	2
			② 보통으로 정리되어 있다.	1	
			③ 미흡한 듯하다.	0.5	
		자료의 활용 (2)	① 각종 자료를 충분히 활용하였다.	2	2
			② 자료를 보통 활용하였다.	1.5	
			③ 미흡한 듯하다.	1	
4	반응	반응도 (1) (청중반응, 질문반응 등)	① 청중 또는 질문에 대해 좋은 반응이거나 좋은 성실한 답변이었다.	1	1
			② 청중 또는 질문에 대해 보통 정도 반응이거나 성의가 없는 답변이었다.	0.5	

평가위원조	[1, 2, 3, 4, 5, 6, 7, 8, 9, 10]조		평가위원명	
평가 및 조별 평가점수				
발표행동 관찰자	당일 발표조에 대한 느낌 또는 소감		발표조 총점 점	
			당일 미출석자 및 역할분담하지 않은 조원 명단	
	담당교수의 의견	발표상황	당일 미출석 조원	역할하지 않은 ( ) 조원명
		아주 잘함	1	1
		잘함	2	2
		보통	3	3
		못함	4	4
		아주 못함	5	5

[점수범위] 1. 기본점수 : 5점 2. 당일발표 : 3점 3. 발표내용의 구성 : 6점 4. 반응 : 1점

[역할분담] ☞ 조원 중 역할분담하지 않은 경우에는 최하점수를 부여한다.

[형평성] 담당교수는 형평성에 어긋나게 평가하는 경우는 적정범위에서 점수를 하향할 수 있다.

◇ 발표준비사항 ◇

- 평가매뉴얼 -

1. [예비사항]을 교수자는 20분 정도 수강생에게 고지한다.
   1) 사전 아이디어 회의는 조장이 주재한다.
   2) 아이디어 회의 내용은
      ▷ 어떻게 발표를 할 것인가?
      ▷ P.T 자료를 누가 만들 것인가?
      ▷ 자료 제공 및 분석(주교재, 기타 자료 등)은 누가 할 것인가?
      ▷ 현장탐방이 필요한 경우 누가 할 것인가?
      ▷ P.T에 대한 조원들 아이디어 제공과 더불어 내용구성은 누가 할 것인가?
      ▷ 당일 누가 발표할 것인가?
   3) 조장선정 및 명단을 최종확인한다(추후 명단을 변경할 수 없음).
   4) [조장의 역할]은 발표일에 P.T에 적혀 있는 조원이름을 평가지에 이름을 기재하고, 발표자 1명을 선정하며, 다른 조에 대한 평가위원을 2명 선정하여야 한다.
2. [반 대표]는 발표 전에 조원명단 최종본 제출 및 P.T 발표상황을 체크하고, 당일 발표일에 조별 발표 진행을 안내한다.
3. [P.T자료제출]은 1주일 전 P.T 발표자료를 카페에 올린다.
   cafe.daum.net/lawmania2003으로 들어가서 해당 교과목 사회복지정책론(23-2) 부분 밑에 과제물관리(23-2)에 제출한다.
4. [P.T 발표]는 먼저 해당 조는 2분 정도 당일 나온 학생들을 간단히 인사하고 어떠한 역할을 하였는지 진술하여야 하고, 해당 조 발표자는 발표일에 멀티강의대에 띄워서 발표시간 15분(20분을 초과하지 않음)을 넘지 않는 범위 내에서 시간을 준수하여 진행한다.
5. [시간 및 행동관찰] 시간준수를 위해 담당과목 발표시간에 시간기록자 1명과 공정한 평가를 위한 행동관찰자 1명이 필요로 한다.
6. [각조 평가]는 조장이 선정하는 2명의 평가위원이 배점표를 받아 점수를 주고 발표가 끝난 뒤에 담당교수에게 제출한다. 다만, 행동관찰자는 발표조에 대한 소감 및 기대에 대한 내용을 기록할 수 있다.

부록 2. 중간 및 기말고사 출제예상문제

❖ 중간고사 출제예상문제

[O, X 문형] 다음 물음에 O, X표기를 하시오.

1. 잔여적 사회복지제도의 대표적인 사회복지프로그램은 사회보험제도를 들 수 있다( ).
2. 제도적 사회복지는 다른 모든 생계수단이 소진되고 난 다음 클라이언트를 돕는 사회안전망으로서의 활동이다( ).
3. 길버트와 스펙트(Gilbert & Specht)는 사회복지의 개념을 사회제도와 관련하여 설명한다( ).
4. 제도적 개념의 사회복지는 인간의 존엄성과 상부상조의 가치에 기초한다( ).
5. 프리들랜드(W.A. Friedlander)는 사회복지란 인간관계에 대한 과학적인 지식과 기술에 기반을 둔 전문직업적 봉사활동이라고 하였다( ).
6. 전통적 의미의 사회복지는 사회구조적 문제를 집단적 원조체계가 요구되는 사회적 책임에 중점을 두었다( ).
7. 길버트와 스펙트(Gilbert & Specht)는 정책의 개념을 공.사의 기관에 있어 행동의 방향이나 계획의 기초를 이루는 결정과 선택으로 보았다( ).
8. 정책은 공공문제 해결이나 목표달성과 관련이 있다( ).
9. 정책은 미래지향성을 띤다( ).
10. 티트머스(Titmuss)는 사회복지정책을 사회복지의 체계라고 하였다( ).
11. 사회복지정책의 영역에 대하여 타운젠드(Townsend)는 소득보장, 건강, 교육, 주택, 그리고 대인적 사회서비스 등 5가지를 그 영역으로 보고 있다( ).
12. 마샬(Marshall)은 사회복지정책의 목적은 보장, 건강, 복지로서 복지가 사회복지정책의 최종 목적으로 보았다( ).

13. 사회복지정책은 정치논리보다는 시장논리에 좌우되는 경향이 있다( ).
14. 사회복지정책은 소득의 재분배 정책으로서의 성격을 지니고 있다( ).
15. 사회복지정책은 경제성장의 결과로서 나타나는 부의 증대를 배분하는 것이 그 목표이다( ).
16. 사회복지정책에서는 가진 자로부터 못 가진 자로의 소득의 일방적 이전을 주요 내용으로 한다( ).
17. 수평적 재분배의 대표적 예로는 가족수당을 들 수 있다( ).
18. 최근에는 공공부문과 민간부문이 혼합된 형태인 제3부문에 대한 논의가 활발히 진행되고 있다( ).
19. 특히 사회복지의 재화나 서비스는 공공재적 성격을 많이 가지고 있다( ).
20. 시장에서 자발적으로 이루어지는 재화나 서비스들이 국가에 의하여 이루어지는 것보다 비효율적이다( ).

[객관식 문형] 다음 물음에 답하시오.

1. 다음 사회복지정책의 필요성에 대하여 무엇을 묻고 있는가

어떤 경제활동과 관련하여 다른 사람에게 의도하지 않은 혜택이나 손해를 가져다주면서도 이에 대한 대가를 받지도 않고 비용을 지불하지도 않은 상태를 말한다.

① 규모의 경제　　② 외부효과
③ 역의 선택　　④ 도덕적 해이

2. 다음 사회복지정책의 필요성에 대하여 무엇을 묻고 있는가?

어떤 행위에 관해 정보의 비대칭성이 존재하는 경우에 발생하는 비효율적인 현상으로 보험에 가입한 사람은 위험 발생을 예방하고 회피하는 행위를 적게 하여 위험발생률이 높아지며, 결과적으로 보험료는 높아질 수밖에 없다는 것이다.

① 규모의 경제　　② 외부효과
③ 역의 선택　　④ 도덕적 해이

3. 다음 엘리자베스 구빈법으로 맞지 않는 내용은?

① 구빈의 책임을 교회가 아닌 국가가 최조로 담당하기 위하여 구빈행정을 담당하는 행정기관을 수립하였다.

② 빈곤은 이제 통제와 억압의 대상이 아니라 자선의 대상이 되었다.

③ 빈민구호가 활발한 교구로 빈민들이 이주하는 폐단도 있었다.

④ 돌보아 줄 사람이 없는 요보호아동은 보호를 희망하는 가정에 위탁하거나 위탁가정이 없을 경우에는 도제생활을 하도록 하였다.

4. 다음 영국의 사회복지정책의 발달순서로 맞는 것은?

① 엘리자베스 구빈법 - 정주법 - 작업장법 - 길버트법 - 스핀햄랜드법 - 개정구빈법

② 정주법 - 엘리자베스 구빈법 - 작업장법 - 길버트법 - 스핀햄랜드법 - 개정구빈법

③ 엘리자베스 구빈법 - 작업장법 - 정주법 - 길버트법 - 스핀햄랜드법 - 개정구빈법

④ 정주법 - 엘리자베스 구빈법 - 길버트법 - 작업장법 - 스핀햄랜드법 - 개정구빈법

5. 영국의 사회보험정책으로 맞지 않는 것은?

① 1905년 발족된 왕립위원회의 18명의 위원은 구빈법 및 실업에 관해 철저하게 조사하여 1909년 정부에 보고서를 제출하였다.

② 1906~1915년 영국의 자유당 정부는 여러 가지 사회복지 관련 법령들을 제정하였다.

③ 1909년 최저임금법이 도입되었다.

④ 노령연금은 원내구조에 초점을 둔 기존의 구빈법 원칙에 머물러 있었다.

6. 영국 사회보장정책시대와 복지국가의 전성시대의 내용으로 맞지 않는 것은?

① 복지를 자비나 시혜가 아닌 시민의 권리로 인정하였다.

② 복지국가가 성립된 이후에도 사회보험이 복지국가의 핵심적인 제도로 존재하고 있기 때문에 사회보험과 복지국가는 중첩된다고 볼 수 있다.

③ 사회보장정책의 확립에 획기적인 전환점을 이루게 한 것은 제2차 세계대전이라고 할 수 있다.

④ 이 시기에는 화이트칼라와 일반인 계층으로 확대되어 노동정책이라는 본래의 취지를 살리게 되었다.

7. 미국의 사회복지의 발달과정에 대한 설명으로 맞지 않는 내용은?
① 현대적인 사회보장을 시작하게 된 것은 1930년대에 불어닥친 대공황의 영향이었다.
② 1960년대 빈곤문제에 대한 새로운 접근을 시도하여 공적부조제도에 대한 개혁을 시도하였다.
③ 미국의 복지모형은 개인 책임의 원칙을 우선시하고 사회복지가 제도적 역할을 담당한다는 제도적 복지모형에 입각하고 있다.
④ 1935년 8월 사회보장법을 입법하게 되었다.

8. 에스핑 앤더슨의 복지국가의 재편방식에 대한 설명으로 맞지 않는 내용은?
① 탈상품화정도가 낮을수록 복지선진국가라는 관점에서 재정의 확보를 기반으로 하고 있다.
② 조합주의 형태로는 적극적인 사회보험을 이용하여 각 계층별로 상이한 복지를 제공하기 때문에 사회적 지위가 그대로 유지된다.
③ 사회민주주의 형태는 사회적 취약계층뿐만 아니라 중간계층까지 포함한 복지정책을 시행하는 국가들이다.
④ 자유주의 형태로는 공공부조를 활용한 저소득층 지원에 초점을 두고 있다.

9. 다음 영국의 5대 사회악에 대한 설명으로 맞지 않는 것은?
① 궁핍 ② 불결
③ 나태 ④ 실업

10. 다음 사회복지정책의 영역에 대한 설명으로 맞지 않는 내용은?
① 소득보장은 사회보험, 공공부조와 각종 수당제도를 들 수 있다.
② 마샬(Marshall)은 사회복지정책의 목적은 보장, 건강, 복지가 사회복지정책의 최종 목적이라고 보았다.
③ 노동정책은 고용정책, 노사정책, 임금정책, 사회보장, 산업복지 등을 들 수 있다.
④ 주택보장정책으로 주택문제의 가장 큰 피해자는 중간계층이 주 대상자이며 공적인 개입이 불가피하다.

[단답형] 다음 ( ) 안에 알맞은 답을 하시오.

1. ( )은 사회복지에 대한 정책을 의미하며, 구체적으로 사회생활을 영위해 나가는 데 필요한 인간의 기본적 욕구를 충족시키거나 사회문제를 해결하기 위한 목적으로 사회복지 제도 및 프로그램을 만들고 가치를 배분하는 활동을 의미한다.
2. 사회복지의 개념에 대하여는 1958년 윌렌스키(Wilensky)와 르보(Lebeaux)가 내린 잔여적 개념과 ( ) 개념 정의가 대표적이라 할 수 있다.
3. 티트머스(Titmuss)는 사회복지정책을 '사회복지의 체계'라고 하였으며, '국민복지의 증진'이라는 목표를 달성하기 위한 ( )의 활동, ( )의 사회복지 제도라고 정의하였다.
4. 사회복지정책은 경제성장의 결과로서 나타나는 부의 증대를 ( )하는 것이 그 목표이다.
5. 최근에는 공공부문과 민간부문이 혼합된 형태인 ( )에 대한 논의가 활발히 진행되고 있다.
6. ( )란 정부 제정에 의하여 공급되어 모든 개인이 공동으로 이용할 수 있는 재화 또는 서비스를 말한다.
7. ( )란 대규모 경영에 따른 관리비 절감의 이익 등을 포괄하는 일반적인 의미이다.
8. ( )란 어떤 경제활동과 관련하여 다른 사람에게 의도하지 않은 혜택이나 손해를 가져다 주면서도 이에 대한 대가를 받지도 않고 비용을 지불하지도 않는 상태를 말한다.
9. ( )이란 시장 참가자들에 대한 정보가 불완전한 것을 이용하여 자신의 건강상태를 속이거나 위장사고를 일으켜 보험금을 타내려는 의도로 보험에 가입하는 행위 등을 말한다.
10. ( )란 어떤 행위에 관해 정보의 비대칭성이 존재하는 경우에 발생하는 비효율적인 현상으로 보험에 가입한 사람은 위험 발생을 예방하고 회피하

는 행위를 적게 하여 위험발생률이 높아지며, 결과적으로 보험료는 높아질 수 밖에 없다는 것이다.

11. (　　　　　)이란 시장에서의 각 거래주체가 보유한 정보에 차이가 있을 때 불균등한 정보 구조를 뜻한다.
12. (　　　　　)란 자율교환 보장을 위하여 시장에 맡길 경우 자원의 비효율적 배분과 불공정한 소득분배를 가리킨다.
13. 엘리자베스 구빈법은 영국의 사회복지정책의 출발이며, (　　　)가 복지의 책임을 인정하기 시작한 효시라고 볼 수 있다.
14. 영국의 개정 구빈법에서는 빈민의 구제는 오히려 빈민을 증가시켜 국민의 (　　　) 부담을 가중시킬뿐 아니라 도덕심의 퇴폐현상을 가져온다고 보았다.
15. 1883년 독일에서는 세계 최초의 사회보험법인 (　　　　　)이 제정되었다.
16. 1942년 베버리지 보고서는 기존의 사회보험과 복지 프로그램을 전면적으로 재검토하여 전후 영국의 발전을 가로막는 사회문제의 5대 악으로 빈곤, 질병, (　　　), 불결, 나태를 제시하고, 이 5대 사회악을 제거하기 위해 무엇보다 빈곤을 제거하는 계획이 필요하다고 주장하였다.
17. (　　　　)란 부자에게 돌아갈 자원의 양이 증가하면 그 일부가 조금은 빈민에게도 혜택이 된다는 이론이다.
18. 케인즈의 (　　　　)은 자본주의 경제는 국가가 적절히 개입해야만 그 건강성을 유지할 수 있다는 이론이다.
19. (　　　　　)은 제1의 길과 제2의 길의 장점만 취합하였다는 학설로 사회 투자, 복지다원주의, 일을 위한 복지정책 등의 전략을 가지고 있다.
20. 자본주의의 출현과 발전에 따라 (　　　　)이 등장한 것은 필연적이었다.

[서술형] 다음 질문에 맞게 답하시오.

1. 사회복지정책을 국가가 주도하여 제공하여야 하는 이유는 무엇인가?

모범답안

[O, X 문형]

1. X 2. X 3. O 4. O 5. O 6. X 7. O 8. O 9. O 10. O 11. O 12. O 13. X 14. O 15. O. 16. O 17. O 18. O 19. O 20. O

[객관식 문형]

1. ② 2. ④ 3. ② 4. ① 5. ④ 6. ④ 7. ③ 8. ① 9. ④ 10. ④

[단답식 문형]

1. 사회복지정책 2. 제도적 3. 정부, 정부 4. 배분 5. 제3부문 6. 공공재 7. 규모의 경제 8. 외부효과 9. 역의 선택 10. 도덕적 해이 11. 정보의 비대칭성 12. 시장의 실패 13. 국가 14. 구빈세 15. 질병보험법 16. 무지 17. 낙수효과 18. 수요이론 19. 제3의 길 20. 사회보험

❖기말고사 출제예상문제

[O, X 문형] 다음 물음에 O, X표기를 하시오.

1. 사회양심론은 2000년대 영국 사회정책학에서 받아들여졌던 이론이다. ( )
2. 사회양심론은 정부의 사회복지정책을 국가의 자선활동으로 간주한다. ( )
3. 음모이론은 사회복지정책을 인도주의적 이타심이나 양심의 실현으로 본다. ( )
4. 음모이론은 사회복지측면에서 경제발전이 상당한 수준에 도달하게 되면 사회복지가 유사한 형태로 수렴된다는 이론을 말한다. ( )
5. 시민권론은 사회복지정책 발달을 시민권적인 입장에서 시민에게 부여되는 권리와 향유할 수 있는 지위의 확립으로 본다. ( )
6. 시민권론의 가장 핵심적인 비판점은 사회복지정책의 다양한 형태, 예컨대 교정복지 및 민간사회복지를 포함하였다는 점이다. ( )
7. 엘리트론에 의하면, 정책은 엘리트로부터 대중에게 일방적·상향적으로 전달되고 집행되어진다. ( )
8. 코포라티즘은 노·사·정 3자의 정치적 교환에 참여하는 사회정치적 과정이다. ( )
9. 웰렌스키와 르보의 제도적 모형은 빈곤은 개인의 문제가 이닌 사회의 책임으로 보고 있다. ( )
10. 집단이론에서는 '접근(acess)'이라는 개념이 핵심 개념이고 볼 수 있다. ( )
11. 제도주의이론은 1980년대 사회과학의 '신흥성장산업'으로 등장한 이론이다. ( )
12. 거버넌스이론은 매우 폐쇄적이기 때문에 다양한 사회복지정책 이해당사자들을 정책과정에 배제시키는 단점이 있다. ( ).
13. 사회복지정책은 의도적인 재분배정책의 하나로 볼 수 있다. ( ).
14. 사회복지정책의 가치 분석틀의 요소로는 평등성, 공평성, 적절성 등이 있다. ( )

15. 콥과 로스(Cobb & Ross)는 정책 의제설정과정을 이슈의제기, 구체화, 확산, 진입의 4가지 순서적 과정으로 나누고 있다. (　　)
16. 사회적 지위에 높은 집단일수록 외부주도모형을 활용할 가능성이 높다. (　　)
17. 사회복지정책에서는 인간의 존엄성을 전제로 하는 까닭에 사회적 효과성보다는 능률성이나 효과성을 중요시하는 경우가 많다. (　　)
18. 사회적 약자의 문제를 다루는 사회복지정책의 경우는 정책결정과정에서 더욱 더 공익적 성격이 두드러져야 한다. (　　)
19. 바람직한 정책결정이란 결정의 기준으로서 결정자의 자의나 사익보다는 공익에 충실한 결정이어야 한다. (　　)
20. 사회복지정책 집행은 사회복지정책이 재분배정책에 속하는 것이어서 정치적 성격이 아주 강하게 나타난다. (　　)

[객관식 문형] 다음 물음에 답하시오.

1. 다음 중 사회양심론에 대한 설명으로 틀린 내용은?
① 인도주의에 기초한다.
② 1950년대 영국 사회정책학에서 받아들여졌던 이론이다.
③ 사회복지발전과정의 정확한 이해를 하고 있다.
④ 정부의 사회복지정책을 국가의 자선활동으로 간주한다.

2. 다음 중 음모이론에 대한 설명으로 틀린 내용은?
① 사회양심론과는 정대반 입장을 주장한다.
② 사회복지정책은 인도주의적 이타심이나 양심의 실현이다.
③ 사회복지정책 발달을 목적론적 측면에서 파악한다.
④ 자본주의 제도를 그대로 두고 사회복지정책을 통해 사회안정과 통합, 질서를 유지한다는 것은 허상이며 음모일 뿐이다.

3. 다음 중 수렴이론에 대한 설명으로 틀린 내용은?

① 경제발전론에 기반을 두고 있다.

② 사회복지정책은 산업화의 산물로 볼 수 있다.

③ 산업화가 이루어지면 사회복지는 당연히 확대되는 것으로 간주한다.

④ 제도의 도입과정에서 사회구성원들의 갈등과 정치적 상황이 반영되었다.

4. 다음 사회복지정책의 발달이론 중 어떠한 이론인가?

한 국가의 사회복지정책은 인접하거나 긴밀한 관계를 맺고 있는 국가에 영향을 미치므로 사회복지정책의 확대과정은 국제적 모방과정으로 본다.

① 사회양심론　　② 음모이론

③ 수렴이론　　④ 확산이론

5. 다음 중 맞는 공통적으로 맞는 용어는 무엇인가?

(　　　　　　　)은 자본과 노동에 대한 국가의 통제방식이다. (　　　　　　　)은 국가는 국가 전체의 이익 확대와 사회질서의 유지를 위해서 국가가 사회를 일정한 방향으로 유도하기 위하여 의도적으로 사회집단과 개인의 이익 및 가치를 통제·조정하는 수단을 의미한다.

① 코포라티즘　　② 마르크스주의

③ 이익집단론　　④ 엘리트론

6. 사회복지와 복지국가의 모형으로 맞지 않는 설명은?

① 사회복지모형 중 가장 오래된 모형은 1958년 웰렌스키와 르보의 잔여적 모형과 제도적 모형이 대표적이라고 할 수 있다.

② 티트머스는 웰렌스키와 르보의 모형에 산업적 업적성취모형을 추가하였다.

③ 파커의 복지모형은 자유방임주의, 자유주의, 사회주의형으로 분류하였다.

④ 에스핑 앤더슨의 복지모형 중 조합주의적 복지국가의 대표적인 국가들로는 프랑스, 독일, 이탈리이, 오스트레일리아 등을 들 수 있다.

7. 조지와 윌딩(George & Wilding)의 복지모형에 대한 설명으로 맞지 않는 내용은?

① 1973년 제1차 석유파동 이후 1976년 정치적 이념의 차이에 따라 복지국가 유형을 반집합주의, 소극적 집합주의, 페이비안 사회주의, 마르크스주의로 분류하였다.

② 마르크스주의는 복지국가로는 빈곤제거가 불가능하므로 복지국가를 반대한다.

③ 페이비안 협회에서는 점진적 사회주의를 추구하였다.

④ 반집합주의는 정부의 적극적인 개입을 주장한다.

8. 다음 중 에스핑 앤더슨의 복지모형으로 맞지 않는 내용은?

① 1990년 탈상품화와 계층화를 기준으로 복지국가를 자유주의, 조합주의적 복지국가, 사회민주주의적 복지국가 3가지 모형을 제시하였다.

② 자유주의 복지국가의 대표적인 국가들로는 미국, 캐나다 등이 있다.

③ 사회민주주의적 복지국가는 조세, 임금격차 축소정책, 각종 복지급여정책 등을 실시한다.

④ 조합주의적 복지국가는 탈상품화 효과는 자유주의적 복지국가보다는 작다고 할 수 있다.

9. 다음 중 사회복지정책의 과정이론 중 집단이론에 대한 설명으로 맞지 않는 것은?

① 사회복지정책을 집단 사이의 경쟁이나 갈등의 산물로 간주한다.

② 집단이론에서는 '접근'이라는 개념이 핵심 개념이라 볼 수 있다.

③ 집단이 형성되었다고 해서 모두 공론화되고 정책형성으로 이어질 수 있는 것은 아니다.

④ 사회복지정책의 경우에는 좁게는 연금, 건강보험 등의 사회보험 이해집단과 넓게는 노인, 여성, 장애인 등을 대상으로 사회서비스집단으로 구분해 볼 수 있다.

10. 다음 중 사회복지정책의 과정이론 중 어떠한 이론인가?

- 필요한 경우 이들은 정책결정자 혹은 정책집행자 역할도 한다.
- 최근 시민사회의 발전과 공익단체로서의 NGO의 역할이 공식적인 정책과정에서도 인정을 받고 있는 추세를 반영해 준다.

① 합리적 선택이론 ② 거버넌스이론
③ 제도주의이론 ④ 집단이론

11. 다음 중 사회복지정책분석의 유형에 대한 설명으로 맞게 짝지어진 것은?

가. 사회복지정책과 관련된 다양한 변수들의 영향력과 관계를 알아보려는 작업이다
나. 일련의 정책선택과 연관된 다양한 쟁점에 대한 분석이다.
다. 사회적 영향력과 효과성에 대한 분석을 하는 것이다.

① (가) 과정분석 - (나) 산출분석 - (다) 성과분석
② (가) 과정분석 - (다) 성과분석 - (나) 산출분석
③ (다) 성과분석 - (나) 산출분석 - (가) 과정분석
④ (다) 성과분석 - (가) 과정분석 - (나) 산출분석

12. 사회복지정책의 4가지 분석틀에 대한 설명으로 맞지 않는 것은?
① 할당은 누구에게 복지급여를 제공할 것인가의 문제이다.
② 전달은 할달대상과 급여체계에도 영향을 미친다.
③ 급여에 대한 분석은 급여의 형태와 그 본질에 관한 것이다.
④ 대상, 급여, 전달, 성과의 4가지 분석틀을 제공하고 있다.

13. 다음 중 정책의제 설정과정으로 맞게 연결된 것은?
① 개인문제 → 사회문제 → 사회이슈 → 공중의제 → 정부의제
② 개인문제 → 사회이슈 → 사회문제 → 공중의제 → 정부의제
③ 사회문제 → 개인문제 → 공중의제 → 사회이슈 → 정부의제

④ 개인문재 → 사회문제 → 사회이슈 → 정부의제 → 공중의제

14. 정책 의제설정과정의 구축모형으로 맞지 않는 것은?

① 콥과 로스는 정책 의제설정과정을 이슈의 제기, 구체화, 확산, 진입의 4가지 순서적 과정으로 나누었다.

② 동원모형은 정책결정자가 정책집행을 용이하기 위하여 택하는 방법이다.

③ 내부접근모형에서는 의제를 대중에게 확산시키는 이른바 확산단계가 없다.

④ 전략적으로 사회적 지위가 낮은 집단일수록 내부주도모형을 활용할 가능성이 높다.

15. 다음은 어떠한 정책 대상형성과정인가 ?

① 문제나 욕구의 원인	② 문제의 영향
③ 문제의 인지범위	④ 문제의 해결능력
⑤ 문제의 성격	

① 사회복지문제와 상황의 파악 ② 미래의 예측 및 목표의 설정

③ 대안의 탐색 및 개발 ④ 대안의 비교 및 분석

16. 다음 사회복지정책결정과정의 특징으로 맞지 않는 내용은?

① 권위있는 결정 ② 해결방안의 채택

③ 공익적 성격 ④ 미시적 성격

17. 다음 중 어떠한 사회복지정책결정이론 모형에 대한 설명인가?

- 무질서한 조직의 상태 속에서 나타나는 몇 가지 흐름에 의하여 정책결정이 우연히 이루어진다.
- 우연히 같이 만나게 되면 정책창문이 열려서 정책결정을 하게 된다.

① 점증모형 ② 쓰레기통모형

③ 최적모형 ④ 혼합모형

18. 다음 중 사회복지정책의 평가과정으로 맞게 연결된 것은?

① 평가의 목표설정 → 평가범위의 설정 → 정책 프로그램의 내용파악 → 평가설계 → 자료 수집 → 분석 및 해석

② 평가범위의 설정 → 평가의 목표설정 → 정책 프로그램의 내용파악 → 평가설계 → 자료 수집 → 분석 및 해석

③ 평가의 목표설정 → 평가범위의 설정 → 평가설계 → 정책 프로그램의 내용파악 → 자료 수집 → 분석 및 해석

④ 평가의 목표설정 → 평가범위의 설정 → 평가설계 → 자료수집 → 정책 프로그램의 내용 파악 → 분석 및 해석

19. 다음 사회복지정책결정이론 모형 중 어느 모형에 해당하는가?

• 합리적 분석만이 아니라 정책결정자의 통찰력이나 초합리적인 직관적 판단도 중요한 요소로 간주한다. • 정책결정과정에서 투입보다 산출이 커야 한다는 의미이다.

① 점증모형 ② 혼합모형

③ 최적모형 ④ 쓰레기통모형

20. 다음 조지와 윌딩의 복지모형 중 어떠한 복지모형인가?

구 분	( )	( )	( )	( )
복지국가 관점	국가에서 최저수준만 보장 찬성 반대	복지는 개인적 문제이므로 복지국가	국가에서 제도적 복지국가 실천 찬성	복지국가로는 빈곤제거가 불가능하므로 복지국가 반대

① 소극적 집합주의-반집합주의-페이비안 사회주의-마르크스주의

② 반집합주의-소극적 집합주의-페이비안 사회주의-마르크스주의

③ 반집합주의-페이비안 사회주의-소극적 집합주의-마르크스주의

④ 반집합주의-소극적 집합주의-마르크스주의-페이비안 사회수의

[단답식 문형] 다음 ( ) 안에 알맞은 답을 하시오.

1. ( )은 노조가 사업주와 대등한 수준에서 노·사 간의 주요 현안을 협상하고 정부가 이를 중재하는 3자 협동주의의 이념이다.
2. ( )는 공공서비스 전달 또는 공공문제를 해결하는 과정에서 정부와 민간부문 및 비영리부문 간의 협력적 네트워크를 적극적으로 활용한다는 이론이다.
3. ( )란 근로자가 자신의 노동력을 상품으로 내다 팔지 않고도 살 수 있는 정도를 의미한다.
4. 사회복지정책의 ( )은 급여와 할당의 틀 내에서 어떤 급여를 누구에게 제공할 것이며 이들 급여는 어떻게 전달될 것인가를 결정하는 원칙 혹은 지침들 사이의 선택을 간주한다.
5. ( )는 지방공공단체 또는 영리단체와는 다르게 사회복지법인 및 생활협동조합, 자원봉사단체 등과 같은 비영리 목적의 단체를 의미한다.
6. 사회복지정책의 과정은 사회복지정책이 형성되는 일련의 과정을 지칭하는 것으로 크게 사회복지정책의 ( )·( )·( )라는 세 단계로 나눌 수 있다.
7. 사회복지정책분석의 유형 중 ( )은 정책선택의 프로그램적 결과에 대한 설명과 평가에 관심을 가지면서 사회적 영향력과 효과성에 대한 분석을 하는 것이다.
8. ( )이란 사회복지정책의 시행결과 나타나는 사회적 유대감의 달성 등 사회복지의 사회적 통합기능에 관한 것이다.
9. 에스핑 앤더슨은 ( ), ( ), ( )의 3가지 모형을 제시하였다.
10. ( )은 다른 사람의 효용을 감소시키지 않고는 어느 한 사람의 효용을 증가시킬 수 없는 상태를 의미한다.

[서술형 문형]

1. 다음 에스핑 앤더슨의 복지의 3가지 모형에 대하여 분류하고 그 특징적인 부분을 중심으로 서술하시오.

모범답안

[O, X문형]

1. X 2. O 3. X 4. O 5. O 6. X 7. O 8. X 9. O 10. O 11. O 12. O 13. O 14. O 15. O 16. X 17. X 18. O. 19. O 20. O

[객관식 문형]

1. ③ 2. ② 3. ④ 4. ④ 5. ① 6. ④ 7. ④ 8. ④ 9. ④ 10. ② 11. ② 12. ④ 13. ① 14. ① 15. ① 16. ④ 17. ② 18. ① 19. ③ 20. ②

[단답식 문형]

1. 코포라티즘 2. 거버넌스 3, 탈상품화 4. 분석 5. NPO 6. 형성, 집행, 평가 7. 성과분석 8. 사회적 효과성 9. 자유주의적 복지국가, 조합주의적 복지국가, 사회민주주의적 복지국가 10. 파레토최적

참고문헌

공미혜 외 (2015). 『여성복지론』. 서울 : 신정.

구인회 · 손병돈 · 안상훈(2017). 『사회복지정책론』. 서울 : 나남출판.

김기원(2003). 『한국사회복지정책론』. 서울 : 나눔의 집.

김교성 · 이승윤 · 백승호 · 서정희 (2018). 『기본소득이 온다 : 분배에 대한 새로운 상상』. 서울 : 사회평론아카데미.

김민표(2017). 4차 산업혁명시대의 노동조합의 역학과 한계. 『법과사회』. 56, 69-112.

김성재(2017). 4차 산업혁명시대 방송통신의 이념과 가치 : 비판적 포스트유머니즘의 관점에서. 『방송통신연구』, 97, 9-36.

김수정(2017). 『사회복지법제론』. 서울 : 학지사.

김우림(2021). 『사회복지분야 지방자치단체 국고보조사업분석』. 국회예산정책처.

김진욱 외(2017). 2017 기부 및 사회 이슈 트렌드 분석. 사회복지공동모금회 나눔연구소.

김태성(2012). 『사회복지정책입문』. 서울 : 청목출판사.

김태성 · 성경륭(1993). 『복지국가론』. 서울 : 나남출판.

남기민(2004). 『사회복지정책론』. 서울 : 학지사.

류연규(2022). 『거꾸로 수업(Flipped Learning)을 위한 사회복지정책론(2판)』. 서울 : 신정.

문창진(2003). 기초생활보장제도의 변천과정과 현황. 『보건복지포럼』, 84.

박경일(2021). 『사회복지정책론(제5판)』. 경기 : 공동체.

박경효(2011). 『재미있는 행정학』. 서울 : 윌비스.

박광준(1989). 『페이안사회복지와 복지국가의 형상』. 서울 : 대학출판사.

박광준(2007). 『사회복지사상과 역사』. 경기 : 양서원.

박길태(2015). 한국 기업복지의 변천사에 관한 연구. 『경영사학』, 30(2), 99-117.

박병현(2021). 『사회복지정책론-이론과분석-(개정5판)』. 경기 : 정민사.

박병현(2005). 『복지국가의 비교 : 영국, 미국, 스웨덴, 독일의 사회복지역사와 변천』. 경기 : 공동체, 2005.

박지은 · 권혜선 · 김성철 (2017). 국내 통신사업자의 제4차 산업혁명 대응전략 : 시나리오 분석을 중심으로, 『방송통신연구』. 97, 37-59.

박차상(2020). 『사회복지정책론』. 경기 : 양성원.

생각의 마을(2018). 『사회복지정책론』. 경기 : 공동체.

송근원(2004). 『사회복지정책학』. 서울 : 학지사.

송근원 · 김태성(1995). 『사회복지정책론』. 서울 : 나남출판.

송호근(2001). 『세계화와 복지국가 : 사회정책의 대전환』. 서울 : 나눔출판.

신창환(2020). 사회복지정책론, 사회변화를 충분히 반영하고 있는가에 대한 단상. 『한국사회복지정책학회 춘추계학술대회』.

안상희, 이민화 (2016). 제4차 산업혁명이 일자리에 미치는 영향, 『한국경영학회 통합 학술발표논문집』. 2344-2363.

양난주(2010). 한국 사회복지서비스의 변화. 『한국사회복지학』. 62(4), 79-102.

양재진(2018). 기본소득은 미래 사회보장의 대안인가?, 『한국사회정책』. 제25권 제1호 (2018), 45-70.

양정하 외(2020). 『사회복지정책론』. 경기 : 양서원.

오건호(2015). 복지증세와 사회복지세. 『월간 복지동향』. 197, 14-20.

오세영(2020). 『사회복지정책론(제3판)』. 서울 : 신정.

옥필훈(2020). 『사회복지학개론』. 경기 : 지식공동체.

원석조(2021). 『사회복지정책론(제10판)』. 경기 : 공동체.

유민봉(1992). 정책결정의 논변모형에 의한 접근과 논변과정에서의 왜곡. 『한국행정학보』. 25.4.

윤홍식 · 송다영 · 김인숙(2011). 『가족정책 : 복지국가의 새로운 전망(개정판)』. 경기 : 공동체.

이봉주 · 김문근 · 김영득 (2008). 『사회복지서비스와 공급체계 : 쟁점과 대안』. 서울 : EM커뮤니티.

이성준(2018). 4차 산업혁명 관련 사회과학 분야 연구의 지적 구조 분석 : 의미망 연결을 중심으로. 『한국사회과학연구』. 39(2), 79-95.

이인순 외(2023). 『사회복지정책론』. 서울 : 창지사.

이인재 · 류진석 · 권문일 · 김진구(2002). 『사회보장론』. 경기 : 나눔출판.

이재원(2011). 사회서비스 정책의 전개과정과 정책과제 : 보건복지부 사회서비스 전자바우처 사업을 중심으로, 『지방정부연구』. 제15권 제4호(2011 겨울), 333-359.

이정우(2011). 『불평등의 경제학』. 서울 : 하마니타스.

이정우(2017). 『사회복지정책』. 서울 : 학지사.

이진숙 · 임소연(2021). 『사회복지정책론(개정판)』. 경기 : 양성원.

이철한 · 권선희(2011). 기업의 사회공헌활동 유형과 관여수준이 공중의 평가에 미치는 영향 연구. 『사회과학연구』. 18(1), 247-270.

장필성(2016). 2016 다보스포럼 : 다가오는 4차 산업혁명에 대한 우리의 전략은? 『과학기술정책』. 26(2), 12-15.

정광호, 김진(2011). 제6장 사회서비스와 바우처, 윤영진 외 공저. 『사회서비스정책론』. 서울 : 나눔의 집.

정성배 외(2023). 『사회복지정책론』. 서울 : 창지사.

정원호·이상준·강남훈 (2016). 『4차 산업혁명시대 기본소득이 노동시장에 미치는 효과 연구』. 세종 : 한국직업능력개발원.

조상미·박은주(2011). 기업복지제도의 결정요인 분석, 『한국사회복지행정학』. 13(3), 197-226.

조영신(2016). 4차 산업혁명과 미디어. 『한국방송학회 학술대회 논문집』. 7-11.

조추용 외(2020). 『사회복지정책론』. 서울 : 신정.

채장수(2000). '제3의 길'에 대한 비판적 분석. 『21세기정치학회보』. 10(1), 26-45.

최인덕(2018). 4차 산업혁명에 따른 사회보험제도 변화의 탐색적 고찰. 『사회보장연구』. 제34권 제4호, 2018, 295-326.

최병호(2014). 우리나라 복지정책의 변천과 과제, 『예산정책연구』. 제3권 제1호, 2014, 89-129.

최성재, 남기민(2006). 『사회복지행정론』. 경기 : 나남.

한창근 외 (2016). 『민간나눔 총량 추계 및 나눔지수 도출 연구』. 사회복지공동모금회나눔연구소.

현외성(2020). 『핵심 사회복지정책론』. 경기 : 양서원

홍봉수 외(2020). 『사회복지정책론』. 경기 : 공동체.

Eyestone, R. (1978). *From Social Issues to Public Policy*. New York : John Wiley & sons.

Fitzpatrick, T. (2013). 『사회복지사를 위한 정치사회학』. 남찬섭·김병철 공역. 서울 : 나눔의 집.

George, V. & Wilding, P. (1984). *The Impact of Social Policy*. London : Routledge & Kegan Paul.

Gerton, L. N. (1983). *Making Public Policy : From Conflict to Resolution*. Glenview, IL. : Scott, Foresman and Company.

Giddens, A. (1998). 『제3의 길』. 한상진·박찬욱 공역, 생각의 나무.

Gilbert, N., & Specht, H. (1986). *Dimensions of Social Welfare Policy*. Englewood Cliffs, Nj : Prentice-Hall.

Gilbert, N., & Terrell, P. (1998). *Dimensions of Social Welfare Policy* (4thd.). Massachusetts : Allyn & Bacon.

Horton P.B., & Leslie G. R. (1995). *The Sociology of Social Problems*. New York : Appleton-Centry Crofts.

Midgley, J. (1984). *Social Security, Inequality, and The Third World.* New York : John Wiley & Sons Inc.

Mydal, A. (1968). *National and Family*. Cambridge, MA : MIT press.

Langan, M., & Ostner, I. (1990). Gender and Welfare, towards a Comprative Framework. *Paper presented at the Social Policy Association Conference.* Bath, UK. 12-15, July, 1990.

Lewis, J. (1992). Gender and the Development of Welfare Regimes, *Journal of European Social Policy.* 2(3), 159-173.

O'Connor, J. (1973). *The Fiscal Crisis of the State*. New York : St. Martins Press.

O'Connor, J., Orloff, A.S., & Shaver, S. (199). *States, Markets, Familes : Gender, Liberlism and Social Policy in Australia, Gerat Britain, Canada and United States.* Cambridge : CAmbridge University Press.

Okun, A (1975). *Equality and Efficiency : The Big Tradeoff.* Washington, DC : Brookings Instituions.

Rimlinger, G. V. (1998). 『사회복지의 사상과 역사 : 유럽, 미국, 러시아의 사회정책을 중심으로』. 비판과대안을위한사회복지학회 역. 서울 : 한울.

Sainsbury, D. (1996). *Gender, Equality, and Welfare State.* Cambridge : Cambridge University Press.

Sainsbury, D. (1999). *Gender and Welfare State Regimes.* Oxford University Press.

Townsend, P. (1975). *Sociology and Social Policy.* Hamondsworth : Penguin.

Timuss, R. M. (1974). *Social Policy : An Introduction.* London : George Allen & UNwin Ltd.

Wilensky, H. L., & Lebeaux, C.N. (1965). *Industrial Society and Social Welfare.* New York : The Free Press.

Yishai, Y. (1992). From an Iron Triangle to an Iron Duet ? *European Journal of Political Research.* 21.

건강보험관리공단 홈페이지. http://www.nhic.or.kr
건강보험심사평가원 홈페이지. http://www.hira.or.kr
노인장기요양보험 홈페이지. http://www.longtermcare.or.kr
한국고용정보원(2014). http://www.ei.go.kr

찾아보기

(ㄱ)

(ㄴ)

(ㄷ)

(ㄹ), (ㅁ)

(ㅂ)

〈저자 약력〉

옥 필 훈
(cafe.daum.net/lawmania2003)

[학력]
· 영국 버밍엄대학교 법과대학원 Occasional Research Degree 수료
· 영국 킬대학교 범죄학과 M.Phil과정 수학
· 전북대학교 법과대학 박사과정 졸업(법학박사)
· 원광대학교 경찰행정학과 박사과정 졸업(경찰학박사)
· 서남대학교 사회복지학과 박사과정 졸업(사회복지학박사)
· 전주대학교 일반대학원 신학과 박사과정 졸업(신학박사)
· 우석대학교 일반대학원 특수교육학과 박사과정 졸업(특수교육학박사)

[경력]
전주비전대학 경찰행정과 학과장 및 조교수 역임
전북대학교 법학연구소 연구원 역임
한국소년법학회 이사 역임
한국치안행정학회 이사 역임
국제경호협회 자문위원 역임
전주지방법원 화해권고위원 역임
보건복지부 어린이집 인성교육 중앙선정위원 역임
법무부 Law Educator 역임
한국사회복지학회 연회원
진달래교회 협동목사 역임
전주홍산교회 협동목사 역임
전주연합신문 객원논설위원 역임
전주일보 객원논설위원 역임
전주비전대학교 원격평생교육원 사회복지법제론 담당교수 역임
전주시 창의·인성 교육위원회 위원 역임
전주시 도시재생위원회 위원 역임
전주비전대학교 아동복지과 학과장 역임
전주비전대학교 아동복지과 부교수 역임
전주사랑의 교회 협동목사 역임
전라북도 커플링사업 전주비전대학교 사업단장 역임
현, 한국선교신학회 정회원
현, 효자청소년문화의 집 운영위원

현, 시사앤피플 논설위원
현, 한국심리운동연구소 이사 및 운영위원
현, 한국생태유아교육학회 이사
현, 한독심리운동학회 이사
현, 한독심리운동학회 편집위원
현, 법제처 국민법제관

(현) 전주비전대학 아동복지과 정교수

[저서 및 논문]
· Welfare Mission for Abused Children Based on Missio Dei (공동체, 2019)
· 사회복지법제와 실천(제2판 지식공동체, 2022)
· 생활법률(박영사, 2020)
· 가족복지론(지식공동체, 2019)
· 사회복지학개론(지식공동체, 2020)
· 사회복지실천기술론(어우리, 2020)
· 범죄학겸형사정책(제3판 진영사, 2022)
· Understanding on Social Welfare in Korea(진영사, 2022)
· 경제범죄의 실태와 대책에 관한 연구(전북대 박사학위논문)
· 제주자치경찰의 실태와 대책에 관한 연구(원광대 박사학위논문)
· 회복적 사법의 교정복지적 성격 고찰(서남대 박사학위논문)
· 하나님의 선교에 근거한 피학대아동을 위한 복지선교의 현황과 실천방안(전주대 박사학위논문)
· 심리운동사 자격제도의 정착을 위한 정책 연구(우석대 박사학위논문)
· 경제범죄의 분류방식과 대처방안
· 경제범죄의 제재유형에 관한 연구
· 공공장소의 성적 행위의 불법실태와 형사법적 대책에 관한 연구
· 경제범죄의 개념에 관한 연구
· 경제범죄의 실태에 관한 연구
· 경제범죄에 있어서 법인에 대한 효율적 제재방안에 관한 연구
· 지역사회 경찰활동의 활성화방안에 관한 연구
· 조직범죄의 실태와 효율적 대책에 관한 연구
· 한국 자치경찰제의 효율적 운용방안에 관한 연구
· 여성범죄의 실태와 효율적 대책에 관한 연구
· 사회내처우의 교정복지실천에 관한 연구
· 소년비행의 실태와 교정복지실천에 관한 연구
· 장애인차별에 대한 실태와 인권·복지에 관한 연구
· 피해자를 위한 회복적 사법의 실무상 운용실태와 교정복지의 정책적 과제에 관한 연구
· 장애아동을 위한 심리운동의 적용범위와 사회경험 지원방안에 관한 연구
· 아동학대범죄에 대한 선교신학적인 실천방안에 관한 연구
· 비행소년의 재사회화를 위한 심리운동적 접근과 발전과제
· 생태계 회복을 위한 기독교 환경운동과 선교신학적 발전과제
· 독일 사례를 근거로 심리운동사의 전문성과 법적 지위에 관한 연구
· 소극적 안락사에 관한 선교적인 실천방안에 관한 연구
· 장애아동의 숲과 자연체험활동을 위한 심리운동적인 발전과제

· 양성평등에 대한 헌법개정의 주요내용과 발전방향
· 아동학대의 실태와 복지선교의 발전과제
· 소년 다이버전에 관한 교정복지의 발전과제
· A Review of Child Welfare Missions in Korea
· 청소년기 우울증에 대한 인지행동치료 및 심리운동의 지원에 관한 연구
· 최근 소년사법의 쟁점사항과 교정복지 실천방안에 관한 연구
· 심리운동에 있어서 놀이의 철학적 사유와 장애아동의 심리운동 지원에 관한 연구 외 다수

핵심 사회복지정책론

2023년 8월 20일 초판인쇄
2023년 8월 25일 초판발행

저 자 옥 필 훈
발행인 유 성 열
발행처 청목출판사
서울특별시 영등포구 신길로 40길 20
전화 (02) 849-6157(代) · 2820 / 833-6091
FAX (02) 849-0817
등록 제318-1994-000090호

파본은 바꾸어 드립니다. 값 22,000원

http : //www.chongmok.co.kr

ISBN 978-89-5565-815-6